Frank Grube/Gerhard Richter

Das Wirtschaftswunder

Unser Weg in den Wohlstand

Hoffmann und Campe

Inhalt

Vorwort 7

Arno Surminski
Aufbruch ins Wunder 9

Frank Grube und Gerhard Richter
Theoretische Grundlagen der »Sozialen Marktwirtschaft« 33

Wilhelm Röpke
Fronten der Freiheit 37

Alfred Müller-Armack
Soziale Marktwirtschaft 41

Ludwig Erhard
Wohlstand für alle 48

Frank Grube und Gerhard Richter
Das Wagnis der Marktwirtschaft 54

Frank Grube und Gerhard Richter
Wie »sozial« war die »soziale« Marktwirtschaft? 89

Eberhard Schmidt
Die Wiederherstellung der »alten Ordnung« 129

Karl Wilhelm Boetticher
Die neuen Reichen und die Neureichen in Deutschland 153

Hermann Glaser
»Wir haben es geschafft« 177

Anhang 217

Vorwort

Das deutsche Wirtschaftswunder. – Wohl selten ist ein Begriff mit soviel Pathos und Patina belegt worden wie dieser. Ehrfürchtig wird heute jener Jahre gedacht, in denen Wachstumsraten von zehn und mehr Prozentpunkten keine Seltenheit, ja geradezu selbstverständlich waren.
Im Angesicht von Nullwachstum, Energiekrise und -knappheit, Inflation und Deflation, Rezession oder Stagnation muten Fortschrittsglaube und -optimismus der fünfziger Jahre wie ein Anachronismus an. Verklärt wird diese Epoche oft mit den »Goldenen Fünfzigern« umschrieben.
Dabei wird vielfach vergessen, welchen Tribut vor allem die Deutschen Ost für den beispiellosen Aufstieg der Bundesrepublik zum Wirtschaftswunderland zahlen mußten, und daß ein Grund für die deutsche Teilung nicht zuletzt in der Option führender amerikanischer und westdeutscher Politiker für die Marktwirtschaft und den Kapitalismus zu suchen ist.
Beleuchtet werden auch allzuoft nur die Sonnenseiten, die der Wirtschaftsboom mit sich brachte, wie höhere Löhne, Wachstum, steigender Wohlstand, Urlaubsreisen in fremde Länder, das neue Auto, der Kühlschrank, die Waschmaschine, die neue Wohnung ... Die Schattenseiten sehen viele nicht mehr oder wollen sie heute nicht mehr wahrnehmen. Daß zum Beispiel die Integration des Millionenheeres von Vertriebenen und Flüchtlingen keineswegs so reibungslos verlief, wie das heute den Anschein hat, daß alle, die nicht im Produktionsprozeß standen, sich ihre Renten bitter erstreiten mußten. Daß fast alle mehr verdienten und es ihnen besser ging, daß aber nur wenige wirklich viel hatten. Daß auf dem Boden der Marktwirtschaft eine Gesellschaft heranreifte, in der das Materielle den absoluten Vorrang vor dem Ideellen erhielt. Daß die politische und soziale Kultur der fünfziger Jahre geprägt war von blindem Antikommunismus und einem biederen Lebensstil, der mit Nierentischkultur nur unzureichend umschrieben ist. Der Knicks, den Mädchen zur Begrüßung zu machen hatten, der Diener der Jungen gehören ebenso dazu wie die geschniegelten jungen Damen und Herren, die in der Tanzstunde nicht nur tanzen, sondern auch gesellschaftliche Umgangsformen lernten.
Den Aufstieg aus dem Nichts hat Erhards Wirtschaftspolitik ermöglicht. Ohne ihn und seine neoliberalen Theorien wäre die Entwicklung der fünfziger Jahre anders und auf keinen Fall so günstig verlaufen. Daß seine Vorstellungen und

Maßnahmen auf fruchtbaren Boden fielen, hat viele Gründe, die die Texte und Fotos in diesem Buch näherzubringen versuchen. Den Ursachen des deutschen Wirtschaftswunders auf die Spur zu kommen, die Atmosphäre einzufangen, in der Zuwachsraten und ein beispielloses Arbeitsethos sprießen konnten, ist das Anliegen.
Zu kurz gekommen ist bislang in den meisten Veröffentlichungen zu diesem Thema der vielleicht wichtigste, aber auch am schwierigsten einzufangende Aspekt – das Gefühl »wieder schaffen« und wieder lohnende Arbeit verrichten zu können. Der »Spiegel« dazu: »Erhards Erfolg bei den Deutschen der Bundesrepublik ... beruht offenkundig darauf, daß er ihnen die Wirtschaft als ein Feld eröffnete, auf dem sie sich – unbelastet von den bösen Schatten der Vergangenheit – mit ungebrochenem Selbstvertrauen betätigen durften.«

Es war die Zeit, in der es legendäre Karrieren gegeben hat. Die Würstchenbude in guter Lage garantierte steilen materiellen Aufstieg. Und es war keine Seltenheit, daß ein Kellner innerhalb von nur wenigen Jahren zum Besitzer einer Restaurantkette aufrückte. Was für den Amerikaner der Aufstieg vom Tellerwäscher zum Big Boß war, das wurde nun in Deutschland die Karriere vom hoffnungsvollen Habenichts zum neureichen Unternehmer, der inmitten seines Gelsenkirchner Barocks Reichtum zelebrierte.

Wir danken Arno Surminski, Eberhard Schmidt, Hermann Glaser und Karl Wilhelm Boetticher, daß sie mit uns das Spektrum dieser Zeit beleuchtet haben. Die Politik ist dabei oft zu kurz gekommen. Ihr haben wir in einem anderen Buch über »Die Gründerjahre der Bundesrepublik« Priorität eingeräumt.

Aufbruch ins Wunder

Arno Surminski

Im strengen Winter 1981/82 saß eine Gesellschaft am warmen Kamin. Die meisten Gäste waren mittleren Alters, nur wenige nach dem Zweiten Weltkrieg geboren. Es gab guten französischen Wein, im Hintergrund spielte dezent, das Gespräch nicht störend, Musik. Im Nebenraum wartete ein kaltes Büfett, auf den Kleiderbügeln im Flur hingen Nerz und Chinchilla, und vor dem Haus parkte eine Reihe bunter Autos. Sie sprachen über Gott und die Welt, und plötzlich sagte der jüngste im Kreis, ein 1960 geborener Student: »Von den fünfziger Jahren weiß ich nur, daß es eine durch und durch materialistische Zeit war. Geistige Auseinandersetzungen fanden kaum statt, alles hing nur an Essen, Trinken, Wohnen und Autokaufen. Und auf solche Zeiten seid ihr Älteren stolz!«

Gibt es Anlaß, auf die Wirtschaftswunderjahre stolz zu sein? Waren sie wirklich nur ein materialistischer Alptraum, ausgefüllt mit purer Gier nach den trivialsten Dingen des Lebens und völliger Vernachlässigung der höheren Werte? Um das zu ermessen, muß man sie schildern, die kleinen Erlebnisse, die heute den Stolz der »Fünfziger« ausmachen. Also, wie war das 1950 mit dem neuen Fahrrad? Es stand im Schaufenster und kostete horrende 120 DM. Die Lehrlingsvergütung betrug 25 DM im Monat; sie war unantastbar und mußte für den Lebensunterhalt abgeliefert werden. Woher 120 DM für ein Fahrrad nehmen? Zweimal wöchentlich gab es Berufsschulunterricht in der dreißig Kilometer entfernten Großstadt. Der Lehrherr hatte die Busfahrt zu bezahlen, pro Woche kostete ihn die Berufsschule des Lehrlings 5,20 DM Fahrgeld. Ja, wenn man ein Fahrrad besäße, dann wäre es möglich, per Rad in die Stadt zu fahren und die 5,20 DM für sich zu behalten. Das Fahrrad auf Kredit zu kaufen mit dem Versprechen, wöchentlich 5,20 DM abzuzahlen, kam nicht in Frage. Der Zeitgeist hielt es mit dem Spruch: Wer schon in jungen Jahren Schulden macht, kommt garantiert auf die schiefe Bahn.

Also bastelte ich ein behelfsmäßiges Fahrrad aus Schrotteilen zusammen, vorn Vollballon, hinten Normalreifen, defekte Beleuchtung, viel Rost. Damit ging es zweimal wöchentlich dreißig Kilometer hin und dreißig Kilometer zurück für 5,20 DM. Als 96 DM zusammen waren und das Behelfsrad gerade wieder einen Schwächeanfall erlitt, unternahm ich einen zweiten Versuch wegen des neuen Fahrrades. O ja, ich durfte die 96 DM zum Fahrradhändler tragen, der sie in die Ladenkasse steckte und eine Quittung aus-

schrieb. In meinem Beisein heftete er ein Schild »Verkauft« an die Speichen. Sechs Wochen stand mein Fahrrad noch so im Schaufenster, bis die restlichen 24 DM zusammengefahren waren. Da erst begann das Wirtschaftswunder auf zwei Rädern.
Oder 1951 die Deutschlandreise per Fahrrad in Begleitung eines Freundes. Hamburg – Lüneburger Heide – Harz – Westerwald – Siegerland – Rhein-Ruhrgebiet und zurück, eine zweiwöchige Fahrt mit 25 DM in der Tasche. Die Route war so abgesteckt, daß sie gelegentlich an Tanten, Onkeln, Großmüttern und entfernten Verwandten vorbeiführte. Geschlafen wurde, gab es keine Verwandten in der Nähe, in Heuhaufen, einmal auf der Bank vor dem Bahnhof Düsseldorf-Benrath, einmal im Wartesaal des Bahnhofs Minden. Da die Verwandten uns oft Lebensmittel mitgaben, kauften wir kaum etwas ein. Ich erinnere mich nur an eine Tüte Brötchen in Braunschweig und zwei Pfund Kirschen, die wir in Essen kauften und, auf dem Ruhrschnellweg freihändig fahrend, verzehrten. Es trat der Fall ein – auch das ein kleines Wirtschaftswunder –, daß wir mit mehr Geld heimkehrten, als wir mitgenommen hatten. Onkel und Tanten hatten uns gelegentlich Fünfzigpfennig- oder Markstükke zugesteckt.

Naiv, aber glücklich?

Waren das Anlässe, stolz zu sein? Heute mutet vieles verrückt an, auch schreit die damalige Naivität zum Himmel. Das ist übrigens ein bemerkenswertes Stichwort für das Verständnis jener Zeit. Kein Zweifel, die Deutschen der Wirtschaftswunderjahre waren in einem gewissen Sinne naiv, ihre Freude an einem neuen Fahrrad, dem ersten Stück Möbel oder einer Neubauwohnung war geradezu kindlich. Auch der unkritische Fortschrittsglaube jener Jahre trug Züge des Naiven. Kein Tag verging, an dem die Zeitungen nicht von erstaunlichen Leistungen der Wissenschaft und der Technik berichteten. Wasserkraftwerke bauen, Stauseen errichten, die Atomkerne für den Küchenherd zähmen, die Sahara bewässern, Eisberge abschmelzen, in Sibirien und Alaska Orangen anbauen, in solchen Spekulationen erging sich der Fortschrittsglaube. Dem Menschen und seiner Wissenschaft war alles zuzutrauen; es war fest damit zu rechnen, daß wir eines Tages aufhören würden zu sterben.
Diese optimistische Haltung wurde nicht etwa von oben befohlen oder gar mit den Mitteln der geheimen Verführung zur Ablenkung von Not und sozialer Ungerechtigkeit lanciert, sie entsprach einer verbreiteten Zeitstimmung. Die Menschen wollten positive Berichte über Wohlstand, besseres Leben und die unbegrenzten Möglichkeiten der Zukunft. So wie heute paßten sich die Medien diesen Wünschen an und meldeten den Fortschritt. Ebensowenig wie wir erklären können, warum der Zeitgeist heute offenbar eine wachsende Sehnsucht nach Katastrophenmeldungen, Weltuntergangsvisionen und pessimistischen Aussichten verspürt, so läßt sich die entgegengesetzte Stimmung, die sich in positiven Meldungen über Produktionsrekorde, Neubauvorhaben, Versorgungsverbesserungen, Erfindungen und Entdeckungen erging, rational schwer erfassen. Der Souverän namens Zeitgeist hat da seine Geheimnisse; er überrascht uns einmal mit wilder Ausgelassenheit, um dann wieder in allgemeiner Traurigkeit zu versinken.
Es wäre überheblich, die damalige Stimmung als eine Art materiellen Wahn abzuwerten, gleichzeitig aber zu behaupten, daß wir heute, aufgeklärt und vernünftig wie wir sind, den realen Zustand der Welt bedauern. Wahrscheinlich liegt die Realität in der Mitte. Der Kulturpessimismus heutiger Tage erscheint als Spiegelbild

Brav und angepaßt in die fünfziger Jahre: Ein Kleinkind herausgeputzt im Stil der Zeit

des unkritischen Optimismus von damals. Wir haben es mit extremen Pendelausschlägen der gleichen Welt zu tun, einmal mit Pluszeichen, einmal mit Minus. Der Wahn, wenn man es schon so nennen will, ist der gleiche.

Sogar bei einfachen praktischen Dingen ist dieses extreme Hin- und Herpendeln nachweisbar, etwa bei der Wohnungseinrichtung oder dem Hausbau. Heute hängen wir an nostalgischen Bauten mit Schnörkel und viel Farbe. Wir stellen sie unter Denkmalschutz und demonstrieren, wenn alte Häuser abgerissen werden sollen. Damals sah Altes häßlich aus. Es war keineswegs so, daß die schmucklosen Neubauten des sozialen Wohnungsbaus mit Ziegelfassade und schlichten Fenstern von den Menschen der fünfziger Jahre als notwendiges Übel hingenommen wurden, weil es nichts Besseres gab und sie ein Dach über dem Kopf brauchten. Sie fanden diese Bauten ausgesprochen schön. Vermutlich hatten sie zu viele geborstene Fassaden mit Einschußlöchern und Rissen gesehen, um nicht den Kontrast dazu, die schlichte, saubere, gerade gezogene Wand, großartig zu finden. Ähnlich war es mit dem Mobiliar. Heute bedauern viele, die alten Anrichten und Schränke in den fünfziger Jahren auf den Müll geworfen zu haben. Damals fand man sie abgrundhäßlich. Auch die Hochhäuser sah man durchaus nicht als die Monstren an, als die sie uns heute erscheinen. Wolkenkratzer waren die Symbole des Fortschrittglaubens.

Der unkritische Optimismus, der die fünfziger Jahre beherrschte, erklärt übrigens auch die schwärmerische Bewunderung für die USA, die für jene Zeit typisch war. Jenseits des Teiches war die Zukunft, die in Europa erst in den Zeitungen angekündigt wurde, schon ein Stück Gegenwart. In den Vereinigten Staaten kam alles zehn Jahre früher, eine Zeitdifferenz übrigens, die noch heute zu spüren ist. Das Auf und Ab des deutsch-amerikanischen Gefühlspegels zeigt üb-

rigens, wie sehr die Zuneigung der Völker von materiellen Werten abhängt. Die Deutschen hatten sich – darin den übrigen Europäern nicht nachstehend – viele Jahre eine überhebliche Geringschätzung des ungebärdigen, kraftvollen, aber als unkultiviert geltenden Amerikaners geleistet. Man lächelte gern über die Amerikaner, und das nicht nur während des Dritten Reiches, sondern auch schon in den zwanziger Jahren und in der Kaiserzeit.
Der »reiche Onkel aus Amerika« war das einzig Positive, das viele Jahrzehnte von West nach Ost über den Atlantik kam. Bemerkenswert ist, daß den Russen ähnliches widerfuhr mit dem Unterschied, daß die Nix-Kultura-Mentalität in Mitteleuropa noch etwas länger anhielt als das Yankee-Syndrom. Heute beherrschen diese als primitiv eingestuften Völker die Welt. Mit dem Ende des Zweiten Weltkrieges brach in Deutschland die Fassade »gebildeter« Überlegenheit gegenüber den USA zusammen. Der einfache Grund: In Amerika herrschte Wohlstand. Care-Pakete, Kaffee und Amizigaretten schlugen den geistigen Hochmut. Die Zuneigung ging nach Brot. In neuerer Zeit gibt es dafür Parallelen. Die Sympathie, die vielen Bürgern der Bundesrepublik bei Besuchen in osteuropäischen Ländern entgegenschlägt, kommt aus der gleichen Quelle wie die Bewunderung Nordamerikas in den fünfziger Jahren. Damals war es der gute Dollar, heute ist es die Mark.

Das soziale Gefälle

Zur Naivität jener Zeit gehörte wohl auch, daß beträchtliche soziale Unterschiede geduldig hingenommen wurden. Das Leiden am Wohlstand des anderen war noch nicht zur chronischen Krankheit geworden. Im Jahre 1955 gab es in der Bundesrepublik nur 350 000 Pkw, die für Arbeitnehmer zugelassen waren. Die meisten dieser Arbeitnehmerautos standen in den Garagen leitender Angestellter, höherer Beamter oder Direktoren, die statistisch ja auch als Arbeitnehmer gelten. Ein Arbeiter mit einem Auto war eine Rarität. Fünf Jahre später besaßen die deutschen Arbeitnehmer 6,6 Millionen Pkw. Die beiden Zahlen machen deutlich, warum jene Jahre Wirtschaftswunder genannt wurden. Dabei kann man sie durchaus unterschiedlich interpretieren. Während wir heute wohl eher dazu neigen, das Gewicht auf die »nur« 350 000 Arbeitnehmerautos des Jahres 1955 zu legen – immerhin besaßen in jener Zeit schon viele Unternehmer, Geschäftsleute und Freiberufler ein Auto –, gefiel es den Menschen damals, vor allem auf die 6,6 Millionen Arbeitnehmerautos des Jahres 1960 zu blicken.
Das Wohlstandsgefälle der Wirtschaftswunderzeit war für heutige Begriffe erschreckend. Schlimmer noch, es verbarg sich nicht einmal, sondern zeigte sich überall in – heute würden wir sagen – unverfrorenster Weise. Ich gehörte mit zu den Habenichtsen, kann aber nicht sagen, daß ich sehr darunter gelitten habe, wenn andere schon Autos besaßen, an die Riviera fuhren, schöne Kleider trugen und Häuser bauten. Warum wir damals die Unterschiede so geduldig ertrugen, ist ein weites Feld für die Psychologie. Möglicherweise waren da instinktive Überlebensmechanismen am Werk, die uns vor Ansteckung und Vergiftung durch den Neidkomplex bewahrten. Die Deutschen saßen im Wattenmeer auf dem Trockenen und erwarteten mit Gewißheit die Wohlstandsflut. Zum einen würde sie eher kommen, zum anderen später, aber ausbleiben würde sie nicht. Wer keine Geduld hatte, ging dem Wohlstand entgegen, er wanderte aus.
Um die Aufbruchstimmung der fünfziger Jahre zu begreifen, kommen wir ohne eine Betrachtung der ersten Hälfte dieses Jahrhunderts nicht

aus. Es war ja nicht nur der Zweite Weltkrieg mit seinem katastrophalen Ende, der den Erwartungshorizont der Menschen auf Null reduziert hatte. Auch die vierzig Jahre davor hatten es in sich, das ganze halbe Jahrhundert war in der Rückschau aus unserer dreißigjährigen friedlichen Wohlstandszeit ein einziger Vulkanausbruch im alten Europa. 1907 eine Wirtschaftskrise mit erheblichen Mangelerscheinungen; es gab kein Fleisch für die Arbeiter. Danach der Erste Weltkrieg, in dem die Deutschen mehr hungerten als im Zweiten Weltkrieg. Ihm folgte die Inflationszeit der zwanziger Jahre mit persönlichen Katastrophen für Millionen Menschen. Eine kurze Phase der Stabilität von 1926 bis 1928 ging der Weltwirtschaftskrise mit ihrer Massenarbeitslosigkeit voraus. Die darauffolgende wirtschaftliche Erholung in der Mitte der dreißiger Jahre ging im Elend des Zweiten Weltkrieges unter. Keine Frage, die Deutschen waren mit wirtschaftlicher Not verwandt und verschwägert. In der Schule lernten sie seit altersher Gedichte wie »Wer nie sein Brot mit Tränen aß . . .«, und über ihren Betten hingen Sinnsprüche wie dieser: »Lerne leiden, ohne zu klagen!«

Über diese Menschen kam, als sie glaubten, auf dem äußersten Tiefpunkt angelangt zu sein, das Wirtschaftswunder. Sie fühlten sich wie jemand, der aus sibirischer Kälte in einen Raum mit null Grad kommt. Er muß glauben, der Frühling sei ausgebrochen. Auch das ein gravierender Unterschied zur Gegenwart. Heute kommen wir alle aus der Wärme und empfinden eine geringe Abkühlung schon als unerträglich.

Der häßliche Deutsche

Von den Fakten her betrachtet war die wirtschaftliche Entwicklung gar nicht so wunderbar. Die Arbeitslosigkeit blieb hoch, die Löhne waren niedrig, die Wohnraumversorgung katastrophal, das soziale Netz sehr unvollkommen. Der allgemeine Wohlstand lag weit unter dem heutigen Niveau. Trotzdem war das Wirtschaftswunder keine Erfindung von oben, keine Wahlwerbung oder der Versuch, leidende Menschen mit Luftschlössern zu täuschen. Nein, die meisten hielten die Entwicklung tatsächlich für wunderbar. Nach den Erfahrungen der ersten Hälfte des Jahrhunderts mußten sie mit dem Schlimmsten rechnen, denn eigentlich sah es 1945 noch schlechter aus als 1918. Die Niederlage war totaler als die nach dem Ersten Weltkrieg; Städte und Industrie waren von Bomben zerstört, das Land zerstückelt und unter fremder Besatzung, es war isoliert und verfemt. Daß sich unter diesen deprimierenden Bedingungen die wirtschaftliche Lage besser entwickelte als nach dem Ersten Weltkrieg, mußte in der Tat für ein Wunder gehalten werden. Heute wissen wir, daß die Tiefe des Falls Bedingung war für die Größe des Aufstiegs.

Die außenpolitische Isolierung, in der die Bundesrepublik lebte, hat die Wirtschaftswundermentalität mitgeprägt. Die häßlichen Deutschen, mit denen im Ausland niemand etwas zu tun haben wollte, verkrochen sich hinter ihre Grenzen und stürzten sich auf das, was ihnen noch geblieben war: die Wirtschaft. Die Rundfunksender ergingen sich in Nachrichten über die wöchentlich geförderte Kohlenmenge; Fabrikeinweihungen, Stapelläufe und Exportaufträge waren Schlagzeilen wert. Produktionssteigerungen wurden gefeiert wie im Kriege die Erfolge an den Fronten; die monatlichen Exportzahlen erwartete die Nation damals wie heute die Lottozahlen. Womit sollten die Deutschen sich auch sonst beschäftigen? Niemand wollte etwas mit ihnen zu tun haben. Die meisten Ausländer wuschen sich die Hände, wenn sie einen Deutschen berührt hatten. Wer sich vergegenwärtigt, welche Mühe es bereitet hat, auf dem vergleichsweise harmlosen Gebiet des Sports wieder Kon-

takte zwischen den Deutschen und ihren Nachbarn auf die Beine zu stellen, wird das Ausmaß der Isolierung begreifen. Den Deutschen blieb nichts anderes übrig als die Wirtschaft.
Hat er also doch recht, der junge Mann am Kaminfeuer, für den die fünfziger Jahre nichts anderes waren als eine Orgie des Materialismus ohne geistigen Funkenflug? Der Vorwurf, die geistigen Werte seien in den fünfziger Jahren unter die Räder des Konsums, nämlich unter die Freß-, Möbel- und Autowelle geraten, trifft den Sachverhalt nur zur Hälfte. Niemals wieder wurde in der Bundesrepublik, auch und vor allem unter jungen Leuten, soviel über Hiroshima diskutiert wie damals. Die Themen Europa, Weltbürgertum, Atomwaffen beherrschten die Gespräche bis tief in die Nächte, um Wiederbewaffnung und Wiedervereinigung wurde heftig gerungen.
Nur fand diese geistige Auseinandersetzung nicht in jenen äußeren Formen statt, die uns heute vertraut sind. Den Menschen der fünfziger Jahre waren die neuen Möglichkeiten des demokratischen Staates, wie Demonstrationen und Protestkundgebungen, weitestgehend fremd. Sie mußten erst allmählich eingeübt werden.

Die geistige Auseinandersetzung

Ein weiterer Grund für die Flucht ins Nur-Wirtschaftliche wird häufig übersehen: Viele der sogenannten höheren Werte – Freiheit, Vaterland, Ehre, Treue, Glauben – hatten in ihrer pervertierten Ausprägung gerade auf furchtbare Weise Schiffbruch erlitten. Die Antwort der Betrogenen war eine natürliche Skepsis gegenüber allen sogenannten Idealen, eine Antwort, die die Menschen so nüchtern materialistisch erscheinen ließ. Eines fand in der Wirtschaftswunderzeit sicherlich nicht ausreichend statt, die Bewältigung der Vergangenheit. Die Vermutung, die Deutschen seien vor ihrer Vergangenheit ins Wirtschaftswunder geflohen, wollten das schlechte Gewissen mit Wirtschaftserfolgen betäuben, ist nicht ganz unbegründet. Das galt zunächst für die Deutschen als Gesamtheit. Während andere Völker, etwa Italien, rechtzeitig aus dem Kriege ausgeschieden waren und sich die Illusion eines »befreiten« Landes leisten konnten, fühlten sich die Deutschen nie befreit, sondern immer nur besiegt. Die Sieger taten in den Anfangsjahren auch wenig, um sie von dieser Einstellung abzubringen. Morgenthauplan und Demontage zeigten den Deutschen, was man mit ihnen vorhatte. »Befreite« Völker können den Vorwurf, die Gewaltherrscher, unter denen sie gelebt haben, hätten Schreckliches begangen, mühelos akzeptieren, ja sie werden sich selbst als ein Opfer dieser Gewalt verstehen. Ein Nur-Besiegter ist dazu nicht in der Lage.
Die Sieger haben es den Deutschen schwergemacht, sich von ihren Schreckensführern zu distanzieren. Mit ihrer These von der kollektiven Schuld ließen sie ihnen keinen Ausweg. Die meisten haben es den Siegern einfach nicht geglaubt, sie haben die Bilder von Bergen-Belsen und Auschwitz für gestellte Fotos gehalten, für eine Fortsetzung der Kriegspropaganda gegen die Besiegten. Hinzu kommt der natürliche Instinkt, der vor zu großen Schreckensbildern die Augen verschließt. Schon bei einem einfachen Verkehrsunfall wenden sich die meisten Passanten ab, wenn Blut fließt. Was will man da angesichts des größten »Verkehrsunfalls« der deutschen Geschichte erwarten? Psychologisch betrachtet wären die Deutschen keine Menschen, sondern seelenlose Monster gewesen, wenn sie sich nach dem Zweiten Weltkrieg so verhalten hätten, wie es der Rest der Welt und viele Nachkriegsgeborene offenbar erwarteten. Die Verdrängung war normal, eine Überlebensmedizin.

Verdrängung der Vergangenheit ins Wirtschaftliche darf keineswegs immer nur mit Auschwitz und ähnlichen Schreckenssymbolen gekoppelt werden. Sie fand im persönlichen Bereich auf ganz harmlose Weise statt. Wer wollte es einem Dreißigjährigen, der seine Jugend im Uniformrock und anschließend in Gefangenschaft verbracht hatte, verübeln, wenn er nur noch friedlich arbeiten, eine Existenz aufbauen, vielleicht ein Haus errichten wollte? Das beschaulich Wirtschaftliche war das Gegenstück zum Martialischen, das bis dahin die Zeit beherrscht hatte. Man mußte nicht unbedingt schuldig geworden sein, um den Wunsch zu verspüren, in die Idylle von Eigenheimbau und Schrebergarten heimzukehren. Übrigens waren die Deutschen ja nicht nur Täter, sondern auch Opfer der Schreckensjahre. Auch als Opfer verdrängten sie ihre Erlebnisse mit der Flucht ins Wirtschaftswunder. Es war schon ein Segen, daß das Trauma der Bombennächte, der Flucht und der Vergewaltigungen sich in harter Arbeit am eigenen Häuschen auflösen ließ.

König Kunde

Zu den eindruckvollsten Erlebnissen der fünziger Jahre gehört die Umwandlung der Wirtschaft von einem Verkäufer- zum Käufermarkt. Der Konsument wurde Souverän, der Kunde wurde zum König gekrönt. Uns, die wir uns an die dominierende Rolle des Verbrauchers gewöhnt haben, mag das vergleichsweise unbedeutend erscheinen. Damals war es ein epochaler Wandel, der das Selbstwertgefühl des Verbrauchers steigerte. Bis dahin waren es die Verbraucher gewohnt, vor den Läden in langen Schlangen geduldig zu warten, um das Nötigste gerade noch zu bekommen. Nicht die Wartenden vor der Tür, sondern die Ladenbesitzer waren die heimlichen Herrscher im Dorf oder Städtchen, auf ihre gute

Unbeschwert genießen und ein wenig Wohlstand

Laune und Freundlichkeit war man angewiesen. Man harrte geduldig aus, bis sie aus dem Mittagsschlaf erwachten und geruhten, den Laden zu öffnen. Glücklich, wer mit ihnen verwandt oder gut bekannt war, um über »Beziehungen« eine bessere Versorgung zu erhalten. Das änderte sich Anfang der fünfziger Jahre radikal. Der Verbraucher, nun Besitzer wertvollen Geldes, wurde umworben, ihn behandelte man freundlich und zuvorkommend. In den Dörfern und Kleinstädten zog der Geschäftsmann zuerst den Hut, wenn er einem Kunden auf der Straße begegnete.
Die in den fünfziger Jahren zurückgewonnene Konsumfreiheit des Verbrauchers wird heute kaum noch als Wert gewürdigt. Die Werbung zum Beispiel, wesentlicher Bestandteil der Konsumfreiheit, erscheint vielen als unnütz und überflüssig. Sie übersehen, daß der Kunde aufhört, König zu sein, wenn die Werbung aufhört. Die in der Wirtschaftswunderzeit geschaffene Konsumfreiheit mit der starken Position des Verbrauchers hat die Lebensqualität der Massen mehr gesteigert als viele gutgemeinte Reformen. Wie deprimierend es ist, in einem Wirtschaftssystem zu leben, in dem nicht der Kunde, sondern der Mann hinter dem Ladentisch, der staatlich angestellte Warenverteiler, den Mittelpunkt darstellt, können westliche Besucher bei ihren Reisen in osteuropäische Länder gründlich studieren.
Das Wirtschaftswunder war mehr geistiger Zustand als wirtschaftliche Realität, eine Stimmung, gespeist aus vielen Quellflüssen. Eine gewisse gläubige Naivität war wohl die wichtigste Zutat. Möglicherweise ist der Verlust dieser Naivität die entscheidende Veränderung der Nach-Wirtschaftswunder-Jahre. Heute kommen viele schon mit diesem Naivitätsverlust auf die Welt, haben damit auch die Fähigkeit eingebüßt, über eine so simple Geschichte wie den Erwerb eines neuen Fahrrades ein halbes Stündchen glücklich zu sein. Die eigentliche Bewährungsprobe für unsere naivitätslose Zeit wird kommen, wenn sich die wirtschaftlichen Bedingungen so verschlechtern sollten, daß wir jenen Verhältnissen nahe kommen, die damals als »Wirtschaftswunder« gefeiert wurden. Vielleicht brauchen wir dann zum Überleben eine neue Illusion, eine neue Naivität.

1

2

3

4

Der Zweite Weltkrieg ist zu Ende: Die Zentren der großen Städte sind zerstört und verödet. Vor der zerbombten Reichskanzlei (1), von deren Balkon die Mächtigen der NS-Ära dem Volke oft genug Durchhalteparolen zuriefen, sitzt verloren eine Mutter mit ihrem Kind.

Wenn es so etwas wie eine Stunde Null gegeben hat, dann waren es die Tage und Monate nach dem Zusammenbruch von 1945. Doch schon bald entstehen inmitten der Trümmer Gaststätten (2), Geschäfte (3) und Banken. In Nürnberg werden sogar schon Märkte abgehalten (4).

5

6

7

Nach den Jahren des Schwarzen Marktes, des Hungers und der Entbehrungen (7) kommt am 21. Juni 1948 die Währungsreform. Über Nacht sind die Geschäfte wieder prallgefüllt (6). Waren, die man nur noch vom Hörensagen kannte oder für teures Geld auf dem Schwarzen Markt erstehen mußte, sind nun für jedermann gegen harte DM zu haben (8).
Wer sich mit neuen Verkaufsmethoden an die beginnende »Konsumwelle« anhängt, wie dieser clevere Vertreter (5), der mit seinem klapprigen Vorkriegs-DKW per Direktverkauf vor einer Kohlenzeche Radioapparate an den Mann bringt, macht in wenigen Jahren das große Geld.

Knorr
Knorr
HIPP
HIPP
HIPP
Simons-
Waerland-Brot
WEIZEN
KEIM
Brot
WEIZEN
KEIM
Brot
Simons-
Waerland-Brot
Flamil
Fewa
Fex
SUWA
gibt
Suwa-weiße
Doppelpackung

Persil
D
Henkel
Henko
Bleich-Soda
Henkel
SUWA
NEU
wäscht
MAIZENA

Staunend stehen neugierige Passanten vor einem Schaufenster (9), hinter dem eine Frau geschminkt wird. Mit dem beginnenden Wohlstand kommen auch Kosmetika auf den Markt. Solche Demonstrationen erfreuten sich zu Beginn der fünfziger Jahre großer Beliebtheit.
Neu ist auch das Angebot, Waren auf Raten zu kaufen und zu bezahlen (10). Findige Manager lassen nichts unversucht, um die Konsumwelle immer weiter anzuheizen und die Wirtschaft auf vollen Touren laufen zu lassen.

Ratenzahlungen!
1/3 Anzahlung Rest in 8 Monaten

11

12

Wie auf vielen anderen Gebieten, setzt sich der amerikanische Einfluß auch im Einzelhandel durch. Bereits 1949 werden die ersten Selbstbedienungsläden eingerichtet (12). Es dauert jedoch eine ganze Zeit, bis sich die an den Krämerladen um die Ecke gewöhnte deutsche Hausfrau mit dieser neuen Art, Waren anzubieten, anfreundet (11).

13

Zwei Welten stehen sich hier noch gegenüber. Die Nissenhütte (13) erinnert an die Zeit nach dem Zweiten Weltkrieg, in der Millionen unter oft menschenunwürdigen Bedingungen wohnen und leben mußten. Mit dem beginnenden Wohlstand geht eine fieberhafte Bautätigkeit einher. Jahr für Jahr werden mehr als 500 000 Wohnungen errichtet. Und der Trend zu den eigenen vier Wänden bricht alle Rekorde. Ganze Siedlungen entstehen neu, wie hier in München (15). Nachbarschaftshilfe und Eigenarbeit sind großgeschrieben. Mit vereinten Kräften wird das Dach gedeckt (14). Bald kann die glückliche Familie (16) in ihr Eigenheim einziehen.

14

15

16

17

18

Das Auto – das Symbol der fünfziger Jahre. Es steht für Ansehen, Prestige, Macht, Freiheit. Es wird geputzt, gewartet und gepflegt (17). Der sonntägliche Ausflug ins Grüne ist ein Ritual. Stolz läßt sich die Besitzerin eines Volkswagens am Steuer ihres Autos fotografieren (18).

Ein Traum wird wahr: Urlaubsreisen in die Berge, ans Meer und in den Süden sind wieder möglich. Mit dem eigenen Wagen, dem Schlauchboot und »Kind und Kegel« geht es hinaus. Auch der neue Badeanzug darf nicht fehlen (19).

Eine neue Zeit beginnt. Mit Schwung und Ausdauer (20) wird am Arbeitsplatz die Grundlage für den Wirtschaftsboom geschaffen. Die Deutschen sind fleißig, arbeitsam, aufstiegsorientiert. Für Freizeit und Vergnügen ist nur wenig Zeit. Doch mit dem Rock 'n' Roll, Elvis Presley und den Halbstarken kommt Bewegung in diese ansonsten von Nierentisch und Neonlicht geprägten Jahre.

475

chwung
sdauer
KA

Theoretische Grundlagen der »Sozialen Marktwirtschaft«

Frank Grube und Gerhard Richter

Vorbemerkung

Der enorme wirtschaftliche Aufschwung, den die Bundesrepublik in der Zeit nach der Währungsreform vom 21. Juni 1948 und in den fünfziger Jahren erlebte, fußt auf dem Konzept der »Sozialen Marktwirtschaft«. Sie ist die Reaktion auf die im Ersten Weltkrieg und während der zwölfjährigen Herrschaft der Nationalsozialisten gemachten Erfahrungen mit weitgehend zentral gelenkten Wirtschaften sowie mit der im Kaiserreich und in der Weimarer Republik praktizierten Form des »Laisser-faire-Kapitalismus«, in dessen idealtypischer Form der Staat in eine Art »Nachtwächterfunktion« gedrängt wird.
Ausgehend von den aus der Gewerkschaftsbewegung der »Goldenen Zwanziger« kommenden Forderungen nach einer Wirtschaftsverfassung und nach einer Mitbestimmung der Arbeitnehmer an den Produktiventscheidungen, kristallisierte sich ab 1930 eine Gruppe von Wissenschaftlern um Walter Eucken, Wilhelm Röpke, Alexander Rüstow und Alfred Müller-Armack heraus, die sich insbesondere daranmachte, die systembedingten Fehler einer sich selbst überlassenen Marktwirtschaft unter die Lupe zu nehmen.
Sie sind als »Freiburger Schule« und als die Begründer des Neoliberalismus in die Geschichte eingegangen. Nicht nur eine den klassischen Liberalismus überwindende neue Wirtschaftstheorie, die den neuen Entwicklungen im Kapitalismus Rechnung tragen sollte, wollten sie schaffen: Sie wollten mehr – eine Gesellschaft, deren Ökonomie auf dem Prinzip der Freiheit des einzelnen basierte, müsse selbst frei sein.
Während der Herrschaft der Nationalsozialisten ist diese neoliberale Wirtschaftstheorie in der Emigration, aber auch in Deutschland, von ihren verschiedenen Verfechtern weiter ausgebaut und verfeinert worden. Die wichtigsten Schriften und grundlegenden Werke wurden in jenen Jahren verfaßt und veröffentlicht.
Nach dem Zusammenbruch und dem Ende des nationalsozialistischen Terrorsystems sind einige Mitglieder der Freiburger Schule auch politisch tätig geworden. Auch auf diesem blanken Parkett haben sich Alfred Müller-Armack und Ludwig Erhard, der spätere Wirtschaftsminister und einer der vehementen Verfechter neoliberalen Gedankenguts, zu bewegen und ihre Vorstellungen durchzusetzen gewußt.
Die Theorien der Freiburger Schule sind daher für die Gründerjahre dieser Republik, für die

Ausgestaltung unseres Wirtschaftssystems und für die politische Kultur der Bundesrepublik prägend gewesen. Viele Vorstellungen von damals sind noch heute in den Reden von Politikern und Ökonomen lebendig.
Zum Verständnis der teilweise schwierigen Texte seien daher vorab die wesentlichen Grundlagen des klassischen Liberalismus erläutert. Auf seinen Theorien bauen die Neoliberalen ihr Gedankengebäude auf.
Im Mittelpunkt der »Freien Marktwirtschaft« steht der »homo oeconomicus«: der Mensch, der rational nach seinem wirtschaftlichen Vorteil strebt. Da er in einer arbeitsteiligen Gesellschaft nicht mehr in der Lage ist, das zu produzieren, was er braucht, muß er das, was er hat, nämlich Waren, tauschen. Jede Ware hat einen Tauschwert, einen Preis. Dieser Preis wird nach den Gesetzen von Angebot und Nachfrage bestimmt. Der Preis kann aber nur dann ein »gerechter« sein, wenn der Markt funktioniert.
Adam Smith hat diese Erkenntnisse bereits 1776 in seinem epochemachenden Werk »Vom Reichtum der Nationen« ausgebreitet. In den letzten 200 Jahren sind seine Thesen leidenschaftlich angefeindet, mit Vehemenz verteidigt und mit kühler Sachlichkeit geprüft und ausgebaut worden.
Stark vereinfacht können wir als die wichtigsten Elemente der »Freien Marktwirtschaft« ansehen:

1. Die Autonomie aller Wirtschaftssubjekte. Der einzelne verfügt über seine Güter, sie gehören ihm, und er kann jederzeit und an jedem Ort darüber entscheiden, was er mit ihnen macht.
2. Jeder strebt danach, seinen Vorteil aus einem Geschäft zu ziehen.
3. Es gibt sowohl auf der Anbieter- als auch auf der Nachfragerseite eine große Zahl miteinander in Wettbewerb stehender Subjekte, es herrscht Konkurrenz. Jeder feilscht um den Preis.
4. Das Geld ist das allgemein anerkannte Tauschmittel.
5. Die Marktlage wird durch Angebot und Nachfrage bestimmt.
6. Diese Marktgesetze gelten für sämtliche Märkte, die nicht nur miteinander in Verbindung stehen, sondern sich auch im Gleichgewicht befinden müssen.

Daß die so einleuchtend klingenden Theorien von Adam Smith einen Haken haben mußten, wurde schon klar, als mit der industriellen Revolution viele jener Probleme auftraten, die das ganze 19. Jahrhundert begleitet haben: Massenarbeitslosigkeit, die Entstehung des Proletariats und dessen Verelendung, Kinderarbeit, Kartelle, Trusts.
Auf diesem Boden sind die Theorien von Marx und Engels gewachsen, die die Überwindung des Kapitalismus freilich ganz anders beantwortet haben als jene Theoretiker, denen wir uns jetzt zuwenden wollen.
Während die Marxisten eine grundlegend andere Ordnung schaffen wollten, meinen die Neoliberalen, auf den Erkenntnissen von Adam Smith und später John Stuart Mill aufbauen zu können. Die Auswüchse des zügellosen Liberalismus gelte es, in den Griff zu bekommen, während seine grundlegenden Annahmen, der Mensch sei rational und strebe nach seinem wirtschaftlichen Vorteil, nicht in Frage zu stellen seien.
Ausgehend vom ihrer Meinung nach wichtigsten Strukturfehler der sich selbst überlassenen Marktwirtschaft, die zwangsläufig zum Entstehen wirtschaftlicher Machtgruppen in Form von Kartellen, Trusts und Konzernen und damit zu einer »Vermachtung« der Märkte führe, fordern die Neoliberalen, durch eine konsequente Gesetzgebung eine »Wettbewerbsgesellschaft« zu schaffen, in der jeder einzelne gezwungen sei,

seine Handlungen am Preissystem zu orientieren. Populärer ausgedrückt: Die entstandenen Kartelle und Monopole müssen entflochten werden, damit sich wieder ein gerechter Preis über den Markt bilden kann.

Wettbewerb – und dies ist das eigentlich Weiterführende – ist kein »Naturgewächs«, wie das einmal der Neoliberale Leonhard Miksch umschrieben hat, sondern eine »staatliche Veranstaltung«. Wo immer möglich, habe der Staat den freien und transparenten Markt mit strukturpolitischen Maßnahmen herbeizuführen. Die Instrumente dazu seien durch Gesetze zu schaffen. Denkbar wären Kartellverbote, Fusionskontrollen oder Entflechtung bestimmter Machtballungen. Auch in jenen Bereichen, wo die vollkommene Konkurrenz nicht herzustellen sei, habe sich der Staat einzumischen und kein anderes Ergebnis anzustreben, als sich durch Wettbewerb ergeben haben würde.

Zusammenfassend läßt sich der Neoliberalismus als eine funktionsfähige Wettbewerbsordnung charakterisieren, in der sich der Staat die permanente Aufgabe stellt, den Wettbewerb über einen funktionierenden Markt zu sichern, notfalls wiederherzustellen oder, wo es nicht anders geht, so zu tun, als ob Wettbewerb wäre.

Mit dem Attribut »sozial«, in dem Alfred Müller-Armack, der Erfinder des Schlagwortes »Soziale Marktwirtschaft«, einen »der Ausgestaltung harrenden progressiven Stilgedanken« gesehen hat, haben die Neoliberalen ihrer Marktwirtschaft ein gesellschaftspolitisches Konzept übergestülpt, das jenseits von »Angebot und Nachfrage« greifen sollte. Zu nennen sind hier in erster Linie die Humanisierung der Arbeitswelt, der Umweltschutz, der Verbraucherschutz oder die Beteiligung der Arbeitnehmer am Produktivvermögen.

Alle diese Forderungen, die eine mehr, die andere weniger, sind in Ansätzen verwirklicht oder zumindest in Angriff genommen worden. Daß eine der wesentlichsten theoretischen Stützen der »Sozialen Marktwirtschaft«, nämlich die Rückkoppelung zwischen Individual- und Gesamtinteresse, sie nicht in dem Maße trug, wie sich das ihre Theoretiker erdacht hatten, liegt an der spezifischen Entwicklung der Bundesrepublik und der enormen Schnelligkeit, mit der die alten Macht- und Wirtschaftseliten wieder in Amt und Würden gelangten. Sie lebten noch in der Vorstellungswelt der Weimarer Republik oder hatten jenes Mischsystem zwischen zentraler Verwaltungswirtschaft und pseudoliberalen Prinzipien internalisiert, wie es unter den Nationalsozialisten praktiziert worden war.

Daß sich jene Kräfte durchsetzen konnten, ist um so erstaunlicher, als gerade in den Jahren des Schwarzen Marktes und in den »Gründerjahren« der Bundesrepublik in der Bevölkerung ein breiter Konsens über die Notwendigkeit eines Neubeginns bestand. Mit der Kapitulation am 8. Mai 1945 war die alte Ordnung aus den Fugen geraten und der Ruf nach Freiheit eine natürliche Reaktion auf zwölf Jahre Unfreiheit und Terror.

In den folgenden Jahren rivalisierten dann auch die ordnungspolitischen Vorstellungen der verschiedenen gesellschaftlichen Kräfte und Gruppierungen miteinander. Daß sich schließlich die Neoliberalen durchsetzten und ihre »Soziale Marktwirtschaft« mit großem Erfolg praktizieren konnten, hat viele Gründe, die an anderer Stelle erörtert werden (vgl. Seite 54 ff.).

Einig war man sich darin, daß die freiheitliche Ordnung nur dann erhalten werden könne, wenn es gelänge, die nicht durch den Wettbewerb kontrollierte oder sich selbst kontrollierende wirtschaftliche Macht durch staatliche Macht zu beherrschen oder zumindest zu begrenzen.

Dies ist nicht gelungen, weil der Staat sich in der Folge immer mehr aus dem Wirtschaftsgeschehen zurückgezogen hat. Nach der Währungsreform entwickelte der Wirtschaftsbereich schnell seine eigene Dynamik, der die Politik nicht zu folgen vermochte. Der schon kurz nach der Geldumstellung einsetzende Boom eröffnete den Unternehmen und Unternehmern Möglichkeiten, denen vom Staat keine Zügel angelegt wurden. Das Gemeinwohl kam zu kurz, und das Mikschsche Konzept vom »Wettbewerb als staatlicher Veranstaltung« zog nicht mehr. Längst hatten die Wachstumsraten die Theoretiker überholt. Der Kalte Krieg und das Engagement der USA in Korea taten ein übriges.

Erst als die Boomkurve zu Beginn der sechziger Jahre abzuflachen begann, erinnerte man sich der eigentlichen Grundlagen neoliberaler Marktwirtschaft. Alfred Müller-Armack forderte, nunmehr die gesellschaftspolitischen Aufgaben in einer »zweiten Phase« der Entwicklung in Angriff zu nehmen. Aber da war es bereits fünf nach zwölf. In den Hochzeiten der Konjunktur hatte man jene vergessen, denen das Attribut »sozial« eigentlich zugedacht war. Die schwachen Gruppen dieser Gesellschaft hatten das getragen, was man später das »Wunder« nennen sollte. Zu einseitig waren die Besserverdienenden und Unternehmer gefördert worden. Das Gesetz über den sozialen Wohnungsbau, das Bundesversorgungsgesetz, die Mitbestimmung in der Montanindustrie, der Lastenausgleich, das Betriebsverfassungsgesetz und das erst am 1. Januar 1958 verabschiedete Gesetz gegen Wettbewerbsbeschränkungen waren nur ein Tropfen auf den heißen Stein.

Der in der Bundesrepublik praktizierte Typ der »Sozialen Marktwirtschaft« hat es vor allem nicht verstanden, daß Problem der wirtschaftlichen Macht zu lösen. Bestes Beispiel sind die Benzinpreiserhöhungen, die uns seit geraumer Zeit beinahe wöchentlich ins Haus stehen und deren wirtschaftliche Begründung jedem marktwirtschaftlichen System Hohn spricht.

Die Marktwirtschaft muß sich weiter vorwerfen lassen, daß sie der einseitigen Vermögenskonzentration Vorschub geleistet hat und weiterhin leistet und das Entstehen nichtleistungsbedingter Einkommen fördert. Ein System aber, das vorgibt, die Freiheit des einzelnen zu gewährleisten und besser als jedes andere zu garantieren, stellt sich in Frage, wenn es nur die Privilegien einer Minderheit schützt.

Die folgenden Texte sollen das theoretische Fundament, auf dem insbesondere die Wirtschaftspolitik Erhards gefußt hat, erläutern. Das Konzept der »sozialen Marktwirtschaft«, ohne das das Wirtschaftswunder nicht möglich gewesen wäre, greift bis in unsere Tage. Zu fragen ist daher, ob die ordnungspolitischen Vorstellungen der Neoliberalen heute noch ein Konzept zur Bewältigung von Rezession und Arbeitslosigkeit sind oder ob nicht andere Gedanken reifen müssen, damit wir mit den Problemen einer Industriegesellschaft fertig werden, die längst ihre »zweite industrielle Revolution« erlebt hat, die die Gefahren der Industrialisierung für Mensch und Umwelt zu erkennen beginnt und die neue Formen des Zusammenlebens erprobt. Der Ruf nach mehr »Lebensqualität« steht hier nur stellvertretend für viele Schlagworte, mit denen sich nicht nur Professoren auseinanderzusetzen haben, sondern auch jene, die Entscheidungen treffen müssen, die »über den Tag hinaus« wirken.

Fronten der Freiheit

Wilhelm Röpke

Einleitung

Wilhelm Röpke wollte nationalökonomische Sachkunde mit einer höchsten Empfindlichkeit für das Moralische verbinden. Nach der Überzeugung des am 10. Oktober 1899 in Schwarmstedt bei Fallingbostel geborenen Natinalökonomen liegt im menschlichen Selbstbehauptungs- und Entfaltungswillen jene ungeheure Triebkraft, die unsere Kultur bewegt und die, durch bestimmte moralische Grundüberzeugungen kanalisiert und durch echten Leistungswettbewerb eingedämmt, über das System der Wirtschaft zu leiten ist: »Alle am Wirtschaftsleben beteiligten Gruppen ... müssen die dauernde moralische Anstrengung einer Selbstdisziplin machen, die einer sonst vom Staate aufzuerlegenden und zu erzwingenden Disziplin so wenig wie möglich an Aufgaben läßt.«

Das Verhältnis von Staat und Wirtschaft und die Rolle, die der Staat in diesem komplizierten System zu spielen habe, war zeitlebens das große Thema von Wilhelm Röpke. Als Vertreter der Freiburger Schule wurde er 1933 beurlaubt und mußte in die Türkei emigrieren. Bis 1937 war er dort Professor, dann ging er in die Schweiz, wo er in Genf lehrte. Er starb am 12. Februar 1966. Bis zuletzt ist er für die »preisgesteuerte Wettbewerbsgesellschaft« eingetreten und hat für den Ausbau der sozialen Marktwirtschaft, die seiner Meinung nach erst »unvollständig entwickelt« sei, plädiert.

Was unter »Sozialer Marktwirtschaft« zu verstehen ist, auf welchen theoretischen Grundlagen sie basiert und in welchen Bereichen sie sich von anderen Systemen grundlegend unterscheidet, erläutert Röpke in dem Aufsatz »Was ist Soziale Marktwirtschaft?«. Dieser Beitrag wurde 1958 im Rahmen einer Schriftenreihe der »Aktionsgemeinschaft soziale Marktwirtschaft« veröffentlicht. So komprimiert ist wohl nirgendwo das wiedergegeben worden, was Soziale Marktwirtschaft eigentlich umfaßt und will. Gleichzeitig ist diese Schrift auch ein Zeitdokument, weil sich in ihr der »blinde Antikommunismus« jener Zeit widerspiegelt.

Wilhelm Röpke

Was ist Soziale Marktwirtschaft?

»I. Die Soziale Marktwirtschaft lenkt Produktion und Verteilung durch das selbsttätige System beweglicher Preise im Wettbewerb zwischen Unternehmen, die sich in der Regel in Privateigentum befinden, weit produktiver, wirksamer, gerechter, billiger und zuverlässiger, als es planwirtschaftliche Eingriffe staatlicher Stellen oder privater Marktverbände vermögen.

Der herkömmliche Kapitalismus beruhte zwar ebenfalls auf einem System beweglicher Preise und dem Rechtsinstitut des Privateigentums, ließ es aber bei diesen zwei Bauelementen der freien Wirtschaft bewenden und war von der Auffassung beherrscht, das wirtschaftliche Geschehen strebe von selbst einer prästabilierten Harmonie zu, wenn nur der Staat sich jedes Befassens mit der Wirtschaft enthalte.

Dieses auf der paläoliberalen Doktrin des Laisser-faire beruhende Wirtschaftssystem zeigte indessen im Laufe der Zeit erhebliche Mängel. Es ließ auf weiten Gebieten die verhängnisvolle Neigung zur Ausschaltung und Beschränkung des Wettbewerbs und zu seiner Entartung in Behinderungs- und Schädigungswettbewerb zum Zuge kommen. Hierdurch wurde die wirtschaftliche Lenkung mittels Preisbildung ebenso verfälscht wie die Einkommensverteilung in sozial ungerechter Weise zugunsten monopolistischer Interessen verschoben. Eine weitere Schwäche des herkömmlichen Kapitalismus bestand in dem Wechselspiel von Hochkonjunktur und Wirtschaftskrise, das immer wieder schwere wirtschaftliche, politische und soziale Schäden hervorrief.

Durch Wettbewerbsbeschränkungen und Konjunkturschwankungen bot daher das ganze kapitalistische Wirtschaftssystem der sozialen und politischen Kritik ernste Angriffsflächen, die der sozialistischen und schließlich der bolschewistischen Ideologie den Boden bereiteten. Gegenüber den Schäden des kapitalistischen Systems behalf sich eine chaotische, in sich widerspruchsvolle Wirtschaftspolitik, der jede Vorstellung eines bestimmten, klaren Ordnungsprinzips fehlte, mit zusammenhanglosen, sich immer mehr häufenden punktuellen Interventionen.

Die hier vertretene Marktwirtschaft dagegen erwirbt ihr Prädikat ›Sozial‹ nicht dadurch, daß sie einem im übrigen unveränderten kapitalistischen System künstlich, etwa durch Eingriffe in den Marktablauf zugunsten einzelner Gruppen, einige sozial scheinende Elemente aufpfropft. Die neoliberale Soziale Marktwirtschaft weist vielmehr eine *wesentlich* veränderte *innere* Ordnung auf, die von ihren *Grundzügen* her auf natürlichem Wege selbsttätig eine Übereinstimmung des wirtschaftlich und des sozial Erstrebenswerten herbeiführt.

II. Die Soziale Marktwirtschaft erfordert einen zielklar und entschieden im Gesamtinteresse handelnden Staat, der, ohne selbst Wirtschaft zu betreiben, ohne Partei zu nehmen, ohne künstliche Benachteiligungen und Begünstigungen zu verteilen und ohne in die Preisbildung und die Lenkung der Güterströme einzugreifen, seine Wirtschaftspolitik nach einer geschlossenen einheitlichen Ordnungskonzeption gestaltet, den Teilnehmern des Wirtschaftsprozesses gegenüber neutral bleibt und dadurch seine Integrität als Rechtsstaat wahrt. Der Staat hat die Bildung eines echten *Gemeinschaftsbewußtseins* und die *innere Integration,* die organische Einbettung ins Gemeinschaftsgefüge, zu fördern. Er muß durch Beispiel und Aufklärung darauf hinwirken, daß die dem wirtschaftlichen Geschehen überzuordnenden Zielvorstellungen, Wertungen und moralischen Normen in einer gesunden Weise weiterentwickelt und im Bewußtsein der Bevölkerung verankert werden. Er hat schließlich den *rechtlichen Rahmen* für das wirtschaftliche Geschehen, insbesondere auf dem Gebiet des Wettbewerbsrechts, im weitesten Sinne so zu formen, daß die in der Marktwirtschaft wirksamen überpersönlichen Ordnungskräfte zu größtmöglicher

Wirkung gelangen können. Der Staat hat also Spielregeln für die wirtschaftliche Tätigkeit zu setzen und ihre Einhaltung zu überwachen. Er soll dabei Schiedsrichter sein, nicht Mitspieler.

1. Die Grundlage der Sozialen Marktwirtschaft muß ein stabiler Geldwert und ein von größeren Schwankungen freier, hoher allgemeiner Beschäftigungsgrad sein. Die Geld- und Kreditpolitik ist als eines der wichtigsten Mittel zur Sicherung eines solchen Beschäftigungsgrades zu verwenden, hat aber eine inflationistische Geldvermehrung auszuschließen, die sich auch durch marktwirtschaftswidrige Währungs- und Preiskontrollen nicht wirksam bekämpfen läßt. Sie muß dabei durch eine die Marktlage und die Produktivität berücksichtigende Lohnbildung gestützt werden. Durch Stabilisierung des Geldwertes einerseits und eines hohen Beschäftigungsgrades andererseits verhindert die Soziale Marktwirtschaft die Aushöhlung von Löhnen, Renten, Ersparnissen und sonstigen Forderungen und fordert den Willen und die Fähigkeit breiter Schichten zur Eigentumsbildung.
2. Die Soziale Marktwirtschaft beruht auf dem Wettbewerb, der ein Wettbewerb der echten Leistungen sein muß und nicht zum gezielten Schädigungs- und Vernichtungswettbewerb entarten darf. Leistungswettbewerb bewirkt ein Höchstmaß an Produktivität, ein faires Zusammenspiel der wirtschaftlichen Kräfte und erschwert die Bildung von privater wirtschaftlicher und politischer Macht. Der Leistungswettbewerb darf weder durch mächtige einzelne noch durch kollektive Zusammenschlüsse beschränkt oder zersetzt werden. Diesem Ziel dienen im nationalstaatlichen Rahmen straffe gesetzliche Regelungen, die in dem Maße gelockert werden könnten, wie durch Abbau der zwischenstaatlichen Handelsschranken die internationale Konkurrenz verschärft und damit inländischen Wettbewerbsbeschränkungen der Boden entzogen wird. Leistungswettbewerb sichert gesellschaftliche Funktion und moralische Legitimation des Eigentums; bei Märkten, die dem Wettbewerb nicht oder nur unzureichend zugänglich sind, soll, soweit nötig, diese Legitimation durch eine auf möglichst wettbewerbsnahes Verhalten gerichtete Tätigkeit der Monopolbehörde aufrechterhalten werden, um ohne Enteignung Auswüchse und Mißbrauch des Eigentums zu verhindern.
3. Die Soziale Marktwirtschaft erfordert, daß der Staat *große strukturelle Anpassungen* nötigenfalls durch geeignete vorübergehende Maßnahmen erleichtert, glättet und beschleunigt. Er hat Selbsthilfe dort anzuregen und gegebenenfalls zu unterstützen, wo es sich darum handelt, Anpassungen an tiefgreifende und schwerwiegende Veränderungen vorzunehmen, vor allem auch dann, wenn diese auf außerwirtschaftlichen Einwirkungen beruhen. Dieser genau umrissene Zweck – Anpassungs-Interventionismus – bestimmt zugleich das Höchstmaß staatlicher Eingriffe, das heute jedoch weit überschritten ist.
4. Die Soziale Marktwirtschaft bedarf der Ergänzung durch eine wohl abgestimmte Politik in den *an die Wirtschaft grenzenden Bereichen,* besonders den Gebieten des Sozialen, der Raumplanung und der Erziehung.

III. Die Soziale Marktwirtschaft weist im Vergleich zum herkömmlichen Kapitalismus vor allem diese vier zusätzlichen Bauelemente auf und macht dadurch die Bauelemente der Lenkung durch bewegliche Preise und des Privateigentums erst voll funktionsfähig sowie wirtschaftlich und sozial fruchtbar. [. . .]

5. Die Soziale Marktwirtschaft führt auf natürlichem Wege zu einer Steigerung des Wohlstandes aller Bevölkerungsgruppen. Als einzige

Wirtschaftsordnung löst sie diese wichtige Aufgabe nicht durch die primitiven Methoden des Umleitens und gegenseitigen Wegnehmens von Einkommensteilen; die durch Leistungswettbewerb, stabiles Geld und Verzicht auf künstliche marktwirtschaftsfremde Elemente weit höhere Gesamtleistung der Volkswirtschaft führt selbsttätig zu einem steigenden Einkommen des Arbeitnehmers im Rahmen eines wachsenden Volkseinkommens. Der Arbeitnehmer erfährt gegenüber den Arbeitgebern und als Verbraucher eine starke Erhöhung seiner Unabhängigkeit, ohne besonderer gesetzlich vorgeschriebener Einflußmöglichkeiten zu bedürfen. Die Soziale Marktwirtschaft überwindet die Ausbeutung und sichert einen gleichmäßig hohen Beschäftigungsgrad bei steigenden Reallöhnen, ohne die persönliche Freiheit und den stabilen Geldwert zu gefährden.

6. Die Soziale Marktwirtschaft schafft und erhält eine gesunde soziale Struktur. Diese bietet besonders einer großen Zahl selbständiger mittelständischer Existenzen Lebensmöglichkeit, die nicht einer Förderung, wohl aber gerechter Startbedingungen bedürfen. Sie wirkt einer Erstarrung der Gesellschaft in Klassen und Stände entgegen und macht, soweit dies eine Wirtschaftsordnung überhaupt vermag, den wirtschaftlichen Auf- und Abstieg in gerechter Weise von der wirtschaftlichen Leistung abhängig.
7. Die Soziale Marktwirtschaft ist nicht nur durch ihre Ergiebigkeit und Gerechtigkeit, sondern auch durch ihre Arbeitsweise am besten mit einer wirklichen Demokratie vereinbar. Millionen von Verbrauchern entscheiden täglich durch ihre Käufe und durch die Wahl ihrer Tätigkeit darüber, welche Güter von wem produziert, wie die Produkte verteilt und welche Entgelte gezahlt werden. Die Soziale Marktwirtschaft ist damit die Verwirklichung echter Wirtschaftsdemokratie, die durch Verpflanzung parlamentarischer Techniken auf das Wirtschaftsleben, zum Beispiel im Wege der Mitbestimmung, nur verfälscht werden kann. Andererseits befreit sie die politische Demokratie von der heutigen Überlastung, unter der sie zusammenzubrechen droht. Sie macht Regierung, Parlament und Verwaltung für ihre echten Aufgaben frei.

IV. Die Soziale Marktwirtschaft überwindet die Baufehler des herkömmlichen Kapitalismus mit freiheitlichen Mitteln, während eine freiheitsfeindliche staatliche Befehlswirtschaft diese Baufehler nur noch verschärft und um neue, noch schlimmere vermehrt.

Die Soziale Marktwirtschaft grenzt sich deutlich gegen diese beiden Wirtschaftssysteme ab und stellt sich in den Dienst einer angesichts der sowjetischen Herausforderung unerläßlichen Verbesserung und Kräftigung unserer Gesellschaftsordnung. Je mehr sich die Soziale Marktwirtschaft durchsetzt, desto freier der Bürger, desto funktionsfähiger, klarer und fruchtbarer die politische und soziale Ordnung, desto größer die Aussicht für die freie Welt, den Wettlauf mit dem Kommunismus um die überlegene und überzeugendere Gesellschaftsordnung zu gewinnen. Deshalb ist die Arbeit in der sozialen Marktwirtschaft zugleich ein Beitrag zur Außenpolitik, eine wesentliche Vorbereitung für freiheitliche und friedliche Wiedervereinigung und für echte Integration Europas.

Der bolschewistische Osten drillt seine Untertanen im Kommunismus. Wir werden ihm nur dann überlegen sein können, wenn wir lernen, uns freiwillig die Gesellschaftsordnung geistig zu eigen zu machen und zu vertreten, in deren Aufbau wir begriffen sind und die allein Freiheit und Wohlstand zu sichern vermag.«

Soziale Marktwirtschaft

Alfred Müller-Armack

Einleitung

Mit Walter Eucken, Leonhard Miksch, Wilhelm Röpke und anderen gehört auch Alfred Müller-Armack zu den Mitbegründern der Freiburger Schule. Seit 1940 lehrte er als Professor für Nationalökonomie und Kultursoziologie in Münster, bis er 1950 nach Köln ging und dort Wirtschaftliche Staatswissenschaften las. Daneben war er Leiter der Abteilung Wirtschaftspolitik und der Grundsatzabteilung im Bundesministerium für Wirtschaft.

Müller-Armack gilt als einer der Väter dieser Wirtschaftsordnung. Er war es auch, der den Begriff der »Sozialen Marktwirtschaft« erfand. Wenn er auch im Bewußtsein der Öffentlichkeit nicht so hervorgetreten ist wie der populäre Wirtschaftsminister Erhard, so gehörte er ganz sicher zum »Inner Circle« der damaligen politischen Machtelite.

In seinem Buch »Wirtschaftslenkung und Marktwirtschaft«, das erstmals 1946 erschien, erläutert er die grundlegenden Unterschiede zwischen einer liberalen Wirtschaftsordnung des 19. Jahrhunderts und seiner Form der »sozialen Marktwirtschaft«. Als gut 15 Jahre später das Wirtschaftswunder in voller Blüte steht und sich noch keine Gewitterwolken am Horizont abzeichnen, zieht er eine bemerkenswerte Bilanz: In »Ein Jahrzehnt soziale Marktwirtschaft« (1960) preist er ebenso die Stärken seines Systems, die jedermann in Produktionszahlen, Leistungsbilanzvergleichen und Arbeitslosenziffern tagtäglich nachvollziehen kann, wie er seine Schwächen schonungslos offenlegt. Eine ehrliche Analyse, die in der Forderung nach einer »neuen« Gesellschaftspolitik gipfelt.

Alfred Müller-Armack

Ein Jahrzehnt soziale Marktwirtschaft

»Das ideelle Ergebnis der Sozialen Marktwirtschaft muß über die Erfolgszahlen der Produktion, des Außenhandels und der Einkommen hinaus darin gesehen werden, daß es mit diesem neuen Wirtschaftsstil gelungen ist, die Bundesrepublik von der Wirtschaftspolitik her wesentlich zu festigen. Dies ist nicht allein ein wirtschaftlicher, sondern – im Rahmen der europäischen Politik – auch ein politischer Erfolg. An der Stelle, die als die bedrohteste gelten konnte, ist ein Staat entstanden, der sich in kurzer Zeit wirtschaftlich zu konsolidieren vermochte.

Es hat sich ferner mit dem Ansteigen des Einkommenstandards in der Bundesrepublik in den letzten Jahren eine starke Demokratisierung des Konsums vollzogen, die dahin wirkt, daß die modernen Richtungen des gehobenen Konsums, alles das, was an Apparaten, an Fernsehgeräten, Radios, Kühlschränken, Waschmaschinen, Staubsaugern usw. auf uns eindringt, fast zugleich Gegenstand des Konsums breitester Schichten wird. Dieser Prozeß der Demokratisierung und der Nivellierung des Konsums ist in seinen künftigen sozialen Konsequenzen noch gar nicht durchdacht worden. Heute wird allen Schichten der Zugang zu den modernsten Gütern dieser Welt geöffnet. Zwar in verschiedener Ausführung, haben sie doch durchweg die gleiche Form. Was bedeutet es etwa bei einer Fernsehtruhe, ob sie nun in einem großen Schrank oder in einem kleineren Gerät montiert ist; es ist die gleiche Sendung, die auf dem Bildschirm erscheint. Die Funktion des Gerätes ist die gleiche. Für Radioapparate gilt dasselbe, und beim Auto ist es auch so, daß der Kleinwagen bald so schnell fährt wie der wesentlich größere Wagen heute praktisch fahren kann. Die Breite, die Differenzierung der Konsummöglichkeiten schrumpft zweifellos zusammen. Bei diesem Prozeß setzt die Mode nicht mehr wie im 17. und 18. Jahrhundert bei einer kleinen Oberschicht ein, sondern erreicht sofort breite Schichten.

Ein weiteres Ergebnis der Sozialen Marktwirtschaft ist die Sicherung der Arbeitsplätze. Die Eingliederung von ungefähr 6 Millionen Menschen zusätzlich in den Arbeitsprozeß ist nur die eine Seite dieses Vorganges, die andere ist, daß dem Arbeitenden heute eine unverhältnismäßig höhere Sicherheit der Beschäftigung geboten wird. Durch gelegentliche kleine Schwankungen und die darauf folgenden Reaktionen wird dieses Bild nicht geändert; denn in den letzten Jahren hat die Wirtschaftspolitik die Expansion so gefördert, daß die Arbeitsplätze im wesentlichen gegen schärfere konjunkturelle Schwankungen gesichert werden konnten und so ein bedeutend höheres Maß an Stetigkeit gewährleistet wurde.

Zu erwähnen sind noch die zweifellos in letzter Zeit sich vollziehende Entlastung von der Arbeitsmühe, die Verkürzung der Arbeitszeit, Vorgänge, die im Zusammenhang mit dem steigenden Lebensstandard zu einer wirklich nachhaltigen Entproletarisierung in der Bundesrepbulik führen.

Wenn auch die einzelnen Ziele der Sozialen Marktwirtschaft noch keineswegs voll verwirklicht worden sind, so ist doch festzustellen, daß es gelungen ist, die Expansion zu fördern. Wenn diese Tendenz zur Expansion für die Zukunft gesichert werden kann, werden die Ziele der Sozialen Marktwirtschaft in den kommenden Jahren zweifellos voll verwirklicht werden können. Es hat sich erwiesen, daß unser heutiges technisch-industrielles System das Versorgungsproblem industrieller Völker zu lösen vermag – auch dann, wenn dieses Land in der Rohstoffversorgung keineswegs gut gestellt ist.

Argumente gegen die Soziale Marktwirtschaft

Alles dies sind ideelle Ergebnisse der Sozialen Marktwirtschaft, die bei ihren Kritikern nicht unberücksichtigt bleiben sollten. Ein Teil dieser Kritiker behauptete nun, die Soziale Marktwirtschaft sei ein System ohne sonderliche gedankliche Tiefe. Gemeint sind damit die fehlenden Bibliotheken, die das sozialistische Schrifttum aufzuweisen hat. Hinter der Sozialen Marktwirtschaft steht jedoch die Konzeption des Neoliberalismus, dessen wissenschaftliche Fundierung nicht anzuweifeln ist. Sie ist also sicherlich nicht lediglich ein praktisch-propagandistisches Schlagwort, ein Slogan, sondern eine echte und

auch mit dem Anspruch auf gerechte Wertung auftretende wirtschaftspolitische Konzeption.
Häufiger ist in den letzen Jahren, zumal angesichts des steigenden Lebensstandards, das Argument angeführt worden, die Soziale Marktwirtschaft liefere den Menschen, hier also das deutsche Volk, dem Materialismus aus. Es hat große Debatten gegeben, ob ein Kühlschrank oder ein Motorrad oder ein Mercedes die Menschen moralisch beeinflusse. Zweifellos besteht ein materialistischer Hang zu einer immer größeren Güterversorgung, und sicherlich werden durch die ständige Schaffung neuer Güter Begehrlichkeit und Unruhe bei den Menschen erhöht. Werden die Dinge jedoch tiefer und realistischer angesehen, so ist festzustellen, daß gerade bei der Umstellung von einem niederen auf einen höheren Lebensstandard diese Wirtschaftspolitik entspannend gewirkt hat; denn es ist kaum eine größere Entspannung denkbar als die, daß in der vom Kommunismus bedrohten Bundesrepublik sich eine innere Konsolidierung der Bevölkerung ergab, die zweifellos mit der Stetigkeit und den Erfolgen der Wirtschaftspolitik zusammenhängt.
Daher ist Vorsicht geboten bei der Kritik dieser Wirtschaftsordnung auch auf theologischer Seite, denn auch hier sind Vorwürfe erhoben worden, die sich besser an eine andere Adresse richten würden. Schließlich ist es nur Aufgabe der Wirtschaftspolitik, die Versorgung der Bevölkerung zu verbessern, und es wäre falsch, ihr ein anderes Ziel zu setzen.
Festzuhalten ist, daß die Soziale Marktwirtschaft in der Tat kein einmaliges Experiment ist. Sie ist vielmehr eine Lösung, die in dieser oder jener Form für alle jene Staaten zwingend sein dürfte, die versuchen, auf der Basis persönlicher, politischer und wirtschaftlicher Freiheit gleichzeitig auch soziale Ziele zu erreichen. Im Grunde steht nicht nur die Bundesrepublik, sondern die gesamte freie Welt vor der Aufgabe, freiheitliche Ordnung und sozialen Schutz zu verbinden. Daher darf die in der Bundesrepublik praktizierte Soziale Marktwirtschaft als Beispiel einer Lösungsmöglichkeit gelten; als echte konstruktive Synthese zwischen diesen beiden Zielsetzungen dürfte sie damit andere Lösungsformen, wie die des Labour-Sozialismus oder des freiheitlichen Sozialismus oder auch des Liberalismus im alten Sinne, überwunden haben. Die Bewährungsprobe der Sozialen Marktwirtschaft erfolgte zudem unter den härtesten Bedingungen; denn zweifellos war nichts schwieriger, als die Aufgabe, die die Soziale Marktwirtschaft seit den Jahren 1948 und 1949 zu bewältigen hatte ...

Gesellschaftspolitische Probleme

Es ist wohl in der Geschichte nie anders, als daß hinter dem Erreichten neue Aufgaben und bisher nicht gesehene Probleme sichtbar werden, die bewältigt werden müssen. Dies wird gerade dort am eindeutigsten spürbar, wo sich ein klarer Erfolg zeigte. Das Versorgungsproblem der breitesten Schichten konnte gelöst werden. Aber auch die Sicherung der Arbeitsplätze durch die Vollbeschäftigung und der Zuwachs der Produktion in einer kontinuierlich ansteigenden Konjunktur haben nicht die erwartete soziale Befriedigung gezeitigt, sondern geradezu neue Unruhe und Unzufriedenheit wachgerufen. Kein Hinweis auf das Maß des Erreichten vermochte dagegen anzugehen, die Mobilisierung der Unruhe in unserer demokratischen Gesellschaft bleibt ein bestürzendes Faktum. Sie war kaum spürbar, solange man sich in der Phase des dringendsten Aufbaus befand; nunmehr tritt sie allerorten hervor und offenbart eine Schwäche der freien Gesellschaft, die sich überall manifestiert und kaum beeinflußbar erscheint. Geringe Bewegungen von Preisen führen zu überstürzten Reaktionen. Die Forderungen der Verbände, die sich inzwischen fest formieren konnten, die Vorstellungen der Arbeitgeber wie die der Gewerkschaften stoßen in einer Atmosphäre der Übererregtheit zusammen, die zu dämpfen unserer Wirtschaftsordnung das rechte Rezept fehlt.

Es ist nur zu verständlich, wenn man gegenüber der Maßlosigkeit vieler Forderungen und der Unbeherrschtheit mancher Reaktionen in unserer heutigen Lage glaubt, an das Erreichte erinnern zu müssen und mit dem ethischen Appell antwortet, Maß zu halten und die Grenzen des Möglichen zu sehen. Ein solcher Aufruf ergeht gewiß zu Recht, aber die Grenzen seiner Wirksamkeit sind allzu sichtbar. Wir müssen uns fragen, ob nicht diese Unruhe und Erregbarkeit der öffentlichen Meinung in tieferen Schichten des Bewußtseins wurzelt und nicht eher einen Hinweis gibt auf jene Fragen einer freien Gesellschaft, die eben noch ungelöst sind.

Ich glaube nicht, daß das Erreichte allgemein böswillig verkannt wird. Der realistische Sinn, es anzuerkennen, ist wohl durchweg vorhanden. Wenn eine Steigerung weniger Preise eine allgemeine Beunruhigung hervorruft, so ist es sicher weniger die objektive Mehrbelastung des Einkommens durch höhere Preise als die Beunruhigung darüber, es könnte ein für den einzelnen kaum durchschaubarer Mechanismus der Geldentwertung wieder in Gang kommen und unabsehbare Nachteile nach sich ziehen. Wer diese Haltung als materialistisch anprangert, verkennt die Stellung, in der sich der einzelne Mensch im Ganzen unserer Gesellschaft befindet. Zugegeben, es sind Probleme gelöst worden. Die materielle Versorgung des einzelnen mit Gütern wurde unvergleichlich verbessert, eine breite Schicht konnte sogar über Eigenheimbau und Spartätigkeit Vermögen bilden, aber der Bereich dessen, was in einer freien Gesellschaft für den einzelnen zu tun ist, ist unvergleichlich weiter und erschöpft sich nicht in dem, was getan worden ist. Es ist kein Zufall, wenn gerade auf dem ersten Höhepunkt der materiellen Daseinsvorsorge der Fragmentcharakter der bisherigen Arbeit spürbar wird und in einer fast irrational anmutenden Reaktion hervortritt.

Überlegen wir doch tiefer, daß eine durch eine beispiellose industrielle Expansion in Bewegung geratene und durcheinandergeschüttelte demokratische Gesellschaft besondere gesellschaftspolitische Anstrengungen erfordert, um das Maß an Lebensform in einer neuen zeitgerechten Art und Weise zu schaffen, das ihr durch die Folgen der Industrialisierung, der Verkehrsentwicklung, des Abbaus traditioneller Bindungen an die heimatliche Scholle, an angestammte Berufe und an Selbständigkeit verlorenging. Man hat unsere Gesellschaftsform als klassenlose Gesellschaft charakterisiert. Man kann diesen Begriff aufnehmen, nicht nur als Zeichen dafür, daß der Aufstieg der Arbeiter eine Entproletarisierung vollzog und weiterhin vollzieht, sondern auch dafür, daß faktisch Vermögens- und Berufsschichtungen flüssig geworden sind und daß sich in den modernen Konsumgütern bis hin zum Auto, dem Fernsehapparat und allen sonstigen elektrischen Geräten eine Verbreiterung der Verbrauchsmöglichkeiten vollzieht, durch die die Privilegierungen eines ständischen Konsums nivelliert wurden.

In dieser klassenlosen Gesellschaft ist nicht mehr Stand und Klasse das Problem, sondern der einzelne; es ist der Mensch, der sich dem Ganzen gegenüber unterlegen und ungesichert fühlt, und das Problem, wie und wo er seine Stelle findet, stärker spürt, als es in gebundenen Ordnungen der Fall war. Dem Ganzen der Gesellschaft gegenüber muß der einzelne seinen Eintritt in bestimmte Berufe, seinen Aufstieg, seine Eingliederung in einen bestimmten Lebensraum als mit Unsicherheiten belastet empfinden, die er nicht abzumessen vermag. Konjunkturen, Marktbewegungen, Umschichtungen der Betriebsformen spannen ihn in Mechanismen ein, die anonym wirken und die er nur schwer zu durchschauen vermag. Kein Wunder, daß Unsicherheit und eine unbestimmte Lebens- und Zukunftsangst ihn erfassen und daß er sich in Gruppen und Verbände flüchtet, die seine innere Unruhe verstärkt in die Öffentlichkeit hinaustragen.

Von dieser Lage haben wir auszugehen, wenn wir die Aufgaben der Sozialen Marktwirtschaft für die zweite Phase ihrer Verwirklichung, in die sie nun eintritt, bestimmen wollen. Es wird gewiß das, was in bezug auf die Entwicklung der Produktion, die Gestaltung der Einkommen, die Schaffung von Vermögen in breitesten Schichten bisher geschah, fortgesetzt werden müssen, insoweit muß die Kontinuität im weiteren Wachstum der Sozialen Marktwirtschaft gewahrt bleiben. Aber wir werden nur dann das uns vorschwebende Ziel erreichen, wenn wir eine entscheidende Ergänzung der Sozialen Marktwirtschaft durch ein gesellschaftspolitisches Programm schaffen.

Die Soziale Marktwirtschaft ist von ihren Begründern seit jeher als eine ganzheitliche Wirtschaftspolitik gesehen worden; aber wir müssen sehr viel mehr tun, um diese Ganzheitlichkeit in konkreten gesellschaftspolitischen Formen in die Tat umzusetzen. Es genügt keinesfalls, vor der hier gespürten Aufgabe in eine ethische Haltung auszuweichen; man braucht die Würde und das Gewicht einer Verstärkung der ethischen Grundhaltungen im Wirtschaftlichen keineswegs geringzuschätzen; doch hieße es den Möglichkeiten eines sittlichen Appells zuviel zumuten, wenn wir uns damit begnügen wollten. Es bestünde die Gefahr, daran vorbeizusehen, daß die sittliche Aufgabe der Gestaltung unserer Gesellschaftsordnung ins Leere greift, wenn nicht höchst konkret Wege und Formen aufgewiesen werden, wie eine Politik einer freien Gesellschaft im einzelnen zu führen wäre. Für den bisherigen Erfolg des Gedankens der Sozialen Marktwirtschaft war, wie ich glaube, nicht der Erfolg entscheidend, der sich nachher herausstellte, sondern die Tatsache, daß diese Konzeption ein sehr detailliertes Programm brachte, mit welchen Methoden praktischer Wirtschaftspolitik die ideelle Zielsetzung: soziale Sicherung und wirtschaftliche Freiheit miteinander in Einklang gebracht werden konnten. So ist auch jetzt die primäre Aufgabe, eine ideelle Zielsetzung, über die kaum sehr viel Meinungsverschiedenheit bestehen kann, in konkrete Aktion umzusetzen.

In der labil gewordenen Situation einer klassenlosen Gesellschaft bedarf es des Einbaus gesellschaftlicher *Stabilisatoren,* das heißt von Einrichtungen, die geeignet sind, den in die Vereinzelung gedrängten Menschen unserer Zeit das Bewußtsein und die objektive Sicherung in einer ganzheitlichen gesellschaftlichen Konzeption zu geben. Eine freie Ordnung ist für den einzelnen schwerer durchschaubar als eine dirigistische, von der L. Miksch mit Recht gesagt hat, daß sie in der Theorie einfach, in der Praxis kompliziert sei. Sichtlich genügt das fraglose Funktionieren einer freien Ordnung nicht, um die mißtrauischen Reaktionen gegenüber einer freien Marktwirtschaft zu überwinden. Die Reaktionen entspringen nicht nur dem Unvermögen, den Sinn einer Wettbewerbsordnung zu erfassen, sondern liegen in der äußeren Schicht einer Umweltunsicherheit, die mit dem Abbau traditioneller Bindungen sichtbar wird. Eine nur pädagogisch-geistige Therapie ist dieser Lage nicht gewachsen. Es bedarf vielmehr der bewußten Schaffung neuer Stabilitäten aus der als Schicksal hinzunehmenden Grundsituation unserer heutigen Gesellschaft. Der Strom ihrer Expansion, ihrer Technik, ihrer soziologischen Umschichtungen ist so stark, er trägt uns so schnell fort, daß das entschwindende Bild des alten Ufers wenig hilft, sicher zu navigieren, wenn wir uns nicht klar auf die Bedingungen der Strömungen einstellen ...

Die Sicherung der freien Ordnung als wirtschafts- und gesellschaftspolitische Aufgabe

Wir müssen uns der ökonomischen Möglichkeiten, die uns zugewachsen sind und zuwachsen werden, bewußt werden. Eine Wirtschaftspolitik, die ihren bisherigen Weg gedankenlos weiterginge, würde schon an der Gleichgültigkeit derer scheitern, denen sie dienen möchte, für deren innere Situation sie jedoch kein Verständnis zeigt. Auch eine freie Gesellschaft bedarf eines klar erkannten Leitbildes für den Weg in die Zukunft. Es wird insbesondere die Aufgabe der politischen Gruppen sein, dieses Leitbild den Menschen so deutlich und einprägsam nahezubringen, daß sie es als erstrebenswertes Ziel innerlich bejahen. Nur so kann das Vakuum ausgefüllt werden, das im Innern unserer Gesellschaft so deutlich spürbar ist. Wir stehen vor der Aufgabe einer inneren Integration unserer Gesellschaft. Diese ist nur von einem Fundament gemeinsamer Werte und Überzeugungen her möglich. Es bedarf in unserer Zeit jedoch eines realistischen Idealismus, der über die konkreten Verwirklichungsmöglichkeiten sehr Bestimmtes aussagt und alle Gruppen, die in einer Gesellschaft vorhanden sind: die Unternehmer, die Bauern, die Gewerkschaften, die Konsumenten, die Groß- und Kleinbetriebe usw., bis hin zu den Trägern der staatlichen Verantwortung gleichsam zu einem Ring zusammenschließt, in dem jedem an seiner Stelle konkrete Verpflichtungen zur Aufrechterhaltung einer sinnvollen Gesamtordnung erwachsen.
Eine freiheitliche Ordnung muß davon ausgehen, daß die Freiheit eine einheitliche ist, bei der zur politischen, religiösen und geistigen Freiheit als ebenso integrierender Bestandteil die wirtschaftliche Freiheit gehört. [...]

Zusammenfassende Thesen

1. Nach der Lösung der Produktionsprobleme im Rahmen einer vollbeschäftigten Wirtschaft verschiebt sich der Aufgabenbereich der Sozialen Marktwirtschaft. Sie muß künftig als Politik einer freien Gesellschaft begriffen werden.
2. Die Verschiebungen in der Arbeits-, Einkommens- und Besitzstruktur lassen eine klassenlose Gesellschaft erscheinen, in der der einzelne nicht mehr primär als Glied einer Gruppe gesehen werden darf. Es gilt, die gesellschaftspolitischen Erfordernisse einer solchen durch die Nivellierung der früheren ständischen Strukturen bestimmten Gesellschaft zu durchdenken.
3. Wenn auch eine Weiterführung der Förderung bestimmter Sozial- und Wirtschaftsgruppen notwendig ist, muß ergänzend eine Gesellschaftspolitik gefordert werden, die sich das Leitbild jener gesellschaftlichen Gesamtform wählt, der wir in den nächsten Dezennien entgegengehen.
4. Das die Unruhe in unserer Gesellschaft erzeugende Vakuum dürfte, soweit dieses Phänomen vom Konkreten her gefaßt werden kann, auf Mängeln unserer Umweltstruktur beruhen. Die Gestaltung der Umwelt vermochte der produktionell-technischen Entwicklung nicht zu folgen.
5. Angesichts des Wachstums der Nachfrage nach qualifizierter Arbeit muß durch eine Vermehrung der Ausbildungs- und Studienmöglichkeiten der Zugang zu qualifizierten Berufen erleichtert werden. Die Förderung von Forschung und Wissenschaft ist als Pro-

blem einer Wirtschafts- und Gesellschaftspolitik und nicht nur unter den engeren Aspekten der Kulturpolitik zu sehen.

6. Die Notwendigkeit geistiger Investitionen besteht nicht nur für Entwicklungsländer. Auch Industrieländer wie die Bundesrepublik haben in dieser Hinsicht ihr Optimum keineswegs erreicht.
7. Den in ihrem Umweltgefühl unsicher gewordenen Menschen müssen objektiv wie subjektiv institutionelle Sicherungen, insbesondere auf jene Bedingungen hin gegeben werden, die sie nicht in eigenverantwortlichem Handeln selbst gestalten können.
8. Ein wesentlicher Stabilisator der Umweltform ist in einer institutionellen Sicherung von Vollbeschäftigung und Stetigkeit der Expansion durch eine institutionalisierte nationale und internationale Konjunkturpolitik zu sehen.
9. Die Stabilität der Währung gehört zu den in einer freien Gesellschaft unentbehrlichen Voraussetzungen. Sie bedarf einer zusätzlichen Absicherung.
10. Eine freie Gesellschaft muß Selbständigkeit in allen Formen fördern. Neben der Erhaltung der vorhandenen selbständigen Existenzen ist größtes Gewicht darauf zu legen, daß die Chance, selbständig zu werden, erweitert wird.
11. Die Förderung der Selbständigkeit hat auch den größer werdenden Bereich formal unselbständiger Tätigkeit zu umfassen. Die vorhandenen Erfahrungen der neuen Betriebsgestaltung sollten wesentlich ausgedehnt werden.
12. Auch in der Gestaltung der Fabriken und Werkstätten ist in bezug auf Gesundheitsdienst, Unfallschutz usw. das Optimum in der Bundesrepublik keineswegs erreicht. Fortschritte auf diesem Gebiete dürften zugleich der Produktivität dienen.
13. Die bisherige Raumpolitik, die wesentlich unter dem Gesichtspunkte der Industrieverteilung gesehen wurde, bedarf einer Veränderung in Richtung einer Gestaltung der gesellschaftlichen Umwelt. Hierzu gehört insbesondere eine sinnvolle Gliederung von Industrie-, Verkehrs-, Wohn- und Erholungsgebieten usw.
14. Die Planung der Verkehrswege muß unter dem Gesichtspunkt einer Eingliederung in eine sinnvolle Umweltordnung erfolgen.
15. Die wirtschaftliche Expansion ermöglicht eine Konzentration der sozialpolitischen Maßnahmen auf bestimmte Schwerpunkte, um Selbstverantwortung und wirksamere Hilfe in eine bessere Relation zu bringen.
16. Gegenüber dem technischen Fortschritt sollte wirtschaftspolitisch alles getan werden, um Entwicklungen in der Erzeugung von neuzeitlichen Gütern sich schnellstens auswirken zu lassen. Sollte es sich als notwendig erweisen, gewisse traditionelle Formen zu schützen, ist Anpassungshilfen der Vorrang vor dirigistischen Sicherungen zu geben.
17. Die Gestaltung unserer gesellschaftlichen Umwelt erfordert eine Umorientierung der Haushaltspolitik. Entsprechend dem Wachsen des Sozialprodukts müssen – unter Entlastung von allen entbehrlichen Begünstigungen der privaten Wirtschaft – vermehrte Mittel für eine quantitative und qualitative Verbesserung jener öffentlichen Aufwendungen erfolgen, die im Bereich der öffentlichen Bedarfsdeckung Voraussetzungen einer die Expansion harmonisch ergänzenden Umweltform sind. Die Verstärkung des öffentlichen Sektors im Bereiche dieses Umweltrahmens muß aus der Sicht eines konkreten Leitbildes unserer Gesellschaft entwickelt werden.«

Wohlstand für alle

Ludwig Erhard

Einleitung

Ludwig Erhard steht im Ruf, der »Vater des deutschen Wirtschaftswunders« zu sein. Sicher ist, daß kein anderer an so exponierter Stelle so vehement für die »soziale Marktwirtschaft« gekämpft hat wie er. Vor allem in der Zeit vor und nach der Währungsreform vom 21. Juni 1948 hat Erhard auch gegen den Willen der alliierten Besatzungsmächte sein wirtschaftspolitisches Konzept durchzusetzen gewußt. Gegen ihren Widerstand erklärte er am Tage der Währungsreform das Ende der Zwangsbewirtschaftung.
Der am 4. Februar 1897 geborene Erhard beschäftigte sich sein ganzes Leben lang mit wirtschaftspolitischen und wirtschaftswissenschaftlichen Fragen. Nach dem Studium der Nationalökonomie ging er an das Institut für Wirtschaftsbeobachtung in Nürnberg, wo er seit 1942 Leiter des Instituts für Industrieforschung war.
Nach dem Ende des Zweiten Weltkriegs wurde Erhard Wirtschaftsberater der amerikanischen Besatzungsbehörden, noch 1945 bayerischer Minister für Handel und Gewerbe. Im März 1948 berief man Erhard in eine Schlüsselposition, in die des Direktors der »Verwaltung für Wirtschaft des Vereinigten Wirtschaftsgebietes« in Frankfurt am Main. Erst 1949 trat er der CDU bei. In den Kabinetten unter Adenauer war er bis 1963 als Wirtschaftsminister tätig. Gegen den Widerstand von Adenauer benannte ihn dann die CDU/CSU-Fraktion zum Kanzlernachfolger. Ende 1966 mußte Erhard zurücktreten, weil man sich mit der FDP nicht über die Sanierung des Haushaltes einig werden konnte.
Als Verfechter der »sozialen Marktwirtschaft« wollte Erhard nach eigenem Bekunden »über eine breitgeschichtete Massenkaufkraft die alte konservative soziale Struktur endgültig überwinden«. Der Gegensatz zwischen »arm« und »reich« sollte mittels Wettbewerb bekämpft werden. »Er allein führt dazu, den wirtschaftlichen Fortschritt allen Menschen, insbesondere in ihrer Funktion als Verbraucher, zugute kommen zu lassen . . . Auf dem Wege über den Wettbewerb wird – im besten Sinne des Wortes – eine Sozialisierung des Fortschritts und des Gewinns bewirkt und dazu noch das persönliche Leistungsstreben wachgehalten.«
Ludwig Erhard verkannte nicht, daß seiner Form der »sozialen Marktwirtschaft« Gefahr von allen Seiten drohte. Die Erhaltung des freien Wettbewerbs, betonte er, sei die wichtigste Aufgabe des Staates. Daher habe ein »auf Verbot gegründetes

Kartellgesetz als das unentbehrliche ›wirtschaftliche Grundgesetz‹ zu gelten... Versagt der Staat auf diesem Felde, dann ist es auch bald um die ›Soziale Marktwirtschaft‹ geschehen.«
Sowohl als Wirtschaftsminister und Vizekanzler als auch in seiner Funktion als Kanzler der Bundesrepublik hat er für seine Auffassung gekämpft. Instrumente und Maßnahmen freilich, die in den fünfziger Jahren noch zogen und von Erfolg gekrönt waren, griffen in weniger hektischen und wachstumsorientierten Zeiten nicht mehr. Erhards »Maßhalteappelle« von 1964, 1965 und 1966 sind Ausdruck seiner Hilflosigkeit, mit der er der neuen Entwicklung gegenüberstand.
Daß auch er ein gerüttelt Maß an Verantwortung dafür trägt, daß er zwar immer den Wettbewerb verbal gefordert hat, aber zu wenig konkret dafür getan hat, ihn wirklich zu sichern, sei hier nur angedeutet. Diese kritischen Bemerkungen sollen keinesfalls Erhards Verdienste in der Aufbauphase der Bundesrepublik schmälern. Sie sollen nur deutlich machen, wie schwer es selbst für überzeugte Marktwirtschaftler – auch wenn sie in leitender Funktion tätig sind – ist, sich gegen die mächtigen Trusts und Konzerne zur Wehr zu setzen. Gerade in den Hochzeiten des Wirtschaftswunders haben die Monopole und Oligopole sich wie Krebsgeschwüre vergrößert. Gegen ihr Überwuchern des freien Wettbewerbs ist das 1958 verabschiedete Gesetz gegen Wettbewerbsbeschränkungen nur eine müde Antwort gewesen. Damit war der Expansionsdrang der Konzerne ebensowenig zu kanalisieren wie ihr Machthunger zu bändigen.
Im folgenden Beitrag »Kartelle – Feinde der Verbraucher«, der aus dem 1957 erschienenen Buch »Wohlstand für alle« entnommen ist, setzt sich Erhard genau mit diesem Thema auseinander. Er betont ausdrücklich, daß er ein Gegner von Kartellen ist und macht klar, welche Steine ihm von seiten der Industrie in den Weg gelegt worden sind, bis er endlich das Kartellgesetz in die Beratungen und Lesungen des Bundestages einzubringen vermochte.

Ludwig Erhard

Kartelle – Feinde der Verbraucher

»Das ist ja gerade das Geheimnis der Marktwirtschaft, und das macht ihre Überlegenheit gegenüber jeder Art von Planwirtschaft aus, daß sich in ihr sozusagen täglich und stündlich die Anpassungsprozesse vollziehen, die Angebot und Nachfrage, Sozialprodukt und Volkseinkommen sowohl in quantitativer als auch in qualitativer Beziehung zu richtiger Entsprechung und so auch zum Ausgleich bringen. Wer also nicht Leistungswettbewerb und freien Marktpreis will, hat jedes Argument gegen die Planwirtschaft aus der Hand gegeben.
Nun mag von meinen Gegnern die Frage aufgeworfen werden, ob die von mir so betonte Freiheit des Unternehmers nicht gerade dadurch zu sehr eingeschränkt wird, daß man dem Unternehmer nicht mehr gestatten möchte, seine Freiheit so zu gebrauchen, wie er es für richtig hält, das heißt also auch gegebenenfalls dazu zu benutzen, die freie Betätigung des einzelnen Unternehmers einzuschränken. Ich gebe gern zu, daß es sich hierbei um die zentrale Frage der Marktwirtschaft moderner Ausprägung handelt. Diese Frage zu stellen und zu beantworten, heißt den eklatanten Unterschied zwischen der sozialen Marktwirtschaft, wie wir sie in Westdeutschland seit 1948 zu verwirklichen suchen, und der liberalistischen Wirtschaft alter Prägung aufzuzeigen.
Nach meiner Auffassung beinhaltet die soziale Marktwirtschaft eben nicht die Freiheit der Un-

ternehmer, durch Kartellabmachungen die Konkurrenz auszuschalten; sie beinhaltet vielmehr die Verpflichtung, sich durch eigene Leistung im Wettbewerb mit dem Konkurrenten die Gunst des Verbrauchers zu verdienen. Nicht der Staat hat darüber zu entscheiden, wer im Markt obsiegen soll, aber auch nicht eine unternehmerische Organisation wie ein Kartell, sondern ausschließlich der Verbraucher. Qualität und Preis bestimmen Art und Richtung der Produktion, und nur nach diesen Kriterien vollzieht sich auf der privatwirtschaftlichen Ebene die Auslese.
In dieser Sicht ist die Freiheit ein staatsbürgerliches Recht, das von niemandem außer Kraft gesetzt werden darf. Die von den Kartellfreunden geforderte Freiheit zur Unterbindung oder zur Beseitigung der Freiheit ist nicht der Freiheitsbegriff, den ich im Interesse des Fortbestehens freier Unternehmer als verpflichtend vorangestellt wissen möchte. Wer das Wort Freiheit im Munde führt, muß es damit auch ehrlich meinen. Die Freiheit – ich wiederhole es – ist und bleibt ein Ganzes und Unteilbares. Sie darf nicht nach Zweckmäßigkeitsgründen verteidigt oder verworfen werden.
Den Gegenpol der wirtschaftlichen Freiheit stellt die Ausprägung wirtschaftlicher Macht dar. Es ist daher gesetzlich sicherzustellen, daß die Vorzüge der Wettbewerbswirtschaft nicht durch historisch erwiesene Nachteile einer bedenklichen Machtkonzentration aufgewogen werden.
Der Gesetzgeber muß also dem Problem der wirtschaftlichen Macht als einem möglichen Störungsfaktor des marktwirtschaftlichen Gleichgewichts seine besondere Aufmerksamkeit zuwenden. Der Wettbewerb und die durch ihn bedingte Leistungssteigerung und Fortschrittsförderung müssen durch staatliche Ordnungsmaßnahmen sichergestellt und gegenüber allen Störungselementen abgeschirmt werden. Insbesondere ist zu gewährleisten, daß die Funktion der freien Preisbildung in einem nicht manipulierten Markt als Steuerungsmittel des Wirtschaftsablaufs keine Behinderung erfährt.

Die Grundformen wirtschaftlicher Macht

Wirtschaftliche Macht bildet sich im wesentlichen in drei Grundformen:

1. Auf rechtlich organisatorischer Grundlage in der Weise, daß sich mehrere juristisch selbständige Unternehmen unter Beschränkung ihrer eigenen Selbständigkeit untereinander oder einzeln gegenüber anderen durch Vertrag oder Beschluß binden, durch Regelung der Marktfaktoren den Wettbewerb zu beschränken oder auszuschalten.
2. Auf kapitalmäßiger Grundlage in der Weise, daß die Willensbildung eines rechtlich selbständigen Unternehmens durch Interessenverflechtung oder auf Grund von Besitzverhältnissen durch ein anderes Unternehmen in dem Sinne beeinflußt wird, daß es seine Leistungskraft auf dem Markt nicht voll zur Geltung bringen kann oder darf.
3. Durch das Entstehen einzelner Großunternehmen, die auf Grund ihrer starken Marktstellung einen beherrschenden Einfluß auf Angebot und Preisbildung ausüben.

Durch wirtschaftliche Macht kann der Marktpreis, der in der vollkommenen Wettbewerbswirtschaft dem Diktat des einzelnen Marktpartners entzogen ist, willkürlich verändert und damit also auch der Marktablauf im Interesse und zum Vorteil der einflußnehmenden Machtgruppen bewußt und künstlich gelenkt werden. Der so gelenkte Preis ist für die monopolistisch organisierte Marktleistung kein ›Datum‹ mehr, dem sich die Einzelsubjekte um der Erhaltung ihrer Wettbewerbsfähigkeit willen anpassen müssen, sondern er kann nun nach eigenem Ermessen festgesetzt und manipuliert werden. Daraus erwächst folgerichtig die Gefahr der Übervorteilung des Verbrauchers, aber auch die Gefahr volkswirtschaftlicher Fehlinvestitionen und die Möglichkeit der Beeinträchtigung des technischen und wirtschaftlichen Fortschritts.

Der Gesetzgeber muß es als seine Aufgabe ansehen, Störungsfaktoren im Marktablauf dadurch auszuschließen, daß er

a) die vollständige Konkurrenz in einem möglichst großen Umfange erhält,
b) auf Märkten, auf denen die Marktform des vollständigen Wettbewerbs nicht hergestellt werden kann, die mißbräuchliche Ausnutzung einer Marktmacht verhindert,
c) aus dieser Zielsetzung ein staatliches Organ zur Überwachung und – wenn nötig – zur Beeinflussung des Marktgeschehens schafft.

Eine derart geordnete Wirtschaftsverfassung bildet – wie schon kurz erwähnt – das wirtschaftspolitische Gegenstück zur politischen Demokratie. Während als deren Inhalt das politische Mitbestimmungsrecht jedes Staatsbürgers anzusehen ist, stellt die Wettbewerbsordnung die wirtschaftlichen Grundrechte der Freiheit der Arbeit und der Verbrauchswahl sicher.

Die engen Beziehungen und Abhängigkeiten zwischen der politischen und wirtschaftlichen Verfassung lassen die gesetzliche Festlegung der wirtschaftlichen Grundrechte als besonders vordringlich und notwendig erscheinen. Das Ziel meiner Bemühungen geht also dahin, den Leistungswettbewerb als die treibende Kraft und den freien Preis als das Regulativ der Marktwirtschaft durch Gesetze fest zu verankern.

Wer über diese Prinzipien hinweggehen oder sie auch nur geringachten wollte, der unterminiert die Marktwirtschaft und sprengt die Fundamente, auf denen unsere gesellschaftswirtschaftliche Ordnung steht. Der Leser mag spüren, daß es hier um die Grundfragen der Wirtschaftspolitik geht und daß es sich bei der Auseinandersetzung um die Kartellpolitik nicht um irgendeine beliebige der vielen Streitfragen handelt. Hier ist vielmehr das zentrale Problem unserer wirtschaftlichen Ordnung angesprochen. Nur aus dieser zentralen Stellung werden ja auch die jahrelangen Kämpfe um das Kartellgesetz verständlich.

Lassen Sie mich aber auch die soziale Seite des Problems beleuchten. Ich bin auch deshalb ein grundsätzlicher Gegner von Kartellen, weil eine echte und ehrlich gemeinte soziale Marktwirtschaft – wobei deshalb der Akzent bewußt auf das Wort ›sozial‹ gelegt wird – nur dann gewährleistet sein kann, wenn durch den freien Wettbewerb die bessere Leistung den Vorrang vor der schlechteren erhält und auf diese Weise über den Wettbewerb eine optimale Bedarfsversorgung nach Quantität, Qualität und Preiswürdigkeit erreicht wird. Gleichzeitig stellt dieses Prinzip sicher, daß der höheren Leistung ein höherer Gewinn zuteil wird und daß der unter sozialem Aspekt wertvollere Unternehmer größere Sicherheit und neue Chancen gewinnt.

Was nun die so häufig mißverstandene moralische Wertung der Kartelle anlangt, so möchte ich unumwunden erklären, daß ich weit davon entfernt bin, Kartelle vornehmlich moralisch zu beurteilen oder etwa dem einzelnen Industriellen und Unternehmer unlautere Motive unterschieben zu wollen.

Wenn zum Beispiel ein Unternehmer der Meinung ist, daß er im Preise seines Produktes die aufgewendeten Kosten zurückvergütet erhalten müßte, so sind dagegen moralische Bedenken gewiß nicht zu erheben. Eine derartige Vorstellung ist nur mit den inneren Gesetzen einer Marktwirtschaft nicht in Einklang zu bringen; sie würde auch dem schlechtesten Unternehmer eine Rente garantieren. [. . .]

Ausnahmen möglich und notwendig

Es hatte also schon seinen guten Grund, wenn ich in den vergangenen Jahren mit einer an Sturheit grenzenden Härte das marktwirtschaftliche Prinzip vertreten habe. Gleichwohl bin ich mir dabei natürlich im klaren, daß das Denkmodell eines reinen Wettbewerbs an dieser oder jener Stelle keine volle Gültigkeit besitzt. Leider ist dieses Prinzip auch sonst allenthalben angenagt worden. Trotzdem sollten wir es als ein Glück empfinden, daß wir wieder über eine in sich geschlossene Vorstellung verfügen, auf Grund deren wir endlich wieder zu einem wirtschaftlichen Ordnungsdenken zurückfinden und davon abgehen konnten, einfach in den Tag und in die Welt hinein zu leben.

Ein ›Denkmodell‹ dieser Art besagt keineswegs, daß es praktisch nun überall und dazu in völliger Reinheit verwirklicht werden könnte. Ich bin nicht weltfremd genug, um nicht um mich herum tausend Beispiele zu sehen, aus denen sich ergibt, wie sehr das theoretische Schema des völlig freien Wettbewerbs mit anderen Elementen gemischt und dadurch verwässert ist. Ich bin auch nicht dogmatisch genug, um nicht einzusehen, daß es Situationen geben mag, in denen das generelle Kartellverbot einmal eine Modifizierung erfahren sollte, vielleicht sogar müßte. Es ist ja auch sehr wohl möglich, in Einzelfällen gewisse Beschränkungen oder auch Lockerungen des Kartellverbots Platz greifen zu lassen. Wer sich indessen über das Denkmodell des vollkommenen Wettbewerbs glaubt lustig machen zu sollen, verrät damit nur seine eigene geistige Unzulänglichkeit.

In Verwirklichung der obigen Gedankengänge ist denn auch der Gesetzentwurf der Regierung frei von jedem Dogmatismus. Er geht deshalb auch gar nicht von der viel kritisierten Idee der vollständigen Konkurrenz aus, sondern erkennt die mögliche Berechtigung oder sogar Notwendigkeit einer Intervention an. So sieht der Entwurf sowohl Konditionenkartelle als auch Exportkartelle vor, und selbst Rationalisierungskartelle dürfen wirksam werden. Niemand kann also guten Gewissens behaupten, daß dem berechtigten Bedürfnis der Wirtschaft nicht Rechnung getragen ist und daß durch das Verfahren selbst eine Diskriminierung gewisser Wirtschaftskreise Platz greift.

Grundsatzstreit geht am Kern vorbei

Die Betrachtung wäre unvollständig, wenn nicht die jahrelang währende Auseinandersetzung zwischen den Anhängern einer Verbots- und einer Mißbrauchsgesetzgebung erwähnt würde. Diese Fragestellung geht zwar ebenso wie die Versuche einer moralischen Wertung meines Erachtens am Kern des Problems vorbei. Darf ich darum noch einmal betonen, daß meine ablehnende Haltung gegenüber den Kartellen nicht auf der Unterstellung bewußt angestrebter, unlauterer Absichten oder Praktiken beruht, die den Tatbestand der Diskriminierung erfüllen, sondern daß ich in dem Faktum kollektiv gebundener Preise an sich – auch wenn diese sittlich und kalkulatorisch durchaus vertretbar sind – einen volkswirtschaftlichen Mißstand erblicke. Damit aber stößt zugleich auch jede Mißbrauchsgesetzgebung ins Leere.

Ich gehe sogar so weit zu sagen, daß eine Preisbindung auf zu niedriger Ebene volkswirtschaftlich ebenso schädlich sein kann wie ein zu hoch angesetzter Preis. Der volkswirtschaftlich allein ›richtige‹ und vertretbare Marktpreis ist begrifflich gar nicht zu errechnen. Er ergibt sich vielmehr aus der Ausgleichsfunktion des Preises in einem freien Markt. Jede andere Betrachtung des Preisphänomens führt zu Entartungen ... sie muß darüber hinaus notwendig die Mentalität

erzeugen, daß der Unternehmer in jedem Falle einen Anspruch auf Kostendeckung erheben könne. Die Verbotsgesetzgebung ist, wie mir scheint, unter jeglichem Blickwinkel konsequent. Sie zieht endlich die einzig mögliche Nutzanwendung aus den negativen Erfahrungen mit jeder Art von Mißbrauchsgesetzgebung und läßt dennoch die Ausnahmen zu, die sich als volkswirtschaftlich notwendig erweisen mögen.
Die Kartellfreunde begehen zudem aber gewiß auch nicht zufällig den großen Fehler – und das kennzeichnet auch ihre Schwäche –, daß sie die Wirkungen von Kartell- bzw. Antikartellmaßnahmen immer nur an den privatwirtschaftlichen Folgen der beteiligten Unternehmungen messen wollen, daß sie aber jeder volkswirtschaftlichen Gesamtbetrachtung geflissentlich ausweichen. Es sind ja gerade die straffen und in ihrer Zielsetzung erfolgreichen Kartelle, die, volkswirtschaftlich gesehen, meist als die schädlichsten betrachtet werden müssen.
Das Kartellgesetz darf daher in bezug auf den Grundsatz des Kartellverbots unter keinen Umständen eine Änderung erfahren, oder das ganze Kartellgesetz wird zu einer Farce, die die Politik der Bundesregierung in den Augen der gesamten Öffentlichkeit nur lächerlich zu machen geeignet wäre. Zudem glaube ich, daß das Kartellgesetz ein brauchbares, wenn nicht überhaupt das beste Mittel ist, um die politischen Angriffe gegen die Unternehmungswirtschaft zum Schweigen zu bringen.
Der Unternehmer ist unangreifbar, wenn ein freier Leistungswettbewerb die Funktion des freien Unternehmers tatsächlich unentbehrlich macht und wenn über den Leistungswettbewerb und den sich vollziehenden Fortschritt ein Preis zustande kommt, der dem Verbraucher optimale Lebensmöglichkeiten eröffnet. Die Mentalität des Verbrauchers gegenüber unserer Wirtschaftsordnung wird sich immer mehr zum Positiven wandeln, wenn der Staatsbürger die Gewißheit haben kann, daß er über den freien Markt sein Schicksal selbst bestimmt und er nicht anonymen wirtschaftlichen Kräften und Mächten ausgesetzt ist.
Die Kartellfreunde, die ein Überwachungs- oder Mißbrauchsgesetz fordern, sind im Grunde sehr viel dogmatischer als die Anhänger der Verbotsgesetzgebung, denn sie verzichten auf eine Widerlegung aller Einwände; sie bestehen auf ihrem Schein auch dann, wenn ihnen nachgewiesen wird, daß eine Mißbrauchsgesetzgebung am volkswirtschaftlichen Kern des Problems völlig vorbeigeht. Ich zeihe ja die Kartelle gar keines Mißbrauchs in einem kriminellen oder amoralischen Sinne. Der ›Mißbrauch‹ drückt sich in der Bindung und in der Erstarrung der Preise, das heißt also in der Aufhebung der Funktion des freien Preises, aus.
Darum kann ich mit einer Mißbrauchsgesetzgebung überhaupt nichts anfangen. Auf diesen Einwand ist mir in all den Jahren keine Antwort zuteil geworden; ich gebe indessen zu, daß vom Standpunkt der Kartellfreunde auch keine Antwort gegeben werden kann.«

Das Wagnis der Marktwirtschaft

Frank Grube und Gerhard Richter

Es ist Mai 1945. Die Deutsche Wehrmacht hat kapituliert. In Europa ruhen die Waffen. Der nationalsozialistische Unrechtsstaat ist zusammengebrochen.
Die deutschen Städte liegen in Schutt und Asche. 25 Millionen Menschen sind aus ihren Heimatorten verschlagen, geflüchtet, ausgebombt, evakuiert oder in Kriegsgefangenschaft geraten. Die Verkehrs- und Nachrichtenverbindungen sind unterbrochen, Brücken, Tunnel und viele Eisenbahnstrecken zerstört. Von den mehr als 22000 Lokomotiven, über die die Reichsbahn noch verfügt, sind nur die Hälfte einsatzbereit.
Der Krieg hat ein Drittel des deutschen Volksvermögens von 1936 vernichtet, rund ein Fünftel aller Produktionsmittel, 40 Prozent aller Straßen- und Schienenwege sind unbrauchbar und 15 Prozent der Wohnungen sind dem Bombenterror oder den Kriegseinwirkungen zum Opfer gefallen.
Mit dem Zusammenbruch stockt die Versorgung der Bevölkerung. Das Leid, das die Einsatzgruppen der SS und die deutsche Wehrmacht in die besetzten Länder getragen hatten, schlägt jetzt auf das Volk der Verursacher zurück. Millionen sind bereits im Osten auf der Flucht vor der Roten Armee und bei der Vertreibung gestorben. Ein englischer Korrespondent schreibt über den Auszug der Sudetendeutschen aus ihrer Heimat: »Zehntausende strömen in hilflosen Gruppen durch die Berge zurück in das zerfallene Reich. Sie ziehen zu Fuß oder auf Ochsenkarren, in die sie ihr spärliches Hab und Gut und ihre zerlumpten Kinder hineingepfercht haben. Sie werden vom Hunger gepeinigt und von der Furcht gejagt und sind ohne Hoffnung. Gewaltsam sind sie aus dem Land, das von der deutschen Nation ausgesogen worden ist, vertrieben worden; aber auch in ihrer Heimat sind sie unerwünscht. Zehntausende wieder leben stumpf in den tschechischen Konzentrationslagern bei wenig mehr als Hungerrationen. Diese kleine Minderheit eines ›Herrenvolkes‹ erleidet nun das Schicksal, das die Nazis 15 Millionen Europäern bereiteten, als sie sie wie Vieh zur Sklavenarbeit zusammentrieben.«
Die Flüchtlinge, Vertriebenen, entlassenen Kriegsgefangenen strömen in ein Land, in dem es kaum noch etwas zu essen gibt, in dem viele Menschen in Hütten, Bunkern oder notdürftig ausgebesserten Ruinen leben, in dem Seuchen auszubrechen drohen.
Die Lage verschlechtert sich von Tag zu Tag. Der Bischof von Chichester ruft in einer englischen

Zeitung zu umgehender Hilfe auf: »Man muß die Flüchtlinge gesehen haben, um beurteilen zu können, was über sie hereingebrochen ist. Es gibt keine Worte, um ihr Elend beschreiben zu können.« Tausende werden in den folgenden Jahren an Entkräftung, Unterernährung und Kälte sterben.

16 Jahre danach sieht alles ganz anders aus. Aus den Ruinen sind stattliche Verwaltungsgebäude emporgewachsen. Die deutsche Wirtschaft, oder besser gesagt, die westdeutsche Wirtschaft, läuft auf vollen Touren. Die Exporterfolge überschlagen sich, die Umsatzsteigerungen des Einzelhandels und der Industrie sind astronomisch. Eine beispiellose Aufbauleistung hat aus dem besiegten und besetzten Land wieder eine Industrienation werden lassen, die zwar politisch ein Zwerg, dafür aber wirtschaftlich eine Großmacht ist.

»Vom Nichts in den Überfluß«

Niemand, auch nicht der größte Optimist, hätte 1945 diese dramatische Entwicklung für möglich gehalten. »Vom Nichts in den Überfluß« könnte man die Jahre von der Währungsreform am 20. Juni 1948 bis zum Zeitpunkt der ersten Aufwertung der Deutschen Mark gegenüber dem amerikanischen Dollar am 4. März 1961 umschreiben. Es ist ein Aufstieg, der dem des Phoenix aus der Asche gleicht und der daher als das »Wirtschaftswunder« in die Geschichte eingegangen ist. Das mag ein wenig übertrieben sein für diejenigen, die diese stürmische Entwicklung aus heutiger Sicht anhand der wirtschaftspolitischen Daten kühl analysieren; auf die vielen, die damals auf den Trümmern ihrer zerstörten Wohnungen oder Häuser gesessen und jede Hoffnung auf einen Neubeginn aufgegeben hatten, müssen die Jahre nach der Währungsreform und die »Goldenen Fünfziger« wie ein »Wunder« gewirkt haben.

Und in der Tat ist es auch heute noch unvorstellbar, sich zu vergegenwärtigen, daß von den 730 000 Einwohnern Kölns in der Vorkriegszeit am Ende des Krieges nur noch 40 000 in Kellern und bis auf die Grundmauern zerstörten Häusern leben. Gegen Ende der fünfziger Jahre ist die Großstadt am Rhein wieder eine pulsierende Metropole, in der der Verkehr am Feierabend regelmäßig zusammenbricht, die Innenstadt weitgehend wiederaufgebaut ist und am Stadtrand breite Gürtel von Sozialbauwohnungen und schmucken Villen im Stil der Zeit prangen. Die Auslagen der Geschäfte verführen zu Luxus und Konsum. Die Restaurants, Milchbars und Cafés sind überfüllt. Und die ersten Gastarbeiter beziehen Quartier.

In Westdeutschland herrschen Vollbeschäftigung, stabile politische Verhältnisse, der Acht-Stunden-Tag und die Vierzig-Stunden-Woche sind eingeführt, Wirtschaftsminister Ludwig Erhard propagiert den »Wohlstand für alle«, und sogar die Opposition, die SPD, hat mit dem Godesberger Programm von 1959 den Schwenk zur Marktwirtschaft und damit zum »sozialen« Kapitalismus vollzogen.

Wie ist es möglich gewesen, daß die Bundesrepublik Deutschland in so kurzer Zeit den Anschluß an den Lebensstandard der großen Industrienationen nicht nur finden konnte, sondern die meisten davon sogar überflügelte? Oder besser gesagt: Welche Voraussetzungen und Ursachen liegen dem westdeutschen Wirtschafts-»Wunder« zugrunde?

Der Morgenthauplan

Es wäre sicherlich einfach, den »Vater« des Wirtschaftswunders, Ludwig Erhard, ins Feld zu führen, seine Wirtschaftspolitik zu preisen und ihn zum Beweger der sensationellen Entwicklung der Bundesrepublik zu stempeln. Doch was Er-

hard bis zum Beginn des Jahres 1948 zu steuern, leiten und koordinieren hat, sind Behörden, Apparate, Firmen und Menschen, über deren Funktion und Schicksalsweg zunächst einmal nicht die Deutschen zu entscheiden haben, sondern wofür an anderer Stelle die Weichen gestellt werden.
Zunächst bestimmen die Sieger des Krieges die Richtlinien der Politik im besetzten Deutschland. Sie werden sich erst zurückziehen, wenn die wichtigen Entscheidungen gefallen sind, wenn der eine Teil Deutschlands dem Westen und der andere Teil dem sowjetischen Einflußbereich zuzurechnen ist.
Lange vor dem Ende des Zweiten Weltkrieges ist schon darüber gestritten worden, was aus dem besiegten Deutschland werden soll. Nur darüber, daß man siegen wird, ist man sich einig. In den Konferenzen von Teheran, Jalta und Casablanca verhandeln die »Großen Drei« überwiegend darüber, wie die künftigen Grenzen Deutschlands auszusehen haben und in welche Besatzungszonen man das Land teilen will.
In den USA findet parallel dazu eine heftige Auseinandersetzung statt, die ins Grundsätzliche geht. Welche Rolle soll das besiegte Deutschland im Konzert der Mächte und in Europa spielen? Am weitesten geht dabei der Plan des US-Finanzministers Henry Morgenthau, demzufolge Deutschland »in erster Linie den Charakter des Ackerbaus und der Weidewirtschaft« erhalten soll. Er will Deutschland in einen Agrarstaat verwandeln, seine Industrieanlagen zerstören und seine Bergwerke sprengen. Ein radikaler Plan, der zum Glück nicht verwirklicht wird und der nur einer von vielen gewesen ist.
Auch in der Erklärung von Jalta vom Februar 1945 und im Potsdamer Abkommen, das vom 17. Juli bis zum 2. August 1945 von den Siegermächten erarbeitet wird, finden sich derart weitgehende Vorschläge nicht mehr. Wirtschaftspolitisch verständigt man sich im Cäcilienhof von Potsdam im wesentlichen auf die folgenden Grundsätze: das deutsche Wirtschaftsleben zu dezentralisieren mit dem Ziel, die bestehende übermäßige Konzentration der Wirtschaftskraft, dargestellt insbesondere durch Kartelle, Syndikate, Trusts und andere Monopolvereinigungen, zu vernichten; das Hauptgewicht auf die Entwicklung der Landwirtschaft und der Friedensindustrie für den inneren Bedarf zu legen; während der Besatzungszeit Deutschland als wirtschaftliche Einheit zu behandeln und unverzüglich Maßnahmen zur Funktionsfähigkeit des Verkehrswesens zu treffen, die Kohleerzeugung zu heben, die landwirtschaftliche Produktion zu vergrößern, Wohnungen und öffentliche Einrichtungen instand zu setzen und bei der Bezahlung der Reparationen dem deutschen Volke genügend Mittel zu belassen, damit es ohne Hilfe von außen existieren kann.
Dies sieht auf den ersten Blick alles sehr wohlerwogen und vernünftig aus. Tatsache ist jedoch, daß sich die Kriegsgegner Deutschlands nicht auf eine einheitliche Konzeption zur Behandlung des besiegten und besetzten Landes einigen können. Vor allem die Frage der Reparationen, deren Höhe und die Art und Weise, wie man sie »eintreibt« sowie die damit verbundenen Demontagen, werden schon bald zum Zankapfel der Siegermächte.
Nur die Sowjets verfügen – jedenfalls nach außen – über ein klares politisches Konzept: Sie wollen einen zentralistisch organisierten Staat mit einer starken, an Moskau orientierten kommunistischen Partei, und sie beabsichtigen, an Reparationen aus ihrer Besatzungszone und aus dem ihnen zugesagten 15-Prozent-Anteil aus den westlichen Besatzungszonen das zu erlangen, was nur möglich ist.
Die Engländer kommen diesen Vorstellungen noch am nächsten, weil auch sie auf Demontagen bestehen und ein zentralistisch regiertes

Deutschland wünschen, in dem möglichst eine Arbeiterpartei die Staatsgewalt ausüben soll. Demgegenüber plädieren die Amerikaner für einen föderalistisch organisierten Bundesstaat und die Franzosen dafür, Deutschland so schwach als möglich zu halten und seine »Waffenschmiede«, das Ruhrgebiet, vom verbliebenen Reststaat abzutrennen, mindestens aber internationaler Kontrolle zu unterstellen.

Verwüstete Städte – intakte Industrie

Die Sorge der Franzosen vor einem schnell wiedererstarkenden Deutschland ist nicht ganz unbegründet. In Wahrheit liegt die Kapazität der Industrie 1945 längst nicht so brach, wie die verwüsteten Städte vermuten lassen. Die Bomber der Amerikaner und Engländer haben zwar die meisten Zentren der Großstädte und ihre Wohnviertel bis zu über 75 Prozent zerstört, viele Fabriken und Bergwerke sind jedoch erhalten geblieben.

Bereits im Mai 1945 bereist der amerikanische Wirtschaftsexperte Moses Abramovitz Deutschland. In seinem Bericht an das Außenministerium weist er darauf hin, daß es immer noch brauchbare Industrieanlagen in großem Umfang gäbe und diese sich in besserem Zustand befänden als zu erwarten gewesen sei. Nach Angaben des Krupp-Direktors Houdremont könne die Stahlproduktion an der Ruhr »innerhalb von vier Monaten auf zwei Drittel oder drei Viertel der Kriegsproduktion steigen, wenn Kohle, Transportmöglichkeiten und Arbeitskräfte verfügbar wären«.

Der Unterschied zwischen dem befürchteten Ausmaß der Zerstörung und dem, was tatsächlich völlig erneuert werden mußte, wird einer der Gründe sein, warum es später so schnell bergauf gehen wird. Erstaunlicherweise ist bis Mai 1945 die Substanz des industriellen Anlagevermögens gegenüber dem Stand von 1936 sogar um 20 Prozent gewachsen. Erst 1944 übersteigen die Bombenschäden die laufenden Investitionen. Zudem hatte ein Investitionsboom in den Jahren der Rüstungskonjunktur dafür gesorgt, daß der Altersaufbau des Brutto-Anlagevermögens der deutschen Industrie 1945 erheblich günstiger als in den dreißiger Jahren ist. Die deutsche Wirtschaft geht also, so der Wissenschaftler Werner Abelshauser in seiner Studie »Probleme des Wiederaufbaus der westdeutschen Wirtschaft«, »mit einem – angesichts extrem niedriger Produktionszahlen – bemerkenswert großen und modernen Kapitalstock in die Nachkriegszeit«.

Hinzu kommt, daß die Politik der Amerikaner sich erstaunlich schnell wandelt. Haben sie zunächst die bedingungslose Abrechnung mit dem Nationalsozialismus auf ihre Fahne geschrieben, die sie noch am 26. April 1945 in einem geheimen Dokument bekräftigen, indem sie den Deutschen klarmachen wollen, »daß sie nicht der Verantwortung für das entgehen können, was sie selbst auf sich geladen haben«, so dringen bald sanftere Töne aus dem State Department nach Europa hinüber. Am 12. April 1945 ist mit Roosevelt einer der vehementesten Verfechter einer Vergeltungspolitik gestorben, und mit seinem Nachfolger Harry S. Truman gewinnen jene Kreise an politischem Einfluß, die eine mehr an wirtschaftspolitischen Grundsätzen orientierte Politik der Amerikaner unterstützen.

Ein Land, in dem die Sieger die Besiegten ernähren müssen, ist den nüchtern kalkulierenden Amerikanern auf Dauer einfach zu teuer und als Absatzmarkt der eigenen Produkte denkbar ungeeignet. So empört sich noch im Jahr 1945 Lewis H. Douglas, der Finanzberater des stellvertretenden amerikanischen Militärgouverneurs Lucius D. Clay, über die Richtlinie JCS 1067 vom April, in der Eisenhower unter anderem aufgefordert wird, »keine Schritte zu unternehmen, die zur wirtschaftlichen Wiederaufrichtung Deutschlands führen können oder geeignet sind, die deutsche Wirtschaft zu erhalten oder zu stärken« mit den Worten: »Dieses Ding ist von wirtschaftlichen Idioten gemacht worden. Es ergibt keinen Sinn, den qualifiziertesten Arbeitern Europas verbieten zu wollen, soviel wie möglich für einen Kontinent zu produzieren, auf dem ein verzweifelter Mangel an allem herrscht.«

Zwei Deutschlands sind im Werden

Was einzelne Amerikaner schon 1945 erkennen, ist aber noch lange nicht offizielle Politik der US-Regierung und schon gar nicht alliierte Besatzungspolitik. Diese legt den Deutschen, denen es sowieso mehr schlecht als recht geht, auch für die Zukunft wirtschaftspolitische Knebel an. Nach sechseinhalb Monaten zäher Verhandlungen haben sich die vier Siegermächte im März 1946 endlich auf den ersten Industrieplan geeinigt, der noch deutliche Spuren des berüchtigten Morgenthauplans aufweist. Danach soll die industrielle Kapazität Deutschlands auf 50 bis 55 Prozent des Standes von 1938 eingefroren werden. Schon etwas mehr Bewegungsfreiheit verspricht der zweite Industrieplan vom August 1947. Nach wie vor verboten wird den Deutschen die Produktion von Flugzeugen, Seeschiffen, von Kugel-, Rollen- und Kegellagern sowie von Aluminium, Beryllium und radioaktivem Material. Gelockert werden die Zügel bei der Stahlproduktion, die von 7,5 auf 10,7 Millionen Jahrestonnen steigen darf, die Zahl der von einer Demontage betroffenen Fabriken wird von 1636 auf 682 Fabriken zusammengestrichen, und auch der Außenhandel kommt langsam in Schwung. Nur mit seinen Erlösen in Form von Devisen können die hohen Reparationsforderungen bezahlt werden. 1947 exportieren die drei Westzonen Waren im Werte von 315 Millionen Dollar. Was damals über ein ganzes Jahr ins Ausland verkauft wird, entspricht heute dem Exportvolumen von wenigen Tagen.

Im Verlauf des Jahres 1946 wird den Amerikanern immer klarer, daß nur ein wirtschaftlich gesundes Europa als Absatzgebiet für amerikanische Waren interessant ist. Wieder einmal ist es Winston Churchill, der im Juni 1946 die Entwicklung sehr genau prognostiziert: »Wir müssen der Tatsache ins Auge sehen, daß zwei Deutschlands im Werden sind. Eines organisiert mehr oder weniger nach dem russischen Modell oder in russischem Interesse und das andere im Sinne der westlichen Demokratien.«

In den folgenden Monaten fallen für die wirtschaftliche Gesundung der westlichen Besatzungszonen Deutschlands sowie für die Teilung des Landes in zwei Staaten wichtige Grundsatzentscheidungen. Bereits im Juli verkündet der Oberbefehlshaber der US-Streitkräfte in Europa, General McNarney, daß seine Regierung die Absicht habe, eine »Wirtschaftsunion zweier oder mehrerer Besatzungszonen« zu gründen, und der US-Außenminister James F. Byrnes stellt fest: »Wir können Deutschland nicht auf unbegrenzte Zeit in vier luftdichten Kammern verwalten.«

Und Byrnes handelt: Anfang September 1948 kommen die beiden stellvertretenden Militärgouverneure der Amerikaner und Briten, Clay und Robertson, überein, fünf Zentralämter in der nunmehr schon feste Umrisse zeigenden Bi-Zone zu errichten, die die Maßnahmen der einzelnen Ressortministerien der Länder in Sachen Wirtschaft, Finanzen, Ernährung und Landwirtschaft, Verkehrswesen und Post koordinieren sollen.

Nur wenige Tage danach hält James F. Byrnes in Stuttgart seine aufsehenerregende Rede, in der die neue politische Konzeption der Vereinigten

Staaten der breiten Öffentlichkeit erstmals offenbart wird. Er führt aus, daß die notwendigen deutschen Zentralverwaltungen nicht geschaffen worden seien, obwohl die Potsdamer Beschlüsse dies ausdrücklich verlangt hätten; auch seien die Schranken zwischen den Zonen weit schwieriger zu überwinden, als die zwischen normalen, unabhängigen Staaten. Seine Regierung stehe auf dem Standpunkt, daß das deutsche Volk jetzt innerhalb ganz Deutschlands die »Hauptverantwortung für die Behandlung seiner eigenen Angelegenheiten bei geeigneten Sicherungen« übernehmen könne; »Deutschland muß die Möglichkeit haben, Waren auszuführen, um dadurch so viel einführen zu können, daß es sich wirtschaftlich selbst erhalten kann. Deutschland ist ein Teil Europas. Die Gesundung in Europa und besonders in den Nachbarstaaten Deutschlands wird nur langsam voranschreiten, wenn Deutschland mit seinen großen Bodenschätzen an Eisen und Kohle in ein Armenhaus verwandelt wird.«

Die Bi-Zone

Sechs Tage nach der Rede von Byrnes werden die Wirtschaftsminister der Länder der britischen und amerikanischen Zone in den Exekutivausschuß für Wirtschaft berufen, der seinen Sitz in Minden hat. Zu diesem erlauchten Kreis gehören neben den sozialdemokratischen Wirtschaftsexperten Viktor Agartz und Eric Noelting auch der den christlichen Demokraten verbundene bayerische Wirtschaftsminister Ludwig Erhard.
Mit der Errichtung der Bi-Zone mit Wirkung vom 1. Januar 1947 setzen Amerikaner und Briten den entscheidenden Markstein für den weiteren Gang der Geschichte in Deutschland und in Europa. Es wäre sicherlich unfair, nur den Amerikanern die Schuld an der Teilung und der Einbindung Westdeutschlands in die kapitalistische Wirtschaftsgemeinschaft zu geben. Auch die Sowjets tragen ein gerüttelt Maß an Verantwortung dafür, daß die Amerikaner schließlich Nägel mit Köpfen machen. Und auch auf deutscher Seite gewinnen jene Kräfte immer mehr an politischem Gewicht, die die Zukunft der drei Westzonen in ihrer Orientierung an den westlichen Demokratien und marktwirtschaftlich organisierten Wirtschaftssystemen sehen. Ein letzter ernst zu nehmender deutscher Versuch, die Teilung doch noch zu verhindern, scheitert mit der Einberufung der Münchner Ministerpräsidentenkonferenz vom 5. bis 7. Juni 1947 kläglich. Schon am Abend des 5. Juni kommt es zum Zerwürfnis, als der Ministerpräsident von Mecklenburg, Wilhelm Höcker, eine Änderung der Tagesordnung und kategorisch »die Bildung einer deutschen zentralen Verwaltung durch Verständigung der demokratischen Parteien und Gewerkschaften zur Schaffung eines Einheitsstaates« verlangt.
Vor dem Hintergrund hektischer internationaler politischer Aktivitäten, die sich in Moskau und London über das ganze Jahr 1947 hinziehen, wird die Bi-Zone als funktionsfähiger westdeutscher Rumpfstaat nach und nach ausgebaut. Am 29. Mai verkünden die Generale Clay und Robertson die Einsetzung eines Wirtschaftsrats, der gesetzgeberische Befugnisse auf bestimmten Gebieten erhält. Er ist der Vorläufer des späteren Bundestags und des Bundeskabinetts. Hier fallen bis zur Konstituierung der Bundesrepublik alle wichtigen nationalen Entscheidungen.
Bei der Wahl der Direktoren zieht die SPD den kürzeren. Ausnahmslos werden CDU- und CSU-Politiker in die hohen Ämter berufen. Die SPD ist in der Opposition, wo sie auf Bundesebene bis 1966 bleiben wird. Der Wirtschaftsrat hat insgesamt 171 Gesetze verabschiedet, die hauptsächlich der Aufrechterhaltung der kümmerlichen Versorgung der Bevölkerung dienen sollen. Aber auch diese Maßnahmen können das Aus-

ufern des Schwarzen Marktes und die Not und das Leid der Bevölkerung nicht verhindern.
Immer wieder kommt es zu Konflikten zwischen den deutschen Vorstellungen und alliiertem Handeln. Anfang 1948 wird von General Clay der erste Direktor der Verwaltung für Wirtschaft, Johannes Semler, abgesetzt. Er hat amerikanische Hilfeleistungen als »Hühnerfutter« bezeichnet. Am 2. März 1948 wird Ludwig Erhard dieses Amt übertragen.
Erhard ist am Ziel. Jetzt heißt es, seine Vorstellungen einer freien und sozialen Marktwirtschaft Schritt für Schritt durchzusetzen. Das geht jedoch nicht ohne die Gesundung der deutschen Währung.

Die Währungsreform

Als Ludwig Erhard im Frühling 1948 sein Amt übernimmt, stehen wirtschafts- und deutschlandpolitisch die Zeichen auf Sturm. Im Osten wie im Westen wird an den Bündnissystemen gezimmert, der kommunistische Staatsstreich in Prag liegt gerade wenige Tage zurück, in China rückt die kommunistische Armee immer weiter vor, und in Deutschland reift die Entscheidung heran.
In der Sowjetzone hat sich das politische Klima merklich verändert. Im Dezember 1947 sind Jacob Kaiser und Ernst Lemmer auf Anweisung des sowjetischen Oberst Tulpanow wegen »Widerstandes gegen die Volkskongreßbewegung« als Vorsitzende der »Ost«-CDU abgesetzt worden. Die neue Taktik der SED steuert hin zur Bildung einer Einheitsfront und zur Überführung privaten Eigentums in volkseigene Unternehmen. Damit stehen sich in einem Land zwei Ordnungssysteme gegenüber, die auch mit gutem Willen nicht unter einen Hut zu bekommen sind.
Die weitere Entwicklung ist daher nur folgerichtig: Die Westmächte stecken den Weg von der Bi- zur Tri-Zone ab, wonach das Zwei-Zonen-Gebiet mit der französischen Zone verschmolzen werden soll. Am 20. März 1948 findet die letzte gemeinsame Sitzung des Kontrollrats statt. Anfang April unterzeichnet Präsident Truman das Auslandshilfegesetz, und vom 20. April bis zum 2. Juni tagt zum zweitenmal die Londoner Sechs-Mächte-Konferenz, die in ihrem Deutschland-Kommuniqué unter anderem die Empfehlung erteilt, das wirtschaftliche Leben Westeuropas und Deutschlands miteinander zu verflechten, eine internationale Behörde zur Kontrolle des Ruhrgebietes zu schaffen sowie eine verfassunggebende Versammlung einzuberufen.
Bereits im September 1946 haben sich die Alliierten darauf geeinigt, in ganz Deutschland eine gemeinsame deutsche Währung anstelle der inflationären Reichsmark einzuführen. Über den Ort, wo das neue Geld gedruckt werden soll, kommt es zum Streit, ins Detail gehen die Experten aus Ost und West nicht mehr. Als im Herbst 1947 Gerüchte auftauchen, daß die Sowjets im Alleingang eine Währungsreform planen, reagieren die Amerikaner schnell. Unter dem Codewort »Operation Birddog« treffen am 25. November 1947 die ersten 192 Tonnen Deutsche Mark aus den USA in Bremerhaven ein. Vorsichtshalber hat man auf jeden Druckvermerk verzichtet. Hersteller und Verantwortliche sind nicht aufgeführt worden, um das Geld notfalls auch in ganz Deutschland verwenden zu können – falls die Sowjets doch noch in letzter Sekunde mitziehen.
Anfang April 1948 werden deutsche Währungsexperten in einem mit undurchsichtigen Scheiben verglasten Bus von Bad Homburg in eine Kaserne bei Rothwesten nahe Kassel gefahren. In großen Lettern steht vor dem abgezäunten Komplex: »Auf Zaunkletterer wird geschossen.« In dem grauen Kasernengebäude, das hermetisch gegen die Außenwelt abgeschirmt ist, erarbeiten

deutsche und amerikanische Experten die notwendigen Durchführungsverordnungen für die Geldoperation. Dreh- und Angelpunkt ist in diesen Wochen der Amerikaner Edward Tenenbaum, der durch geschicktes Taktieren und als hartnäckiger Debattenredner die Richtung der deutschen Wirtschaft maßgeblich beeinflußt. Einer, der dabeigewesen ist, der Münchner Professor Hans Möller, erinnert sich später: »Einmal wurden zehn Stunden lang Argumente ausgetauscht. Es ging um die Abwertung der Hypotheken. Das Schlußergebnis war, daß die amerikanischen Auffassungen – genauer gesagt, die von Herrn Tenenbaum – auch einige deutsche Experten unsicher machten. Er war auf alliierter Seite derjenige, der alle Probleme der Währungsreform am besten durchdacht hatte.«
49 Tage dauert die Arbeit hinter dem Stacheldrahtverhau. Dann sind 22 Dokumente fertig: Fragebogen, Verordnungen, Merkblätter. Ludwig Erhard besucht die Kasseler Runde nur einmal. Er hatte in dem Münchner Stadtkämmerer Hielscher und in Tenenbaum engagierte Fürsprecher, die die »Kopfgeldquote«, das Handgeld, das jeder am Tag X erhalten sollte, möglichst niedrig ansetzen würden. Knapp wie die Waren, so Erhards Vorstellung, sollte auch die Währung sein. Die neue Mark würde nur dann ihren Wert behalten, wenn es dafür etwas zu kaufen gab.
Aber gibt es denn überhaupt Waren? Erhard und andere setzen auf jene Geschäftsleute, die ihre Vorräte gehortet haben, die auf den Tag X warten, um dann gute Ware für gutes Geld anbieten zu können.
Unauffällig organisiert inzwischen der Amerikaner William G. Brey die Verteilung der Geldscheine. Am 20. Juni 1948 muß in jeder der Ausgabestellen genügend Deutsche Mark vorhanden sein, um den Deutschen ihre »Kopfgeldquote« von 40 DM aushändigen zu können.
In einer logistischen Meisterleistung läuft seit dem 11. Juni der Countdown. Die Operation klappt wie am Schnürchen. Und dann ist es schließlich soweit: Am 18. Juni verkünden die drei Oberbefehlshaber die Währungsreform, die vor allem aus vier Gesetzen besteht, die das westdeutsche Geldwesen wieder regulieren sollen: dem Währungsgesetz, das mit Wirkung vom 21. Juni die Deutsche Mark einführt, dem Emissionsgesetz, das der Bank Deutscher Länder das Notenausgaberecht verleiht und Vorschriften über die Mindestreserven enthält, ferner dem am 26. Juni erlassenen Umstellungsgesetz, das Richtlinien für die Umstellung der Altguthaben enthält sowie dem erst im Oktober verkündeten Festkontengesetz, welches die Höhe alter Bankguthaben in neuer Währung regelt.
Wie einschneidend diese Maßnahmen sind, veranschaulichen am besten einige Stimmungsbilder aus den Tagen vor und nach dem 20. Juni. Die Schwarzmarktpreise für Zigaretten explodieren – von sieben auf zehn, später auf fünfzehn Mark. Pro Stück! Man rafft, hamstert, kauft alles, was überhaupt noch angeboten wird. An den Postämtern sind nicht einmal mehr Briefmarken vorhanden. Die Währungsreform steht unmittelbar bevor, das alte Geld, die Reichsmark, wird in wenigen Stunden ihren Wert verlieren. Über den Rundfunk verkündet der oberste Finanzberater der amerikanischen Militärregierung: »Die neue Währung heißt die Deutsche Mark . . . Jeder wird haushalten müssen, und jeder sollte sich auch bei seinen Einkäufen ernstlich überlegen, ob die Ware den geforderten Preis auch wirklich wert ist.«
Das ist am Freitagabend. Am nächsten Morgen sieht es in allen deutschen Städten so aus wie in München. Dort geht es in der Innenstadt wieder zu wie heute an Ausverkaufstagen. Die »Abend-Zeitung« berichtet: »Vor den Läden und Einzelhandelsgeschäften sind die Verkaufsschlangen

auf ein bisher nicht erlebtes Maß angewachsen.«
Die Stunde Eins der Deutschen Mark beginnt am Sonntag um 5 Uhr. Trauben von Menschen drängeln sich vor den Verteilungsstellen. Schwarzhändler zünden sich ihre Zigaretten mit 100-Mark-Scheinen an. Und am nächsten Tag staunen die Münchner: Über Nacht haben sich die Regale der Läden gefüllt. Jetzt ist alles da, wonach man vorher noch vergebens angestanden und gefragt hatte: Erdbeeren, Gurken, Glühbirnen, Schuhe, Armbanduhren.

»Wir alle haben mit 40 Mark angefangen«

Es gibt zwar wieder alles zu kaufen, aber man ist sparsam geworden. Schließlich hat man nur 40 DM in der Tasche. Zwei Monate später kommen noch einmal 20 DM hinzu. An diesem Montagvormittag verkauft ein Münchner Kaufhaus nur eine Flasche Haaröl. Denn auch auf dem Sparkonto ist das Geldvermögen geschmolzen – um genau 100 : 6,5, und alle Schulden sind im Verhältnis 10 : 1 abgewertet worden.
»Wir alle haben mit 40 Mark angefangen«, wird es später einmal heißen. Jeder habe die gleiche Chance gehabt. Daran ist nichts wahr, denn wer 100 Reichsmark auf dem Bankkonto hat, behält davon nur 6,5 Deutsche Mark zurück, wer allerdings Aktien, Häuser, Fabriken oder andere Wertgegenstände besitzt, kann sie versilbern, wann immer ihm das in den Sinn kommt. Zudem erhalten die Unternehmer einen Geldbetrag von 60 DM für jeden Beschäftigten.
Mit der Währungsreform ist der Grundstock für ein zügiges wirtschaftliches Wachstum gelegt. Sie kann nur Erfolg haben, wenn sie Vertrauen zum neuen Geld wecken würde und wenn ein annäherndes Gleichgewicht zwischen der monetären Nachfrage und dem Güterangebot herzustellen ist. Das weiß auch Ludwig Erhard. Noch am Tag der Währungsreform hebt er höchst eigenmächtig sechs Verordnungen über die Bewirtschaftung von Haushaltswaren auf und setzt damit seinen Ruf, sein Amt und seine Zukunft aufs Spiel. Über diese Stunden berichtet Erhard später: »Die ganze Bürokratie war sich einig, daß ich mir Unerhörtes erlaubt hatte. Ich hätte sozusagen auf diesem Gebiet gegen sämtliche alliierten Militärgesetze verstoßen. Alles müsse zurückgenommen werden. Ich sagte: ›Von mir nicht.‹ Im übrigen wollte ich wissen, gegen welche Gesetze ich eigentlich verstoßen hatte. Dann wurde mir vorgelesen, daß ich eben ohne Genehmigung der Militärregierung keine Änderung der Bewirtschaftung und der Preisbindung vornehmen dürfe. Darauf wagte ich alles und sagte: ›Ich habe nichts verändert, ich habe sie aufgehoben.‹ Ich dachte mir, jetzt hilf, was helfen mag . . .«
Der Erfolg hat Erhard recht gegeben. Es kam eigentlich alles so, wie er und die amerikanischen Experten es vorausgesehen hatten. Erst fallen die Preise, dann steigen sie. Erhard schreibt über diese schweren Monate, in denen es so schien, als habe die Geldumstellung nicht den gewünschten Erfolg, in seinem 1957 erschienenen Buch »Wohlstand für alle«: »Schon glaubten die Sozialdemokraten ihre Stunde gekommen, die Stunde des wirtschaftlichen Zusammenbruchs. Die Gewerkschaften verfügten sogar einen eintägigen Generalstreik gegen die Fortführung der Marktwirtschaft. Auch sie wollten die Bewirtschaftung wiederhaben. Wir wollten das nicht. Also kam es auf die besseren Nerven an . . . Wir wußten, daß uns nur eines über den Berg ziehen konnte: der Einfallsreichtum jedes einzelnen Unternehmers, der Fleiß und die Geschicklichkeit jedes einzelnen Arbeiters und Angestellten, kurz, die persönliche Leistung, die allein dort gedeiht, wo jeder mit dem Erfolg seiner Arbeit anfangen kann, was er will . . . Diesem wirtschaftlichen Prinzip liegt die Wahrheit zugrunde,

daß große Leistungen nur in der Freiheit aller wachsen. Das Warenangebot stieg, die Preise fielen entsprechend. Der Weg zum deutschen Wiederaufbau war frei . . .«

Eine einseitige »Reform«

Die deutsche Währungsreform, die kurze Zeit später, am 24. Juni 1948, auch in der Sowjetzone durchgeführt wird, ist als gewaltiger Erfolg gefeiert worden. Sicher ist, daß keine andere finanzielle Transaktion in der deutschen Geschichte eine so schnell einsetzende und tiefgreifende Wirkung gezeitigt hat. Binnen 24 Stunden wandelt sich der deutsche Alltag völlig.

Übersehen wird freilich vielfach, daß diese Geldreform Geschäftsleute, Unternehmer und Schuldner auf Kosten der Lohn- und Gehaltsempfänger und Gläubiger begünstigt. Die Trümmerfrauen und Arbeiter, die drei Jahre lang unter schwierigsten Bedingungen Ordnung in das Chaos mit ihrer Hände Arbeit zu bringen versucht hatten, werden am 20. Juni mit 40 Deutschen Mark abgefunden. Sie und die unzähligen Flüchtlingsfamilien, Kriegerwitwen und Bombengeschädigten bringen nur mit Mühe das Geld auf, um damit die karge Zuteilung auf Lebensmittelkarten und Bezugsscheinen bezahlen zu können – denn diese waren mit der Währungsreform nicht abgeschafft. Noch schlechter sind die Witwen und Waisen der Kriegsopfer dran.

Vor allem von seiten der Gewerkschaften und der SPD wird die ohne jede soziale Rücksichtnahme vorgenommene Geldumstellung beklagt. Reinhold Maier, der damalige Ministerpräsident des Landes Baden-Württemberg, bringt das Unbehagen breiter Bevölkerungsschichten auf die Formel: »Es ist untragbar, daß die Währungsreform die Notpfennige und Spargroschen der Alten unterschiedslos mit Bankkonten aller Art gleichstellt.«

Und die englische »Financial Times« meint: »In einer Hinsicht, nämlich aus Gründen der Gleichberechtigung, kann die Reform einer deutlichen Kritik unterzogen werden: Sie begünstigt den Wohlstand in Form von Ländereien, Liegenschaften und Waren.«

Dem Wohlverhalten der Gewerkschaften nach dem Ende des Lohnstopps vom Herbst 1948 und dem Wirtschaftsboom unmittelbar nach der Währungsreform ist es zuzuschreiben, daß Erhards Konzept der sozialen Marktwirtschaft – mit der notwendigen politischen Durchsetzungskraft versehen und der psychologischen Bereitschaft breiter Bevölkerungskreise, diesen Weg weiterzuschreiten – in das Jahr 1949 mit gesundem Optimismus gehen kann. Während der Zeitspanne zwischen Juni und November 1948 sind die Grundlagen dafür gelegt worden, was kommen sollte. Enorme Gewinne aus den gehorteten Vorräten, die sich infolge der zunächst einsetzenden Preissteigerungen ergeben haben, lassen den Stand der Ersparnisse und Investitionen auf eine Höhe schnellen, die für ein »verarmtes« Land als unmöglich angesehen worden war. 1949 fallen die Preise wieder, doch die Zahl der Arbeitslosen steigt. Aber dann kommt die deutsche Wirtschaft richtig in Schwung. Erhard darüber in seinem Buch: »Die deutsche Wirtschaftspolitik hat dahin geführt, daß der Ertrag, den alle aus der Wirtschaft ziehen, ohne jede Unterbrechung von Jahr zu Jahr gestiegen ist. Der private Verbrauch z. B. erhöhte sich von 1950 bis 1955 – wohlgemerkt in Preisen von 1936 ausgedrückt – von 29 auf 51 Milliarden DM . . . Selbst die revolutionäre Umgestaltung unserer Gesellschaftsordnung hätte es niemals vermocht, den privaten Verbrauch dieser oder jener Gruppe auch nur um Bruchteile der tatsächlich erreichten Steigerung zu erhöhen, denn gerade ein solcher Versuch hätte zu einer Lähmung und Stagnation der Volkswirtschaft geführt.«

Aufstieg aus dem Nichts

Als »Stunde Null« ist das Ende des Zweiten Weltkriegs vielfach bezeichnet worden. Der Nationalsozialismus ist am Ende. Ein neuer politischer Anfang kann gemacht werden. In den Städten liegt der Trümmerschutt meterhoch. Mit diesen Steinen kann ein neuer Staat, eine neue Gesellschaft aufgebaut werden.

Doch weder die Deutschen noch die Besatzer nutzen diese einmalige Chance. Zu groß ist der Ballast, der auf der unseligen Vergangenheit liegt. Und auch die noch intakten Behörden und Verwaltungen haben anderes zu tun, als zu planen. Mühsam genug ist es, wenigstens die Bevölkerung mit dem Notwendigsten zu versorgen. Auch mit Hilfe der alliierten Militärs gelingt das nicht. Der englische General Montgomery schildert die Lage am 1. September 1946: »Mein vorläufiges Ziel ist die Zuteilung von 1500 Kalorien pro Tag an die deutsche Bevölkerung, aber selbst diese Menge kann wegen Verteilungsschwierigkeiten nicht überall ausgegeben werden. Die Lage wird noch dadurch verschlimmert, daß die diesjährige Ernte ungewöhnlich schlecht ist. Es gibt nur eine Lösung: Lebensmittel nach Deutschland einzuführen.«

Während die meisten Deutschen in diesen Tagen in erbärmlichen Verhältnissen leben und der Hunger das Land regiert, ziehen überwiegend amerikanische Wirtschaftsexperten eine nüchterne Bilanz. Sie kommen dabei zu erstaunlichen Ergebnissen. Die Legende vom Neubeginn, die sich bis in unsere Tage halten wird, bekommt durch diese Untersuchungen einen tüchtigen Knacks. Weder politisch noch gesellschaftlich und schon gar nicht wirtschaftlich markiert das Jahr 1945 die »Stunde Null«. Allenfalls in der Politik zeigen sich nach zwölf Jahren Nationalsozialismus neue Gesichter, die entweder an die gute Tradition der Weimarer Republik anknüpfen oder sich langsam in demokratische Tugenden eingewöhnen müssen. Der gesellschaftliche Neuaufbau, die Revolution des Bewußtseins und des Geistes haben so nicht stattgefunden, wie sie von vielen erhofft worden sind. Die alten Eliten bleiben – bis auf wenigen Ausnahmen – in Amt und Würden.

Dabei ist der Zustand der deutschen Industrie zum Ende des Krieges keineswegs so hoffnungslos, wie das vielfach angenommen worden ist. Die Kriegszerstörungen sind sowohl in ihrem Umfang als auch in ihren Folgen für die Wirtschaftsentwicklung nach 1945 überschätzt worden. Keinesfalls kann davon gesprochen werden, Deutschland sei in die Anfangszeiten der Industrialisierung zurückgeworfen worden.

Hauptsächlich Wohngebiete und Transportwege sind von den Flächenbombardements betroffen, was viele dazu verleitet anzunehmen, es habe auch im Bereich der industriellen Produktion ähnlich hohe Verluste gegeben.

Amerikanische Studien weisen nach, daß nur rund zehn Prozent aller Maschinen durch Luftangriffe zerstört wurden, und selbst in der wichtigen Kugellagerindustrie seien nur 15,9 Prozent aller Werkzeugmaschinen den Bomben zum Opfer gefallen. Mit maximal 17 Prozent setzt diese Studie die Kriegsschäden an, während in einer anderen Untersuchung von nur acht Prozent Kapazitätsverlust gegenüber dem Vergleichsjahr 1936 die Rede ist.

Auch der Produktionsfaktor Arbeit ist durch den Zustrom von Millionen von Flüchtlingen und Vertriebenen keineswegs knapp. In Schleswig-Holstein beträgt die Bevölkerungszunahme durch Zuwanderung bis Ende 1946 63 Prozent, während sie in Nordrhein-Westfalen mit 1,8 Prozent verschwindend gering ist. Insgesamt liegt die Einwohnerzahl in der britischen Zone um 11,3 und in der amerikanischen Zone um 18,1 Prozent über dem Vorkriegsstand. Was fehlt, sind Män-

ner. Im Jahr 1946 besteht die Bevölkerung zu 33 Prozent aus Männern, zu 44 Prozent aus Frauen, der Rest sind Kinder und Jugendliche.
Diese ungünstige Struktur für den Aufbau einer florierenden Volkswirtschaft wird nach und nach durch den Zustrom weiterer Flüchtlingsfamilien und insbesondere durch die Rückkehr der Kriegsgefangenen verbessert. Insgesamt kann man sagen, daß das Arbeitskräftepotential zwar durch Kriegseinwirkungen um rund zwei Prozent zurückgegangen war, doch zahlenmäßig noch groß genug und vor allem von der Ausbildungsstruktur her zu Spitzenleistungen befähigt sein würde.
Arbeit bedeutete zunächst »friedliches« Tätigsein-Dürfen. Jahrelang hatten die jetzt Dreißig- bis Fünfzigjährigen nichts anderes als Wehrmacht, Krieg, Vormarsch und Rückzug kennengelernt, nun ist das Bedürfnis groß, seine Kenntnisse und Fähigkeiten im normalen Berufsleben auf die Probe zu stellen.
Dieser Wille zur Leistung, gepaart mit dem hohen Stand der Ausbildung und dem Arbeitskräftereservoir, ist eine wesentliche Voraussetzung für das spätere Wirtschaftswunder. Wenn aber die Kapazitäten vorhanden waren und auch genügend Arbeit und Arbeiter zur Verfügung standen, um die Schlote wieder zum Rauchen zu bringen, dann nimmt es wunder, warum der wirtschaftliche Aufschwung noch Jahre auf sich warten ließ.

Eine Transportkrise großen Ausmaßes

In der »Vorwährungszeit« ist es vor allem ein Engpaß, der die Konsolidierung der Wirtschaft hemmt: eine Transportkrise großen Ausmaßes. Zwar sind in den Monaten nach dem Zusammenbruch die Schienenwege wieder weitgehend befahrbar und die Wasserwege von Hindernissen geräumt worden, es fehlen jedoch Waggons und Lokomotiven, Schiffsraum und Schleppkähne. Trotzdem geht es bis zum Herbst 1946, wenn auch langsam, bergauf. Doch dann macht der harte Winter allen Prognosen und Hoffnungen einen Strich durch die Rechnung. Zu Tausenden erfrieren die Menschen, während sich an der Ruhr die Kohlenhalden vervierfachen. Es ist einfach nicht möglich, das Heizmaterial an die Orte zu schaffen, an denen es gebraucht wird.
Als dann noch die Wasserwege zufrieren und der gesamte Transport auf die Reichsbahn verlagert werden muß, bricht der Verkehr vollends zusammen. In diesem kalten Winter holt der Krieg die deutsche Wirtschaft wieder ein.
Erst als dem Verkehrsengpaß mit einem Reparatursonderprogramm begegnet wird, entspannt sich die Lage. In nur einem Jahr werden 29 700 Waggons repariert und zahlreiche Lokomotiven wieder flottgemacht. Von nun an geht es mit der deutschen Wirtschaft steil bergauf.
Eine viel größere Bedeutung als der Transportkrise ist zwei anderen Punkten zugewiesen worden: den Reparationen und den sich daraus ergebenden Demontagen. Schon während der Konferenz von Jalta zu Beginn des Jahres 1945 waren die Alliierten darin übereingekommen, daß Deutschland die von ihm verursachten Schäden durch Sachlieferungen und nicht durch Geldleistungen wiedergutzumachen habe. Die Wissenschaft ist sich heute darin einig, daß eine »exakte Berechnung des Ausmaßes der Reparationen und ihres kapazitätsmindernden Effektes auf das Anlagevermögen der westdeutschen Industrie nicht möglich ist«. Dies gelte vor allem für die Phase der »unilateralen« Demontagen in den Besatzungszonen, die bis Juni 1946, also kurze Zeit nach Aufstellung des Industrieplans durch den Kontrollrat, angehalten habe. Nicht nur der Amerikaner Michael Balfour, sondern auch viele andere Experten sind zu dem Ergebnis gelangt, daß die Demontagen sowohl in ihrem Umfang als

auch in ihren Folgen für die Wirtschaftsentwicklung erheblich überschätzt worden sind. »Es kann nicht behauptet werden«, schreibt Balfour in seinem Buch »Viermächte-Kontrolle in Deutschland«, »die alliierte Demontage hätte der deutschen Wirtschaft ernsthaften Schaden zugefügt.«

Nach späteren Schätzungen betrugen die Reparationen aus den Westzonen maximal fünf Prozent der gesamten Industriekapazität. Zudem sind in der Hauptsache Industrien betroffen, bei denen auf Grund der Überproduktion in Kriegszeiten Kapazitäten abgebaut werden mußten, so in der Stahlindustrie, im Maschinenbau und in der chemischen Industrie. Dazu Balfour: »Tatsächlich erreichten die Reparationsleistungen in den Westzonen nur ein Viertel der in Aussicht genommenen Höhe und verteilten sich über eine Reihe von Jahren, wobei wider Erwarten das Jahr 1949 den Höhepunkt darstellte. Bis Ende 1946 wurden 100 Betriebe im Werte von 215 Millionen Reichsmark, nach Vorkriegspreisen errechnet, demontiert, und bis 1949 belief sich die Gesamtsumme auf 714 Millionen Reichsmark. Demgegenüber waren usprünglich 3 Milliarden Reichsmark veranschlagt worden. Der Umfang der Reparationsleistungen entsprach etwa drei bis vier Prozent der 1949 insgesamt vorgenommenen Neuinvestitionen in festen Kapitalwerten.«

Bei der Bevölkerung stoßen die Demontagen auf erbitterten Widerstand. Als auch die Ministerpräsidenten der betroffenen Länder dagegen protestieren, erwidert General Robertson, einer der führenden Köpfe der britischen Militärregierung, die alliierten Behörden seien entschlossen, jeden deutschen Widerstand notfalls mit Gewalt zu brechen. Noch bis zum April 1951 werden Industrieanlagen demontiert, wird dagegen demonstriert und werden Hochöfen und Maschinen unter dem Schutz von Polizei und Militär auf Waggons verladen. Dann enden die Demontagen in Westdeutschland. Ihre Bedeutung liegt mehr im psychologischen Bereich, als daß sie von volkswirtschaftlicher Bedeutung sind.

Ganz anders sieht es dagegen in der Sowjetzone und der späteren DDR aus. Der Osten Deutschlands wird von den Sowjets rücksichtslos ausgebeutet. Ganze Industrieanlagen wandern per Bahn in die Sowjetunion: 1300 Fabriken und 7000 Kilometer Eisenbahnschienen sind es allein bis 1950.

Kalter Krieg und harte Dollar

Während die Sowjets aus der DDR herausholen, was herauszuholen ist, hat trotz der Demontagen bei den Amerikanern schon früh ein Umdenkungsprozeß eingesetzt. Dabei lassen sich politische und ökonomische Gründe für die sukzessive Wandlung der amerikanischen Deutschlandpolitik nicht voneinander trennen. War es nun die desolate ökonomische Situation in Deutschland oder war es die Verschiebung des internationalen Kräftegleichgewichts zugunsten der Sowjetunion, die die Amerikaner zur Änderung ihrer bisherigen starren Haltung bewog?

Von Winston Churchill abgesehen, der schon im März 1946 in Fulton (Missouri) seine auch in Deutschland vielbeachtete Rede hielt, in der er vom »Eisernen Vorhang« sprach, der sich von Stettin bis hinunter nach Triest über den Kontinent gezogen habe, schienen jedenfalls nur wenige Politiker die Entwicklung richtig zu prognostizieren. Ganz anders die Ökonomen. Schon bald war ihnen klargeworden, daß ein besiegtes und besetztes Deutschland zur Last werden würde, wenn man nicht bald daranginge, seine Wirtschaft wieder in Gang zu bringen und anzukurbeln. Auch die Abhängigkeit der europäischen Volkswirtschaften von der ökonomischen Entwicklung in Deutschland konnte nicht verborgen

bleiben. Fritz Baade, von 1948 bis 1961 Leiter des Instituts für Weltwirtschaft in Kiel, hat die Verquickung der europäischen Industrie und die Abhängigkeit der Mittelmeerländer von einer Verzögerung des Wiederaufbaus in Deutschland beschrieben: »Nur wenn Deutschlands Lebenshaltung mindestens den Vorkriegsstand erreicht, können die Zigarrettentabak produzierenden Länder, wie Griechenland und die Türkei, ihren normalen Wohlstand wiedererlangen. Nur wenn der Verbrauch von Frühgemüse, Pfirsichen und Weintrauben mindestens wieder den Vorkriegsstand einnimmt, können die auf die Belieferung Deutschlands mit diesen Produkten eingestellten Länder, wie Italien, Spanien und die Niederlande, ihren normalen Wohlstand erreichen . . . Jedes Programm, das im Geiste des Potsdamer Abkommens die Lebenshaltung der breiten Massen unter dem Vorkriegsniveau hält, bedeutet nicht nur eine Verzögerung des wirtschaftlichen Wiederaufbaus in Deutschland, sondern in allen mit Deutschland arbeitsteilig verbundenen europäischen Gebieten.«
Zu ähnlichen Schlüssen müssen auch amerikanische Experten gekommen sein, denn was nützt alle »Umerziehung« der Deutschen zu tüchtigen Demokraten, wenn die Wirtschaft brachliegt und die Sieger die Besiegten ernähren müssen. In einem Gutachten, mit dem Präsident Truman seinen Amtsvorgänger in den dreißiger Jahren, Herbert Hoover, beauftragt, kommt dieser 1947 dann auch zu dem Ergebnis: »Es mag für den amerikanischen Steuerzahler ein schwerer Schlag sein, daß wir, die wir den Krieg gegen Deutschland gewonnen haben, nun für einige Jahre hohe Ausgaben für die Unterstützung dieses Volkes tragen müssen. Es ist in der Tat in der Geschichte der Menschheit etwas Neues, daß der Sieger dies unternimmt . . . Wenn die westliche Zivilisation in Europa weiterleben soll, dann muß sie auch in Deutschland weiterleben.«

Der Marshallplan

Politisch findet das Umdenken der Amerikaner seinen prägnanten Ausdruck in der Truman-Doktrin, die der amerikanische Präsident am 26. April 1947 verkündet und mit der er die Zusicherung wirtschaftlicher Hilfe an Griechenland und die Türkei damit verbindet, daß sich die Vereinigten Staaten von nun an jeder weiteren Ausweitung des sowjetischen Einflusses in Europa und Asien entgegenstemmen würden.
Wirtschaftspolitisch reagieren die Amerikaner auf die Offensive der Sowjets auf dem Balkan und in der Sowjetzone mit dem Marshallplan. In seiner berühmten Rede vor Harvard-Studenten verkündet der amerikanische Staatssekretär George C. Marshall am 5. Juni 1947, daß Europa eine wesentliche zusätzliche Hilfe erhalten müsse, wenn es nicht einer wirtschaftlichen, sozialen und politischen Verelendung schwersten Ausmaßes zum Opfer fallen wolle.
Vielfach ist das European Recovery Program (ERP), wie offiziell die Marshallplan-Hilfe genannt wird, als aus humanitären Motiven entstandene amerikanische Hilfeleistung mißverstanden worden. Tatsächlich trug der Plan wesentlich zur Gesundung der europäischen Volkswirtschaften bei und wirkte mit seinen Zuschüssen und Krediten als »Initialzündung« auch für die amerikanische Wirtschaft, denn nur ein wirtschaftlich intaktes Europa konnte als Absatzmarkt für amerikanische Waren und Dienstleistungen dienen.
Bis 1952 wurden rund 5,7 Milliarden DM aus Mitteln des Marshallplans als Kredit bereitgestellt. Damit konnten notwendige Einfuhren bezahlt und dringende Investitionen vorgenommen werden. Ohne diesen »Push« wäre die industrielle Entwicklung Westdeutschlands und Europas wegen mangelnder Devisen zur Bezahlung von Rohstoffen wesentlich langsamer verlaufen. Ne-

ben der Währungsreform und der Aufhebung der Zwangsbewirtschaftung war dieser »goldene Dollarregen« ein entscheidender Grund für den Wirtschaftsboom in den fünfziger Jahren.
Alle wirtschaftspolitischen Theorien, Aufbauprogramme und Investitionsanreize wären jedoch sinnlos ins Leere gestoßen, wenn nicht die Masse der Deutschen mitgezogen hätte. Ärmel hochkrempeln, zupacken, aufbauen hieß die Devise. Den Kopf in den Sand steckten nur wenige.
Es gehört zu den Geheimnissen des Wirtschaftswunders, warum die Deutschen damals so emsig ans Werk gingen, warum sie so fleißig, strebsam und wißbegierig waren.
Drei Erklärungsversuche seien erlaubt:

Erstens: Das schlechte Gewissen

Die Begeisterung, mit der Millionen von Deutschen Hitler und seinen Epigonen Gefolgschaft geleistet hatten, war an den Fronten des Krieges und in dem Bombenhagel der alliierten Flugzeuge zusammengeschmolzen. Nur wenige glaubten nach der Niederlage von Stalingrad im Januar 1943 noch an den Endsieg und an die Vorsehung, mit der der »Führer« dem Krieg noch die große Wende zu geben hoffte.
Mit dem Vorrücken der Roten Armee im Osten und dem Einmarsch der Engländer, Franzosen und Amerikaner in deutsches Reichsgebiet seit Oktober 1944 ging es für die Bevölkerung nur noch darum, die eigene Haut zu retten und möglichst ungeschoren davonzukommen.
Überzeugte Nationalsozialisten sind in diesen Monaten über Nacht zu glühenden Verfechtern der Widerstandsbewegung geworden. Die Masse der Mitläufer hat angeblich von nichts gewußt. Alle fürchten die Rache der Sieger. Viele Deutsche hatten nämlich entgegen ihren späteren Beteuerungen von den Greueltaten, die in den Konzentrations- und Vernichtungslagern an den eigenen Landsleuten, an Juden und anderen Minderheiten begangen worden waren, gewußt und geschwiegen. Das gewaltige Ausmaß dieser Massenvernichtung, ihre Grausamkeit und ihre sadistische Unmenschlichkeit sowie die Perversität kannten nur wenige. Neben dem Schock über die Toten und Verwundeten, die in beinahe jeder deutschen Familie durch Kriegseinwirkung zu beklagen waren, lastete und lastet diese Hypothek schwer auf den Deutschen.
Die Alliierten zwangen die Einwohner der Nachbarorte von Vernichtungslagern, die aufgehäuften, bis zum Skelett abgemagerten Leichen zu besichtigen und informierten mit Plakaten, Kinovorführungen und Beschreibungen darüber, wo die Todeslager waren und wie viele Menschen darin umgebracht wurden. Entsetzen vor dem ungeheuren Verbrechen, das im Namen aller Deutschen geschehen war, und die Angst, dafür bestraft zu werden, erfüllte nicht nur die Gedanken, sondern lähmte auch jede Initiative über den Selbsterhaltungstrieb hinaus.
Als sich dann die letzte Hoffnung vieler Deutscher nicht erfüllt, daß die Sieger sich über die deutsche Frage so zerstreiten könnten, daß es zu einem Waffengang zwischen den Westmächten und den Sowjets käme, geht eine Flut von Selbstmorden über das Land. Allein in Berlin verzeichneten die Behörden nach der Unterzeichnung des Potsdamer Abkommens 1200 Suizide, in Leipzig 600 und in Hamburg 450. Dazu ein Bericht des Engländers Henry Carter: »Was ich erzähle, habe ich wirklich erlebt ... Die Wälder rund um Berlin sind voll von Erhängten. Andere – Männer, Frauen und Kinder – beenden ihren qualvollen Weg durch Selbstmord im Wasser. In Oder und Elbe treiben Hunderte von Ertrunkenen.«
Das Chaos ist unbeschreiblich. »Tausende, Zehntausende von Menschen sterben an Hunger

und Erschöpfung auf den Straßen«, schreibt der »Manchester Guardian«. Jeder ist sich selbst der Nächste. Der Egoismus feiert Triumphe, und die Solidarität bleibt dabei auf der Strecke. Die Flüchtlinge und Vertriebenen, die ins Land strömen, werden vielfach wie Aussätzige empfangen und behandelt. Bauern jagen hilflose Menschen aus ihren Dörfern wieder hinaus, Gemeinden weigern sich, Lebensmittel zur Verfügung zu stellen.

Auf neuem Unrecht beginnt der neue Staat sein Fundament zu bauen. Doch zunächst geben die Alliierten den Ton an. »Entnazifizierung« heißt die Parole, die allen voran die Amerikaner ausgegeben haben und mit der sie die »Spreu vom Weizen« trennen wollen. Am 5. März 1946 schafft der US-Länderrat Spruchkammern, vor denen man sich vor deutschen Richtern zu verantworten hat. Grundlage ist ein Fragebogen mit 131 Positionen, in dem Aufschluß über Rolle und Funktion im »Tausendjährigen Reich« gegeben werden soll. Ein Verfahren, das zur Denunziation ebenso einlädt wie es zu falschverstandener Kumpanei verleitet. Das Ausstellen von »Persilscheinen«, in denen Bekannte und alte Kameraden versichern, daß der Beklagte eine saubere Weste habe, wird in diesen Tagen zum Kavaliersdelikt.

Als Ende August 1949 in der amerikanischen Zone und im Februar 1950 in der britischen und französischen Zone die »Entnazifizierung« eingestellt wird, fällt so manchem hohen Nazifunktionär und unzähligen Mitläufern, Parteimitgliedern, SS- und SA-Schergen ein Stein vom Herzen. Das schlechte Gewissen bleibt.

Insgesamt haben die Spruchkammern mehr als sechs Millionen Fälle allein in den Westzonen verhandelt. Lediglich 1667 Personen werden als Hauptschuldige, 23 060 als Belastete, 150 425 als Minderbelastete und 1 005 854 als Mitläufer eingestuft.

Das wiederaufzubauen, zu dem man mit beigetragen hat, es zu zerstören, könnte eine Erklärung dafür sein, daß der »Bienenfleiß« der deutschen Trümmerfrauen, Arbeiter und Angestellten in jenen Jahren sprichwörtlich wird.

Waren noch kurz nach der Kapitulation viele Ausländer betroffen von der Apathie, der Resignation und dem mangelnden Arbeitswillen der Deutschen, so verändert sich dieses Bild mit der Hoffnung auf ruhige Zeiten und einen erhöhten Lebensstandard seit Beginn der fünfziger Jahre schnell.

An Fleiß konnten es damals nur wenige mit den Deutschen aufnehmen. Ihnen machte die Arbeit Freude. Die durchschnittliche Wochenarbeitszeit liegt zwischen 1950 und 1957 bei 47 bis 49 Stunden. Überstunden sind an der Tagesordnung. Mit dem zusätzlichen Einkommen kann das angeschafft oder unternommen werden, auf das man so lange verzichten mußte: ein Radioapparat, ein Mixgerät, ein Nierentisch oder einfach eine Reise in den Schwarzwald.

Aus der Politik hält man sich geflissentlich heraus. Da hat man schlechte Erfahrungen gemacht. »Ohne mich« lautet die Parole. An das schlechte Gewissen will man nicht mehr erinnert werden. Dazu fehlt auch die Zeit. Es wird gearbeitet, auch an den Sonnabenden, das neue Auto ausgewählt, ein Kühlschrank angeschafft, das Wohnzimmer eingerichtet und das neue Eigenheim geplant.

Zweitens: Der Schwarze Markt

»Im Juli 1948 wanderten die Bezugscheine in den Papierkorb. In einem Zug fielen Hunderte von Bewirtschaftungsvorschriften. Die düsteren Jahre des Schwarzen Marktes waren mit einem Schlag überwunden.« So sieht der spätere Wirtschaftsminister Ludwig Erhard die Zeit nach der Währungsreform.

Sehnsüchtig haben die Deutschen auf den Tag X gewartet. Aber nur wenige können sich vorstellen, daß damit schlagartig die Geschäfte wieder voll und der Schwarzhandel ein Ende haben würde. In dieser armen Zeit zwischen Kriegsende und Währungsreform sind die Lebensmittelhändler und Bauern die mächtigsten Deutschen. Nur langjährige Stammkunden haben eine Chance, ihre vollen Rationen zu erhalten. Und auch das ist zuviel, um sterben und zu wenig, um leben zu können.
Aber es besteht eine Möglichkeit, sich zusätzlich etwas zu verschaffen – der Schwarze Markt. Auch in den schlechten Zeiten gibt es dort alles – gegen harte Währung oder gegen Ware. Kompensieren nannte man das. Während vier von fünf Deutschen unterernährt sind, stoßen sich dort viele gesund. Auch die Besatzungstruppen mischen kräftig mit. Amerikanische Zigaretten werden zeitweilig zur Ersatzwährung.
In der Schwarzmarktzeit, mit der die Jahre vom Ende des Krieges bis zur Währungsreform gemeint sind, bildet sich lange vor Erhards Wettbewerbswirtschaft so etwas wie ein gut funktionierendes Tauschsystem heraus, in dem allein Angebot und Nachfrage den Preis bestimmen. Nur daß dies keine soziale, sondern eine nach brutalsten Mitteln funktionierende Form von Marktwirtschaft ist. Skrupellose Händler, gewievte Betrüger, kleine und große Gauner und zwielichtige Schieber beherrschen die Szenerie. Auch das Gerechtigkeits- und Schuldbewußtsein der breiten Masse bleibt im Angesicht von Hunger und Not auf der Strecke. Brave Bürger begehen Dinge, an die sie früher nicht zu denken gewagt hätten. Der Schriftsteller Heinrich Böll spricht von einer »klassenlosen Klau-Gesellschaft«.
Aus den zerbombten Städten ziehen scharenweise Menschen aufs Land – vom Hunger getrieben. Mit Taschen, Körben und Koffern drängen sich die »Hamsterer« in überdachte Güterwagen der Reichsbahn. Viele sind mit Fahrrädern oder zu Fuß unterwegs – alle in der Hoffnung, von einem Bauern gegen Ware etwas Eßbares zu ergattern. Die Städter offerieren das, was ihnen geblieben ist: die Armbanduhr, Eßbestecke, Teppiche, Porzellan, Textilien ... In dieser Zeit entsteht das böse Wort vom »Teppich im Kuhstall«. Vielfach ist dabei übersehen worden, daß ja auch die Bauern sich all das, was sie brauchten, beschaffen mußten. Nur per Tausch können sie Milchkannen, Ersatzteile oder gar neue Maschinen erstehen.
Und noch etwas zieht die Menschen aufs Land – das Stoppeln. Nach der Ernte ist es guter Brauch, hinter den Bauern über die Äcker zu ziehen und nach liegen gebliebenen Kartoffeln oder Ähren zu suchen. Viele gehen 30, 40, 50 Kilometer – und kehren am Abend, ohne etwas »kompensiert« zu haben, nach Hause zurück. Und diejenigen, die mit schwarzer Ware im Rucksack unterwegs sind, leben immer in der Angst, erwischt zu werden, denn solcherlei Geschäfte sind strengstens verboten.
Nur jene, die diese Zeit mitgemacht haben, wissen, was es heißt, genug zum Essen auf dem Tisch zu haben. Nur sie können ermessen, mit welchen Belastungen und Entbehrungen es verbunden ist, in einem Land zu leben, in dem die Not regiert. Die Frauen und Männer jener Generation, die auf den Trittbrettern hoffnungslos überfüllter Züge ausgeharrt haben, die zwei, drei Tage kreuz und quer durch Deutschland gehastet sind, um das, was sie hatten, gegen das, was sie brauchten, zu tauschen, werden später der Motor dessen, was sie stolz als ihre Leistung bezeichnen werden – das Wirtschaftswunder.

Drittens: Die neue Ordnung

Die Zielstrebigkeit, die Zähigkeit und der Fleiß, mit dem die Deutschen den Karren wieder aus

dem Dreck ziehen und die Wirtschaft schon bald auf vollen Touren laufen lassen, wäre nicht möglich gewesen, wenn nicht die Rahmenbedingungen zur Entfaltung der Kraft des einzelnen geschaffen worden wären.
Noch 1947 beschließt die CDU mit dem Ahlener Programm, das auch Konrad Adenauers Handschrift trägt, ein Ordnungsmodell, das deutlich sozialistische Züge trägt. Schon im ersten Satz heißt es da: »Das kapitalistische Wirtschaftssystem ist den staatlichen und sozialen Lebensinteressen des deutschen Volkes nicht gerecht geworden.« Die neue Ordnung müsse davon ausgehen, »daß die Zeit der unumschränkten Herrschaft des privaten Kapitalismus vorbei ist...«
Doch schon bald setzt sich Ludwig Erhards Vorstellung von einer sozialen Marktwirtschaft durch. In seiner ersten Rede vor der Vollversammlung des Wirtschaftsrats am 21. April 1948 betont er unmißverständlich: »Die Richtung ist klar, die wir eingeschlagen haben – die Befreiung von der staatlichen Befehlswirtschaft, die alle Menschen in das entwürdigende Joch einer alles Leben überwuchernden Bürokratie zwingt, die jedes Verantwortungs- und Pflichtgefühl, aber auch jeden Leistungswillen abtöten und darum zuletzt den frömmsten Staatsbürger zum Rebellen machen muß... Im Konkreten heißt das, daß wir nach der Währungsreform dem menschlichen Willen und der menschlichen Betätigung sowohl nach der Produktions- als auch nach der Konsumseite hin wieder größeren Spielraum setzen und dann auch automatisch dem Leistungswettbewerb Möglichkeiten zur Entfaltung eröffnen müssen.«
Daß sich Erhards Konzept schließlich durchsetzt, liegt einfach und allein in seinem Erfolg begründet. Mit schockierender Kühnheit wendet er seine Theorien in der Praxis an. Seine Rechnung geht auf. Seit dem Beginn des Ersten Weltkriegs haben die Deutschen erfahren, was es heißt, entbehren zu müssen, viele haben durch Inflationen und Kriegseinwirkung ihr ganzes Hab und Gut verloren. Nun will man endlich einmal in Ruhe und Frieden leben und genießen können.
Dieser geheime Wunsch wird zum Erfolgsgeheimnis, zur Antriebskraft der Marktwirtschaft. Binnen so kurzer Zeit ist es einer Wirtschaftstheorie selten gelungen, nicht nur überzeugende Fortschritte in der Praxis vorweisen zu können, sondern auch mehrheitlich die Zustimmung des Volkes zu gewinnen. Wilhelm Röpke, neben Walter Eucken, Alfred Müller-Armack und Franz Böhm einer der Mitbegründer des Neoliberalismus, schrieb darüber wenige Monate nach der Währungsreform: »Dem Nationalökonomen bietet sich heute eine einzigartige Gelegenheit, die Richtigkeit einiger seiner wichtigsten Lehren an Erfahrungen nachzuprüfen, die nahezu die Beweiskraft eines naturwissenschaftlichen Experiments haben. Er braucht nur mit offenen Sinnen und ohne ideologische Scheuklappen durch Europa zu reisen, um vor allem immer wieder aufs neue zu studieren, wie sich im Wirtschaftsleben eines Landes die lähmende Unordnung stiftende Wirtschaftsmethode des Kollektivismus oder die belebende und ordnende der Marktwirtschaft bemerkbar macht. Der Unterschied ist so eindrucksvoll, daß dahinter zunächst alles andere zurücktritt, und die Überlegenheit der Marktwirtschaft ist so gewaltig, daß alle Sorgen, Probleme und Unvollkommenheiten, mit denen so gut wie jedes der dem Kollektivismus grundsätzlich abholden Länder Europas zu kämpfen hat, jene Überlegenheit nicht mehr erschüttern können, so ernst sie auch genommen werden müssen.« Die meisten Deutschen müssen das so ähnlich empfunden haben. Denn von wenigen Rückschlägen abgesehen, geht es von nun an bergauf. Die neue Ordnung wird nach ersten ernsthaften Protesten im Verlauf der fünfziger

Jahre sogar von den Gewerkschaften und der SPD akzeptiert. Erhards Erfolge lassen jede Kritik verstummen. Das Timing ist glänzend, denn die Übereinstimmung zwischen der seelischen Verfassung des Volkes und der Wirtschaftspolitik kann nicht besser sein.
Die Währungsreform verändert alles. Sie ist ein Urerlebnis wie der Zusammenbruch wenige Jahre zuvor, nur mit umgekehrtem Vorzeichen. Der Historiker und Journalist Heinrich Jaenicke dazu: »Sie war der große Schnitt, die Erlösung aus dem Elend, der Beginn eines ›neuen‹ Lebens. Eine ganze Generation teilte die Nachkriegsjahre später in die Zeit ›vor der Währung‹ und die Zeit ›nach der Währung‹. Die Kopplung von harter Währung und radikalem Freihandel hatte den Effekt eines Dammbruchs: Sie ließ die aufgestaute Energie von 50 Millionen hungrigen Deutschen los, die nur noch ein Ziel kannten – aufbauen und leben. Das ›Wirtschaftswunder‹ nahm seinen Anfang, die westdeutsche Leistungsgesellschaft formierte sich . . .«

21

23

24

»Das kann doch einen Schipper nicht erschüttern« (21). Inmitten von Ruinen und Trümmern gehört schon eine gute Portion Galgenhumor dazu, dieses abgewandelte Seemannslied auf eine Lore mit Schutt zu schreiben. In den zerbombten Städten leben Millionen von Menschen in Notunterkünften (Nissenhütten), die nur unzulänglich gegen Kälte isoliert sind (23). Viele Familien sind damals noch auseinandergerissen. Während die Männer in Gefangenschaft darben, als vermißt gelten oder in Internierungslagern auf die Freilassung warten, versuchen die Frauen ihre Restfamilie unter teilweise menschenunwürdigen Bedingungen »durchzubringen« (22, 24).

25

26

27

Die wenigen Züge, die nach Kriegsende den Verkehr wiederaufnehmen, bestehen aus uralten Wagen und sind meist so überfüllt, daß ein Teil der Reisenden auf Dächern, Trittbrettern und Puffern Platz nehmen muß (27). Eine Fahrt konnte wegen der vielen Umwege, die infolge von gesprengten Brücken, Tunnels und Gleisanlagen notwendig waren, tagelang dauern.

Da die normale Versorgung weitgehend zusammengebrochen war, versuchte jeder für sich selbst und seine Familie aufzukommen. Es wurde Ware gegen Ware auf dem Schwarzen Markt getauscht. Kompensieren nannte man das damals. Wer erwischt wurde, mußte mit harten Strafen rechnen. Doch auch die zahlreichen Razzien (26) der Polizei, wie hier in Berlin, konnten den illegalen Handel nicht eindämmen.
Und wenn einmal ein Zug stehenblieb oder die S-Bahn infolge eines Stromausfalls nicht weiterfuhr, mußte der weitere Heimweg zu Fuß angetreten werden (25) – mit oft schweren Koffern und Säcken beladen, in denen man Waren zum Kompensieren hatte und das »gehamsterte« Gut verwahrte.

28

Den Deutschen und der deutschen Industrie mangelte es in den Jahren von 1945 bis 1948 an allem. Weil viele Produktionsanlagen zerstört waren, wichtige Maschinen als Demontagegut abtransportiert wurden, mußte man sich behelfen, so gut es nur ging. Gefragt war derjenige, der improvisieren konnte. Da Rohstoffe fehlten, nahm man mit dem vorlieb, was da war. Aus Granaten wurden Kannen gemacht (28), aus Fliegerbomben stellte man Kinderbadewannen her (29), und aus anderem Kriegsmaterial fertigten findige Köpfe Kanonenöfen (30).

29

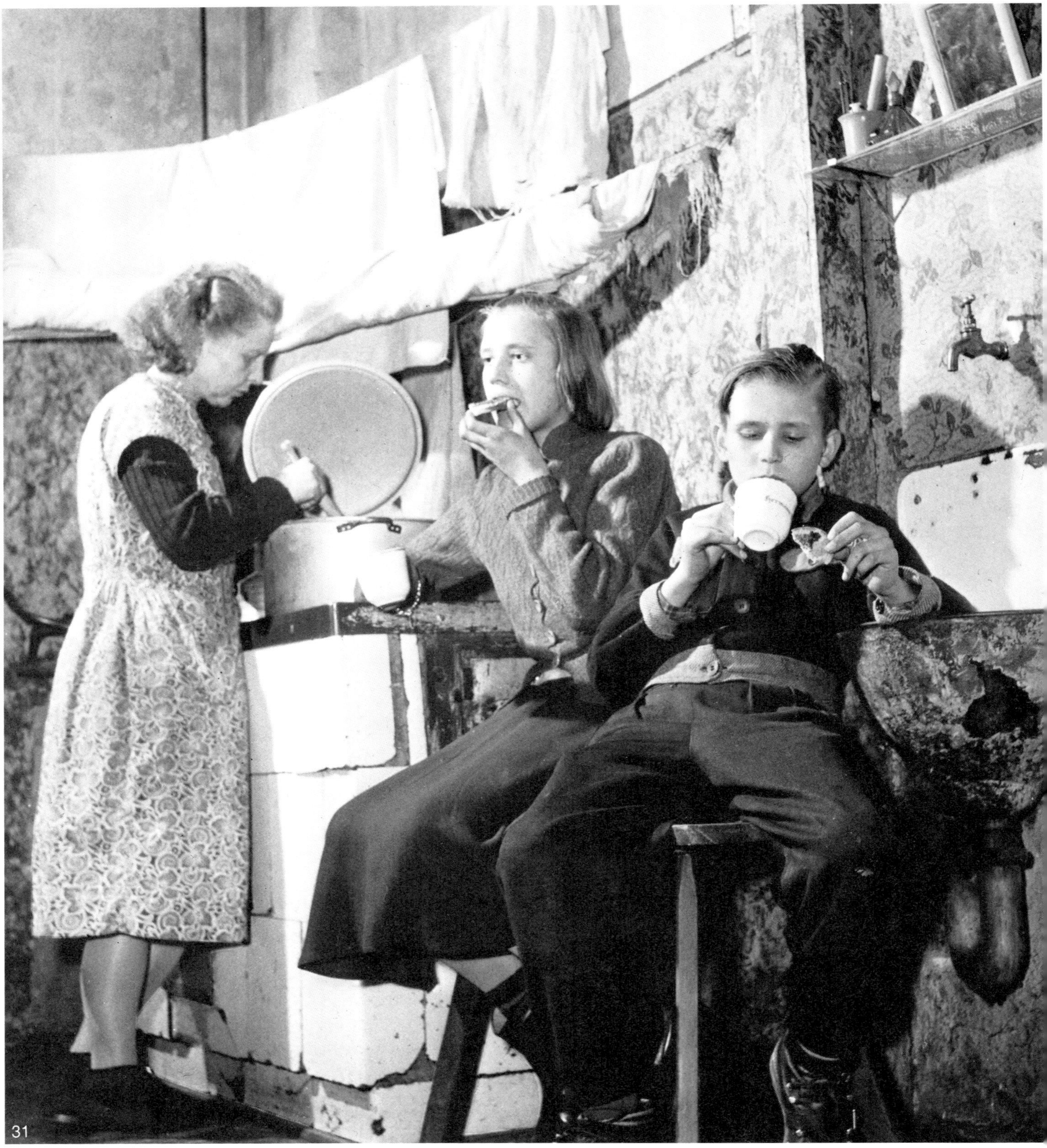

31

Zu einem unfreiwilligen Überlebenstraining wurde für viele Familien die Nachkriegszeit, vor allem für die Flüchtlinge und Ausgebombten. Bis Mitte der fünfziger Jahre mußten unzählige Angehörige dieser Bevölkerungsgruppe in Notunterkünften und Baracken leben. Auf engstem Raum spielte sich das Leben ab. Familien mit fünf und mehr Personen hausten oft in einem Raum, in dem gekocht, geschlafen und gearbeitet wurde (31, 32). Während auf dem Herd das Essen dampfte, wurde gleich nebenan geputzt, an den Schularbeiten gefeilt und mit Schneidern Geld verdient. Daß in dieser Lage der Wunsch übermächtig wurde, nur raus aus diesem Elend zu kommen, ist verständlich. Eine ganze Generation ist davon geprägt worden. Hauptsache, die wirtschaftliche Seite stimmte; von der Politik wollten die wenigsten etwas wissen.

LITTAUER

Der Tag, auf den alle gewartet haben, der 21. Juni 1948. Mit der Währungsreform beginnt für die Chronisten das, was später als das deutsche Wirtschaftswunder in die Geschichte eingegangen ist. Die Menschen, die in langen Schlangen geduldig auf das neue Geld warten (33) oder um die beste Position rangeln, wie hier in München vor einer Umtauschstelle in der Elisabethschule (35), hoffen, daß mit der Einführung der Deutschen Mark die Schwarzmarktzeit ein Ende haben wird. Ludwig Erhard, der spätere Wirtschaftsminister der Bundesrepublik, vertraut auf seine Maßnahmen, die er lange vor der Währungsreform in die Wege geleitet hat. Und er setzt auf die soziale Marktwirtschaft, mit der er die Kartelle zu bändigen, den Wettbewerb zu fördern und Wohlstand für alle zu schaffen verspricht.
Mit 40 Mark haben wir alle angefangen, wird es später einmal heißen, denn an diesem bewußten 21. Juni erhält jeder Deutsche 40 Mark neues Geld gegen Abgabe von 60 Reichsmark, die, wie hier im Tresor der Hamburger Sparkasse (34), »eingemottet« werden. Die Ersparnisse und Rücklagen eines ganzen Volkes waren über Nacht zu Makulatur geworden. Mit 40 Mark fingen aber nur diejenigen an, die nichts hatten. Die Hausbesitzer, Unternehmer und an Sachwerten reichen Leute konnten jederzeit ihr Vermögen kapitalisieren. Angeblich soll es schon wenige Stunden nach Öffnung der Umtauschbüros den ersten DM-Millionär gegeben haben.

33

34

35

36

Der Tag X ist da. In den Schaufenstern liegen über Nacht wieder jene Waren, die man sich zuvor überhaupt nicht oder nur für viel Geld über den Schwarzen Markt besorgen konnte. Händler und Firmen haben bis zum Tag der Währungsreform viele Güter gehortet, die sie nun auf den Markt bringen. Staunend stehen die Deutschen vor den Auslagen der Geschäfte. Aber die neue Währung bringt auch neue Preise (36) und das Ende der Zwangsbewirtschaftung. Mit den 40 Mark »Kopfgeld« kann man keine großen Sprünge machen. Auch das Angebot ist noch recht mager, die Sehnsucht nach einem Paar neuer Schuhe (38) oder einem modischen Kleid jedoch um so größer (37). Die deutsche Modeindustrie wird sich schnell den Bedürfnissen ihrer Kunden anpassen. Schon bald flanieren Frauen, gekleidet nach dem »dernier cri« aus Paris, über die noch die Spuren des Krieges aufweisenden Paradestraßen der Großstädte.

37

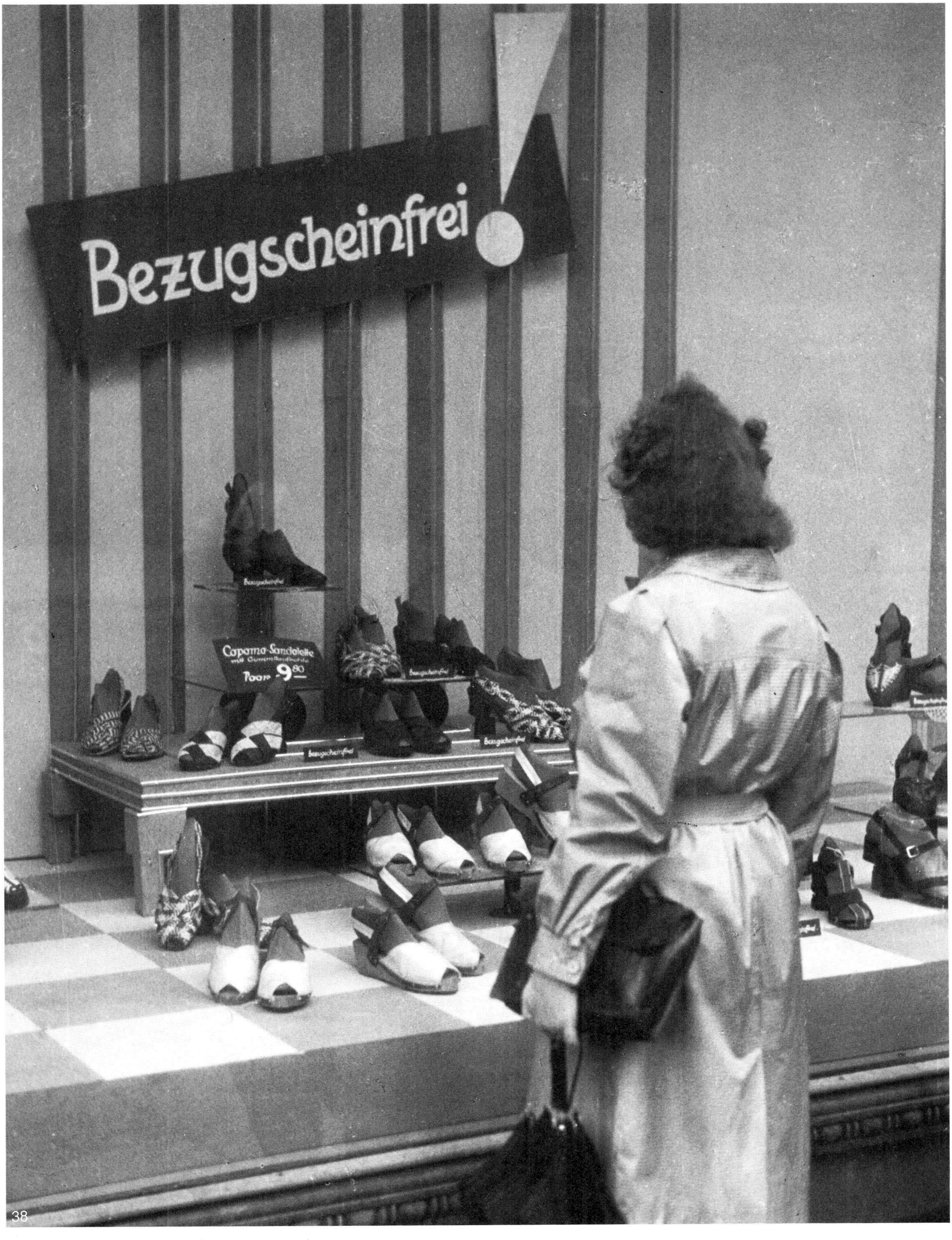
Bezugscheinfrei

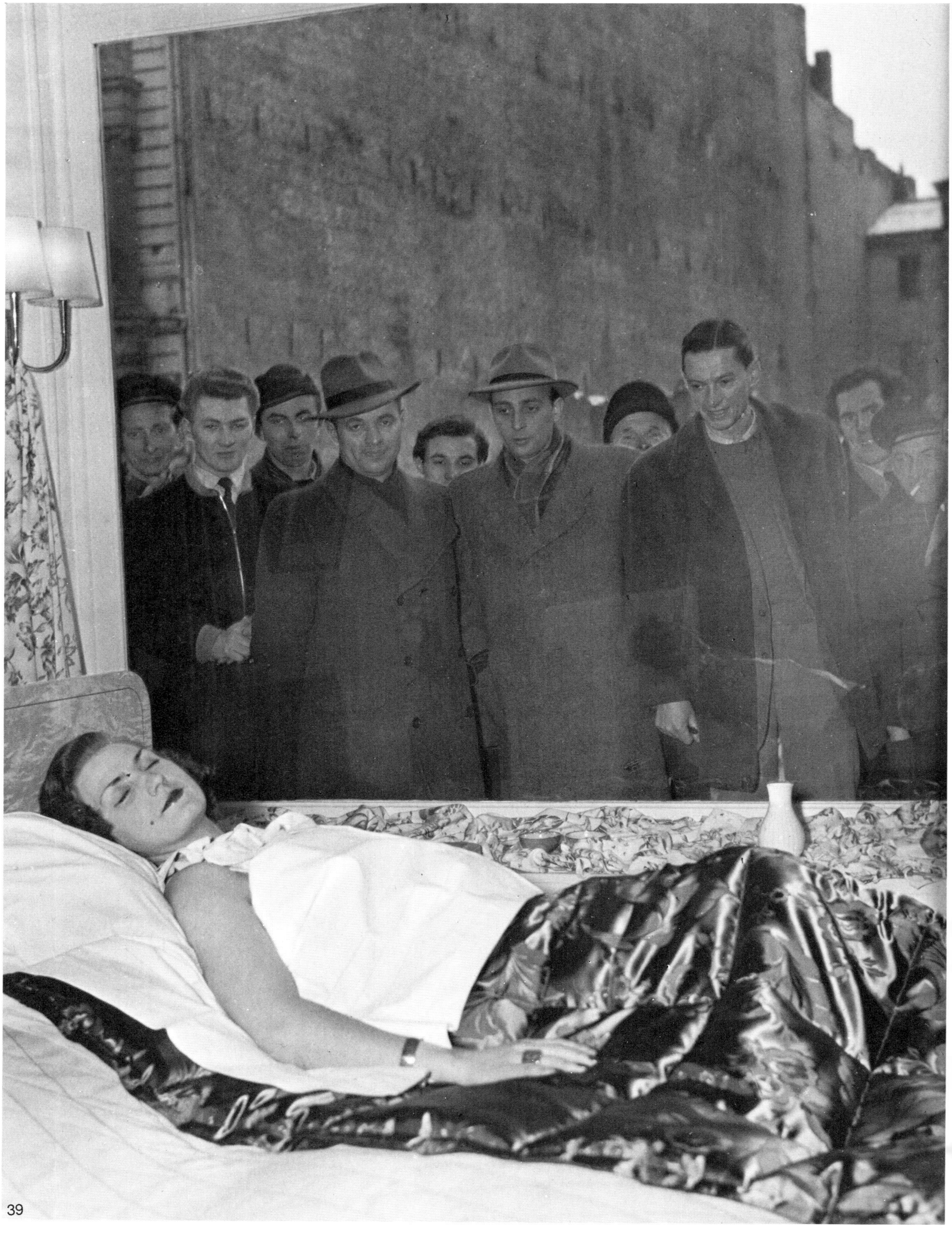

39

40

In einem zu einem Schlafzimmer umfunktionierten Schaufenster demonstriert ein Möbelgeschäft die Vorzüge von Bett und Inhalt (39). Der Erfolg scheint in diesem Fall nur bei Männern überwältigend. Völlig neue Verkaufsideen praktizieren auch diese fliegenden Uhrenverkäuferinnen (40), die vor einer Großbaustelle ihre Waren anpreisen. Die neue Uhr war eines der ersten großen Statussymbole des Wirtschaftsbooms.

Viel Wert wurde in den Gründerjahren der Bundesrepublik auch auf eine »standesgemäße« Wohnungseinrichtung gelegt. Musiktruhe und Schallplattenspieler (41) standen in hoher Käufergunst. Stolz präsentiert diese junge Dame ihren neuerworbenen Apparat.

Wie »sozial« war die »soziale« Marktwirtschaft?

Frank Grube und Gerhard Richter

Das Ahlener Programm der CDU in der britischen Zone ist Ausdruck der breiten antikapitalistischen Grundstimmung, die nach dem Zusammenbruch des Dritten Reiches auch in den bürgerlichen Parteien herrscht, und gibt am Tag seiner Verabschiedung (3. Februar 1947) die Haltung einer großen Mehrheit der Bevölkerung wieder, die einer neuen Wirtschafts- und Sozialverfassung aufgeschlossen gegenübersteht.
Die programmatischen Meinungsverschiedenheiten zwischen der sich gerade formierenden CDU und der SPD sind zu diesem Zeitpunkt auf ein Minimum zusammengeschrumpft; vor dem Hintergrund der allgemeinen Not fordert die CDU in Anlehnung an die SPD eine »Neuordnung von Grund auf«: »Wir fordern Vergesellschaftung der Bergwerke . . . Auch bei der eisenschaffenden Industrie ist der Weg der Vergesellschaftung zu beschreiten . . .«
Noch ist der Industrieplan des Kontrollrats vom 28. März 1946 in Kraft, der besagt, daß das Industrieniveau insgeamt »auf 50 bis 55 Prozent des Vorkriegsstandes von 1938 herabgesetzt« werden soll. Noch ist der unerwartet große Rückgang des Produktionsniveaus zu spüren, bei den Investitionsgütern sinkt die Produktion zwischen Dezember 1946 und Februar 1947 um mehr als 85 Prozent – im »Hungerwinter« 1946/47 droht der Kollaps der gesamten Wirtschaft.

Die »Düsseldorfer Leitsätze«

Ganz anders die Situation im Sommer 1949: Die Industriepläne für die westlichen Besatzungszonen sind längst revidiert worden, die Außenminister der drei westlichen Großmächte kommen während einer Konferenz in New York überein, 159 große Industriewerke endgültig von der noch bestehenden Demontageliste zu streichen und den Deutschen wieder den Bau beziehungsweise die Herstellung von Aluminium, Kugellagern, schweren Traktoren und größeren Schiffstypen zu gestatten. Die Produktionsquote für Stahl wird auf 11,1 Millionen Jahrestonnen heraufgesetzt.
In den drei Westzonen kursiert seit einem Jahr die neue DM-Währung, die vom ehemaligen Direktor für Wirtschaft in der Bi-Zone, Ludwig Erhard, verkündete »soziale Marktwirtschaft« wird als wesentlicher Programmpunkt in den »Düsseldorfer Leitsätzen« der CDU vom 15. Juli 1949 verankert: »Die ›soziale Marktwirtschaft‹ ist die sozial gebundene Verfassung der gewerblichen Wirtschaft, in der die Leistung freier und

tüchtiger Menschen in eine Ordnung gebracht wird, die ein Höchstmaß an wirtschaftlichem Nutzen und sozialer Gerechtigkeit für alle erbringt . . . Echter Leistungswettbewerb liegt dann vor, wenn durch eine Wettbewerbsordnung sichergestellt ist, daß bei gleichen Chancen und fairen Wettkampfbedingungen in freier Konkurrenz die bessere Leistung belohnt wird . . . Marktgerechte Preise sind Motor und Steuerungsmittel der Marktwirtschaft . . .«

Vier Wochen nach Verkündigung der »Düsseldorfer Leitsätze« wird die CDU in den Wahlen zum Ersten Deutschen Bundestag stärkste Fraktion. Auf Vorschlag des Bundespräsidenten wählt der Bundestag am 15. September 1949 Konrad Adenauer zum Bundeskanzler; Ludwig Erhard, der Prophet der »sozialen Marktwirtschaft«, erhält das Wirtschaftsressort. Der von ihm wesentlich formulierte wirtschaftspolitische Teil der ersten Regierungserklärung Adenauers sieht in erster Linie die Ankurbelung des öffentlichen und privaten Wohnungsbaus, Lastenausgleich, Senkung der Einkommensteuer sowie als drängendstes Problem die Eingliederung der 12 Millionen Flüchtlinge und Vertriebenen aus den deutschen Ostgebieten, die Versorgung von Millionen Kriegsopfern und von Kriegsfolgen besonders belasteter Bürger vor. Die marktwirtschaftliche Ordnung betrachtet das Kabinett Adenauer als Grundlage zur Lösung dieser beinahe unüberwindlich scheinenden Probleme – eine weitere Bewährungsprobe der sozialen Marktwirtschaft steht bevor.

Erste Schritte zur europäischen Integration

Die Ausgangsbedingungen sind im Herbst 1949 nicht schlecht: Schon im Kommuniqué der Londoner Sechs-Mächte-Besprechungen über Deutschland, zu denen die Sowjetunion nicht mehr eingeladen ist, wird am 6. März 1948 festgehalten, daß die drei Westmächte übereingekommen seien, »zwischen ihnen und den Besatzungsbehörden in Westdeutschland eine enge Zusammenarbeit in allen Angelegenheiten herbeizuführen, die sich aus dem europäischen Wiederaufbauprogramm in bezug auf Westdeutschland ergeben . . .« Man beschließt weiterhin, den drei Regierungen zu empfehlen, daß die vereinigten Zonen und die französische Zone voll am Wiederaufbauprogramm beteiligt werden. Schon vier Wochen später wird es konkret: Nach Verhandlungen zwischen den USA und 16 europäischen Empfängerländern unterzeichnen die westeuropäischen Länder sowie die Oberkommandierenden der drei westdeutschen Besatzungszonen am 16. April 1948 in Paris ein Abkommen zur wirtschaftlichen Zuammenarbeit in Europa (ERP = European Recovery Program), und die Unterzeichnerstaaten finden sich in der OEEC (Organization for European Economic Cooperation) zusammen. Nach Wiedererlangung der Souveränität soll Westdeutschland eigene Vertreter in dieses Gremium entsenden.

Das GARIOA-Nothilfeprogramm

Der Gedanke eines umfassenden Hilfsprogramms für die europäischen Staaten, wie sie der General und spätere US-Außenminister George Marshall formuliert hatte, nimmt nunmehr Gestalt an. Die gegenseitige Hilfeleistung der europäischen Staaten unter Einschluß der besetzten Westzonen Deutschlands ist eine Voraussetzung der amerikanischen Hilfe; weiterhin verpflichten sich die OEEC-Staaten zur Lockerung von Handels- und Zahlungsbeschränkungen, zur Herabsetzung von Zöllen und zur Bildung von Zollunionen und Freihandelsgebieten.

Die ersten Warenlieferungen aus Marshallplan-Mitteln laufen im Herbst 1948 an. Von den rund

13,9 Milliarden Dollar, die die USA bis 1952 den Empfängerstaaten zur Verfügung stellen, entfallen auf Westdeutschland rund 1,56 Milliarden Dollar. Parallel zum gezielten Wiederaufbauprogramm aus Marshallplan-Mitteln läuft noch das amerikanische GARIOA-Hilfsprogramm (Government and Relief in Occupied Areas), eine heute fast in Vergessenheit geratene Aktion der amerikanischen Militärbehörden, mit der vorzugsweise Nahrungsmittel und Güter für den Agrarbedarf (Saatgut, Düngemittel) in die westlichen Besatzungszonen eingeführt werden.
Das GARIOA-Nothilfeprogramm übersteigt sogar noch die Marshallplan-Mittel und umfaßt rund 1,6 Milliarden Dollar, dennoch sind die Marshallplan-Lieferungen für die Stabilisierung des westdeutschen Wirtschaftssystems von weitaus größerer Bedeutung, denn aus diesen Mitteln werden überwiegend industrielle Rohstoffe und Fertigwaren, Maschinen, Fahrzeuge, Treibstoffe eingeführt – zu mehr als 80 Prozent aus den USA.
Neben der unmittelbaren Devisenhilfe für die Finanzierung dieser Importe hat der Marshallplan besondere Bedeutung für die Investitionsplanung der westdeutschen Wirtschaft: Deutsche Importeure leisten ab 1948 für die durch Marshallplan-Mittel eingeführten und kreditierten Waren Zahlungen in Deutscher Mark, die auf einem Sonderkonto verbucht werden. Diese sogenannten »Gegenwertmittel« werden anschließend der westdeutschen oder West-Berliner Wirtschaft als dringend benötigte Investitionskredite zur Verfügung gestellt. Die eingehenden Tilgungen und Zinszahlungen werden wiederum im ERP-Fonds »gehortet« und nochmals zur Finanzierung von Investitionen im Produktionsgüterbereich ausgeliehen. Zwischen 1949 und 1952 werden so durchschnittlich acht Prozent der Netto-Investitionen finanziert. Ein auf den ersten Blick zwar unerheblicher Anteil, der für die Stabilität und das Wachstum der jungen westdeutschen Wirtschaft aber um so bedeutsamer ist, weil diese Mittel in Bereichen mit geringer Selbstfinanzierungskraft eingesetzt werden und vielfach als Initialzündung für den gesamtwirtschaftlichen Aufschwung in dieser Phase wirken.

Erhards gezielte Steuerpolitik

Neben dieser Finanzierung aus ERP-Sondermitteln – die bis Ende 1975 übrigens rund 35 Milliarden DM ausmachen – steht nach der Währungsreform das System der »Selbstfinanzierung« für die meisten Unternehmen im Vordergrund: Der Kapitalmarkt liegt völlig darnieder, ausländische Anleger bringen keine Mittel ins Land, da das Vertrauen in die neue Deutsche Mark noch nicht sehr stark ist.
Die Eigenfinanzierung aus Gewinnen und Abschreibungen macht Erhard durch eine gezielte Steuerpolitik möglich, die – im Gegensatz zu den Prinzipien der »sozialen« Marktwirtschaft – bewußt die Kapitalbesitzer bevorzugt, so daß der Zuwachs an Volkseinkommen in hohem Maß diesen Kapitaleigentümern zufließt. Schon das »Gesetz über die Eröffnungsbilanz in Deutscher Mark und Kapitalneufestsetzung« vom August 1948 gestattet den Unternehmen, ihr Betriebsvermögen bewußt hoch zu bewerten, was wiederum große Abschreibungsmöglichkeiten ermöglicht. Die noch von den Besatzungsmächten erlassenen Steuersätze werden revidiert, indem die Besteuerung für höhere Einkommen herabgesetzt wird, um dadurch zusätzliche Investitionsanreize zu schaffen. Die Priorität der privaten Kapitalbildung geht zu diesem Zeitpunkt davon aus, daß – unter Wahrung der überkommenen Besitzverhältnisse – zunächst die Wirtschaft wiederaufgebaut werden muß, bevor auch sozialpolitische Maßnahmen zur Linderung der großen allgemeinen Not ergriffen werden können.

War die Kapitalbildung der Industrie zunächst durch ERP-Mittel und eine vorsichtige Steuerung über die Fiskalpolitik ermöglicht worden, so fördert Erhard durch die gezielte Preispolitik den Konsumgütersektor. Unmittelbar vor Verkündigung der Währungsreform nimmt der Wirtschaftsrat der Bi-Zone ein durch Erhard eingebrachtes »Gesetz über die wirtschaftspolitischen Leitsätze nach der Geldreform« an, das es ihm ermöglicht, Warenbewirtschaftung und Preisvorschriften soweit wie möglich aufzuheben. Die Gewerkschaften der Westzonen rufen daraufhin zu einem 24stündigen Generalstreik auf, denn der von den Alliierten noch aus der NS-Zeit übernommene Lohnstopp gilt weiter bis zum 3. November 1948.

Zwar bleiben die Preise für Grundnahrungsmittel und Mieten zunächst kontrolliert, dafür werden der Kohlenpreis und Verkehrstarife sowie die Preise für ausgesprochene Konsumwaren nicht weiter behördlich geregelt. Die lange zurückgestaute Nachfrage übersteigt zu diesem Zeitpunkt bei weitem das Angebot, und im zweiten Halbjahr 1948 steigen die Lebenshaltungskosten um 14 Prozent.

Diese zusätzliche Selbstfinanzierung über die Preise wird von den Gewerkschaften und der SPD scharf kritisiert, zumal in diesen Monaten auch die Zahl der Arbeitslosen steigt. Der SPD-Vorsitzende Schumacher nennt Erhards marktwirtschaftliche Konzeption eine »Politik der Reprivatisierung und Restauration früherer Verhältnisse« und verlangt staatliche Subventionen gegen Arbeitslosigkeit, ein gerechteres Steuersystem, das die Arbeiter nicht weiter benachteiligt. Doch die entscheidende Macht in diesem Kräftespiel verhält sich abwartend – die Gewerkschaften üben sich in Lohndisziplin. Die Gründe dafür sind offensichtlich: Angesichts steigender Arbeitslosenzahlen, bedingt aus dem Zuwanderungsüberschuß aus den ehemaligen Ostgebieten und der Ostzone, ist Solidarität klein geschrieben; wer überhaupt Arbeit findet, akzeptiert auch schlechtere Bedingungen. Im April 1949 beträgt der Anteil der Vertriebenen und Flüchtlinge an der Gesamtbevölkerung rund 16 Prozent, ihr Anteil bei den Arbeitslosen aber immerhin knapp 40 Prozent!

Reparationen und Demontagen

Zu diesem Zeitpunkt spielt das Problem der alliierten Demontagen und Reparationslieferungen in der Öffentlichkeit eine große Rolle. Die Zahl der nach dem ersten alliierten Industrieplan vom März 1946 zur Demontage vorgesehenen Anlagen war noch sehr hoch (1800 Industriewerke) und wurde erst im revidierten Industrieplan vom August 1947 um etwa 1000 geringer, im April 1949 waren es dann nur noch etwa 700 Anlagen, die demontiert oder zerstört werden sollten.

Die hierdurch verursachte Kapazitätsminderung der deutschen Industrie wäre beträchtlich gewesen, sieht man einmal davon ab, daß durch tatsächlich durchgeführte Demontagen etwa vier bis fünf Prozent der Produktionskapazität in den Westzonen fehlte. Da wesentlich die strategische Produktion jener Industriezweige gemindert werden sollte, die während des Zweiten Weltkrieges überproportional gewachsen war (Flugzeug-, Elektro-, Kugellager- und chemische Industrie), konnte nicht davon gesprochen werden, daß diese Kapazitäten für die Versorgung des nunmehr »friedlichen« Inlandmarktes gefehlt hätten.

Das Problem stellt sich im Herbst 1949 vielmehr als psychologisch-politische Frage. Wie soll die Bevölkerung Vertrauen zu den neuen westlichen Verbündeten und in einen wirtschaftlichen Aufschwung gewinnen, wenn andererseits sozusagen das Rückgrat der deutschen Schwerindustrie ge-

brochen wird: Demontage oder Stillegung der August Thyssen-Hütte in Hamborn, der Dortmund-Hörder Hüttenwerke oder der ehemaligen Hermann Göring-Werke bei Salzgitter.
Im Petersberger Abkommen vom 22. November 1949 wird auch diese für die westdeutsche Öffentlichkeit so bedeutsame Frage gelöst: Mit der umstrittenen Mitarbeit der deutschen Seite in der interalliierten Ruhrbehörde handelt sich Adenauer das Versprechen der Alliierten ein, die Demontagen weitgehend einzustellen. Damit waren nicht nur die großen Werke der Eisen- und Stahlindustrie gerettet, sondern vor allem auch die chemische Großindustrie wie die Farbenfabriken Bayer, Chemische Werke Hüls, IG-Farbenwerke und die Gelsenberg Benzin AG.
Für den Beitritt zur Ruhrbehörde, die etwa 40 Prozent der westdeutschen Industriekapazität überwacht und verteilt, handelt sich Adenauer in einer erregten Bundestagsdebatte von Oppositionsführer Kurt Schumacher den Vorwurf »Bundeskanzler der Alliierten« ein, doch die im Bundestag einlaufenden Glückwunschtelegramme aus allen Bereichen der Bevölkerung sprechen für sich – sogar der Deutsche Gewerkschaftsbund läßt es sich nicht nehmen, Adenauer zum Demontagestopp ausdrücklich zu beglückwünschen.

Zwei Millionen Arbeitslose

Als das erste Kabinett Adenauer im September 1949 seine Arbeit aufnimmt, sind 8,8 Prozent von 13,6 Millionen Beschäftigten arbeitslos, im Februar 1950 steigt ihr Anteil auf 13,5 Prozent, das sind knapp zwei Millionen Menschen.
Die Ursachen hierfür liegen auf der Hand: Die Marshallplan-Unterstützung kann nicht so schnell wirken, der nach der Währungsreform erfolgte »Kaufrausch« ist verebbt, die Arbeitsproduktivität sackt infolge fehlender Investitionsmittel ab, die von der Industrie dringend benötigten Rohstoffe können mangels Devisen nicht in ausreichendem Maße eingeführt werden, wegen des Verlustes der Ostgebiete und angesichts wachsender Flüchtlings- und Vertriebenenzahlen müssen große Mengen Ernährungsgüter importiert werden, sie machen 1949 knapp die Hälfte aller Importe nach Westdeutschland aus. Zudem ist die Kaufkraft der Arbeitnehmer zu diesem Zeitpunkt äußerst gering: Im Herbst 1949 liegt der Bruttostundenlohn des Industriearbeiters bei 1,20 DM, der Wochenlohn bei brutto 55 DM. Da die öffentlichen Haushalte durch die Unterstützung von Arbeitslosen, Vertriebenen und Flüchtlingen sowie Kriegsopfern stark angespannt sind, steigt die Steuerlast der Arbeitnehmer entsprechend und erreicht 1949 bereits 31,5 Prozent vom Bruttolohn. An realer Kaufkraft bleibt da wenig, und die Erhardsche Wirtschaftspolitik wird um die Jahreswende 1949/50 zu einem Wettlauf mit der Zeit.
Ende Februar 1950 klettert die Zahl der Arbeitslosen an die magische Zwei-Millionen-Grenze, Erhard läßt im Wirtschaftsministerium Pläne zur staatlichen Investitionsankurbelung mit einem Gesamtvolumen von knapp 5,5 Milliarden Mark erarbeiten. Doch ehe diese staatliche Intervention greifen kann, bringen außenpolitische Vorgänge weitab der europäischen Szenerie den westdeutschen Exportmotor zum Laufen: Am 25. Juni 1950 bricht der Korea-Krieg aus, der die Nachfrage nach deutschen Investitionsgütern und Kohle in die Höhe treibt. Der Wachstumsschub kommt das erste Mal seit dem wirtschaftlichen Zusammenbruch aus dem westlichen Ausland, in dem die Industrie in erhöhtem Maße für die Rüstung arbeitet.
Westdeutschland hat als fast einziger westlicher Industriestaat freie Kapazitäten anzubieten, der Siegeszug deutscher Produkte auf dem Weltmarkt beginnt. In den ersten Monaten nach

Ausbruch des Korea-Kriegs steigt die industrielle Produktion um jeweils sieben Prozent, im Herbst 1950 liegt die Produktion um ein Drittel über dem Vergleichsstand des Vorjahres. Die Zahl der Beschäftigten nimmt 1950 um rund eine Million zu, dennoch geht der prozentuale Anteil von Arbeitlosen nicht gleichzeitig zurück, da der Zustrom aus dem Osten weiterhin anhält. Im Frühjahr 1951 erklärt sich die Bundesregierung gegenüber der Alliierten Hohen Kommission bereit, knapp gewordene Rohstoffe und Fertigwaren keinen weiteren Ausfuhrbeschränkungen zu unterwerfen sowie einen höheren inländischen Verbrauch dieser Produkte zu unterbinden. Der nach modernsten Erkenntnissen durchgeführte Wiederaufbau zerstörter oder demontierter Produktionsstätten beginnt sich auszuzahlen: Westdeutschland liefert Maschinen und Anlagen mit hohem Standard zu konkurrenzlos günstigen Preisen. Die Kapazitäten sind erstmals voll ausgelastet, so in der Stahlindustrie, die 1949 bereits 11,1 Millionen Tonnen produzieren darf und 1951 stillschweigend auf mehr als 13 Millionen Tonnen angehoben wird.

Doch der Korea-Boom bringt auch negative Folgen für die westdeutsche Wirtschaft, die ein letztes Mal den Erfolg der Erhardschen Wirtschaftskonzeption gefährden sollen: Die internationalen Rohstoffpreise ziehen durch übergroße Nachfrage stark an, und hiervon ist die Bundesrepublik besonders stark betroffen, denn die Hälfte aller Lebensmittel und etwa ein Viertel der Rohstoffe müssen eingeführt werden. Im Herbst 1950 betragen die Schulden der Bundesrepublik bei der Europäischen Zahlungsunion annähernd 300 Millionen Dollar, die Handelsbilanz wird passiv. Es kommt zu Engpässen bei der Eisen- und Stahlproduktion, zum Jahresbeginn 1951 wird der Strom rationiert. Die Ursache hierfür ist die Steinkohleförderung im Ruhrbergbau, die an ihre Kapazitätsgrenze gestoßen ist. Die Schichtleistungen stagnieren auf Grund mangelnder Rationalisierungsmaßnahmen und fehlender Arbeitskräfte – zwar stehen genügend Arbeitswillige zur Verfügung, doch fehlt es an entsprechendem Wohnraum. Mit dem Steuerungsinstrument des Investitionshilfegesetzes vom Januar 1952 soll die gewerbliche Wirtschaft, die bis dahin die Mittel der Selbstfinanzierung über den Preis weidlich genutzt hat, eine Milliarde DM zur Investition im Kohlebergbau, der Wasser- und Energiewirtschaft sowie der Eisen- und Stahlindustrie bereitstellen. In der Zwischenzeit hat sich der Boom an den internationalen Rohstoffmärkten gelegt, die Bundesrepublik verzeichnet Ende 1951 einen Devisenbestand von 1,5 Milliarden DM; ein Jahr später sind es bereits mehr als vier Milliarden!

Von diesem Zeitpunkt an beginnt ein in der deutschen Geschichte beispielloses Wirtschaftswachstum mit jährlichen Produktionssteigerungen von annähernd zehn Prozent und etwa doppelt so hohen Zuwächsen im Exportbereich. Werden 1949 erst Güter im Wert von sechs Milliarden DM exportiert, so sind es 1955 bereits 36 Milliarden DM – immerhin ein knappes Fünftel des gesamten Bruttosozialproduktes.

Stabile Preise und ein Lohn- und Gehaltsschub

Das marktwirtschaftliche Konzept Erhardscher Prägung hat sich seit der Jahreswende 1951/52 endgültig durchgesetzt und dies nicht nur auf Grund des Erfolgs im außenwirtschaftlichen Bereich, sondern auch wegen der offensichtlichen Erfolge im Binnenmarkt: Die Preise stabilisieren sich, gleichzeitig schließt sich die große Lücke zwischen Lohn- und Preisniveau. Mit dem parallel verlaufenden Rückgang der Erwerbslosigkeit sowie einsetzendem Facharbeitermangel in ausgewählten Bereichen ab Mitte der fünfziger Jahre geht ein lange angestauter Lohn- und Gehalts-

schub einher, der jedoch durch die einseitig Kapitaleigner bevorzugende Politik der zurückliegenden Jahre die krassen Einkommensunterschiede nicht wesentlich zu mindern vermag.
Der Bundestagswahlkampf 1953 wird mit vielen wirtschaftspolitischen Argumenten geführt: Erhard kann mit Stolz auf die kontinuierlichen Steigerungsraten in der Produktion und im Export verweisen – das Ausland spricht schon längst vom »deutschen Wirtschaftswunder«. Die Realeinkommen sind seit der Währungsreform um etwa 50 Prozent gestiegen, die Lebenshaltungskosten dagegen haben sich wesentlich stabilisiert, die Arbeitslosenquote sinkt bis kurz vor der Bundestagswahl auf unter eine Million.
Fünf Jahre nach der Währungsreform sind die Kriegsschäden weitgehend beseitigt. Zwar lebt 1950 noch die Hälfte aller Haushaltungen zur Untermiete, doch der schon 1949 einsetzende Bauboom (220 000 Wohnungen, davon 70 Prozent im sozialen Wohnungsbau) mindert auch hier die Probleme erheblich. Ab 1953 werden pro Jahr mehr als eine halbe Million Wohnungen fertiggestellt. Das im März 1950 verabschiedete Wohnungsbaugesetz sieht den Bau von 1,8 Millionen billiger Wohnungen für sechs Millionen Menschen in den nächsten sechs Jahren vor. Der Mietpreis pro Quadratmeter wird mit Hilfe öffentlicher Mittel auf 1 DM heruntersubventioniert. Die Bauwirtschaft ist damit zum Motor der allgemeinen Konjunktur geworden, daneben tritt schon die Automobilindustrie, denn der Bestand an Pkw und Motorrädern ist 1953 bereits höher als 1939. So steigern die Volkswagenwerke 1954/55 ihre Produktion um 36 Prozent und stellen täglich mehr als 1500 Fahrzeuge her. Im Schiffbau wird nach Aufhebung alliierter Beschränkungen bereits 1952 der Vorkriegsstand erreicht. Die Außenhandelsbilanz der Bundesrepublik ist entsprechend positiv: 1952 gibt es erstmals einen Überschuß von 700 Millionen DM, ein Jahr später sind es gut 2,5 Milliarden DM.
Die Ergebnisse der Bundestagswahlen der Jahre 1953 und 1957 spiegeln – neben dem außen- und sicherheitspolitischen Bereich – auch die Übereinstimmung breiter Kreise der Bevölkerung zum eingeschlagenen Kurs in der Wirtschaftspolitik wider. Im September 1953 wächst der Stimmenanteil der Unionsparteien um 14 Prozent, die CDU/CSU erringt die einfache Mehrheit im Deutschen Bundestag. 1957 wird der Wahlkampf unter vornehmlich wirtschaftspolitischen Aspekten geführt. Die Regierungsparteien verweisen auf die Erfolge: die wirtschaftlich stabile Lage mit permanent steigenden Löhnen und Gehältern bei relativ großer Preisstabilität, die weiter zunehmende Massenkaufkraft und das Erreichen der magischen »Vollbeschäftigung« (im Sommer 1955 liegt die Zahl der Arbeitsuchenden unter der 500 000-Grenze, die offenen Stellen werden mit 220 000 angegeben). Erste ausländische Arbeitskräfte müssen für das Baugewerbe und die Landwirtschaft angeworben werden.
Die Wirtschaft läuft 1955 auf vollen Touren: Der Produktionsindex liegt beinahe doppelt so hoch wie 1936; im Verlauf eines Jahres sind 975 000 neue Arbeitsplätze geschaffen worden; 1954 und 1955 hat die industrielle Produktion um insgesamt ein Viertel zugenommen. 1956 besitzt die Bundesrepublik die höchsten Gold- und Devisenreserven der westlichen Welt.

Adenauers großer Wahlsieg

1956 wird die 48-Stunden-Woche auf 45 Stunden reduziert, die weiter zunehmende Produktivität gestattet beträchtliche Lohn- und Gehaltsverbesserungen, die sich in der verstärkten Nachfrage nach Gütern des »gehobenen« Bedarfs niederschlagen. Die Parole »Keine Experimente« kommt der überwiegenden Mehrheit der Wähler entgegen, die das Erreichte zu sichern suchen.

Die Kritik der SPD an den langfristigen Folgen der ihrer Meinung nach nicht richtigen Wirtschaftspolitik Erhards fruchtet nur wenig – die vorausgesagte Lohn-Preis-Spirale hat sich noch nicht in Bewegung gesetzt. Die Wähler honorieren den einmal eingeschlagenen Kurs der Marktwirtschaft: In den Wahlen zum Dritten Deutschen Bundestag am 15. September 1957 erringen die Unionsparteien ihren größten Wahlsieg und erreichen die absolute Mehrheit im Bundestag.
Im Jahr der Wahl verlangsamt sich zwar das industrielle Wachstumstempo, und die überhohen Zuwachsraten der vergangenen Jahre können nicht mehr erreicht werden, weil der Nachholbedarf im Konsumgüterbereich weitgehend befriedigt scheint. Immerhin hat die Bundesrepublik zu diesem Zeitpunkt ihr Produktionsvolumen – gemessen an 1937 – verdoppelt, England kann im Vergleichszeitraum nur um 50 Prozent zulegen, Frankreich immerhin 80 Prozent.
Der Devisenbestand steigt auf 12 Milliarden DM in Devisen und sechs Milliarden in Gold; hinter den USA nimmt die Bundesrepublik die zweite Stelle unter den westlichen Industrienationen ein.
Ein Jahr später machen sich erste Krisenerscheinungen bemerkbar: An der Ruhr lagern 14 Millionen Tonnen Kohle auf Halde, die Auftragseingänge bei der Stahl- und Textilindustrie stocken, weil die fehlende Inlandsnachfrage nicht durch erhöhten Export wettgemacht werden kann. Andere Bereiche hingegen wachsen weiter: Der breiter werdende Wohlstand bringt veränderte Konsumgewohnheiten. Die von niemandem vorausgeahnte Entfaltung des sozialen Wettbewerbs, das Streben des einzelnen nach möglichst hoher materieller Aneignung, rückt die Güter des gehobenen Bedarfs in den Mittelpunkt des Kaufinteresses. Autos, Fernsehgeräte, Kühlschränke, Waschmaschinen, hochwertige Kleidung, Auslandsreisen werden für viele Haushalte selbstverständlich, für die meisten erstrebenswert. Es beginnt ein ungeahnter Aufschwung jener Industrien, die sich auf diese Bereiche konzentriert haben.

Wachstum um jeden Preis

Ab 1959 setzt ein nochmaliger allgemeiner konjunktureller Aufwärtstrend ein, denn der gemeinsame Markt der nunmehr geschaffenen EWG ist noch längst nicht so gesättigt wie der deutsche. Die Industrieproduktion wächst in diesem Jahr nochmals um mehr als zehn Prozent, die anhaltende Hochkonjunktur erlaubt es den Unternehmern, die teilweise großen Lohnsteigerungen über die Preise abzuwälzen.
Die Lohn-Preis-Spirale setzt sich zu diesem Zeitpunkt immer schneller in Bewegung, die deutschen Exportüberschüsse führen zu großen Devisen- und Goldzuflüssen aus den Partnerländern und heizen gleichzeitig Konjunktur und Preise an. Die Kritik im Ausland wächst, denn die deutsche Exportwirtschaft scheint konkurrenzlos günstig auf den Weltmärkten.
Die Bundesregierung beschließt daraufhin am 6. März 1961 die Aufwertung der Deutschen Mark gegenüber den anderen ausländischen Währungen. Die Parität zum Dollar wird mit 4 DM neu festgesetzt, vorher betrug sie 4,20 DM.
Das am 28. April verabschiedete Außenwirtschaftsgesetz beendet die seit 1945 bestehende staatliche Devisenkontrolle und führt das Prinzip des grundsätzlich freien Wirtschaftsverkehrs mit dem Ausland für Waren, Dienstleistungen, Auslandswerte und Gold ein.
Die Wirtschaftsfreiheit der sozialen Marktwirtschaft soll mit diesem Gesetz nicht auf den binnenwirtschaftlichen Markt beschränkt sein, sondern auch im internationalen Wirtschaftsverkehr

Geltung erlangen. Die Folgen dieser Liberalisierung und der Aufwertung schlagen sich am Ende des Jahres 1961 in der Wirtschaftsstatistik nieder: Erstmals seit 1950 nimmt der Import stärker zu als der Export. Die Exportkraft der westdeutschen Industrie ist zwar nach wie vor ungebrochen, doch nach zwölf Jahren ungehemmten Wachstums »normalisiert« sich dieser Prozeß und es deuten sich erste Probleme für eine Gesellschaft an, die Wachstum um jeden Preis zum gesellschaftlichen Prinzip erhoben hat.
Am Ende dieses Jahres können die Gewerkschaften stolz darauf verweisen, daß in den meisten Bereichen die 40-Stunden-Woche erreicht ist, und die Zahl der ausländischen Arbeitnehmer hat die Halbmillionen-Grenze bereits überschritten.

Die Reichen werden immer reicher

Dem modernen Staat ist mit dem Mittel der Besteuerung ein wichtiger Hebel zur Lenkung der Einkommens- und Besitzverhältnisse in die Hand gegeben. Daß dieser »Steuerstaat« gerade nach der Währungsreform durch gezielte Maßnahmen, durch Eingriffe in die Einkommensteuergesetzgebung etwa, das Wirtschaftssystem und die Verteilung der Einkommen für die nächsten 25 Jahre entscheidend prägen wird – darüber denkt die Masse der Arbeitslosen und jener, die glücklich Arbeit gefunden haben, Anfang der fünfziger Jahre kaum nach.
Zwar soll im Erhardschen Wirtschaftsmodell der Staat keinen dirigistischen Einfluß auf das Wirtschaftsleben ausüben – schließlich regelt sich dieses im Idealfall über den Markt –, doch angesichts der Kapitalknappheit in Westdeutschland und des Kapitalhungers der expandierenden Industrie werden durch gezielte Maßnahmen die Weichen für eine einseitig große private Vermögensbildung gestellt, die in späteren Jahren Anlaß zu heftigen Auseinandersetzungen zwischen der Regierung und der SPD-Opposition sein wird.
Dem Sozialstaatsmodell des Grundgesetzes und den Prinzipien einer »sozialen« Marktwirtschaft laufen diese Steuergesetze zum überwiegenden Teil zuwider, denn die Förderung der privaten Vermögensaneignung und -mehrung steht eindeutig im Vordergrund. Schon im Investitionshilfegesetz vom 7. Januar 1952 werden Sonderabschreibungen bis zu 50 Prozent der Anschaffungs- und Herstellungskosten von Wirtschaftsgütern gewährt; das Kapitalmarktförderungsgesetz vom 15. Dezember 1952 befreit Zinsen aus Pfandbriefen und Schuldverschreibungen von der Steuer, wenn diese Zinsen dem Wohnungsbau zufließen; die sogenannte Kleine Steuerreform vom 24. Juni 1953 bringt vor allem eine deutliche Senkung der allgemeinen Steuertarife für Besserverdienende, ebenso werden in dem ein Jahr später verabschiedeten Gesetz zur Neuordnung von Steuern (16. Dezember 1954) beträchtliche Einkommensteuersenkungen eingeführt.
Zwar werden auch Arbeitnehmerhaushalte durch die Änderungsgesetze betroffen, dennoch bleibt unter dem Strich eine deutliche Bevorzugung der privaten Vermögensaneignung und damit automatisch ein Verzicht auf Steuern, aus denen für die Allgemeinheit soziale Leistungen für schlechter Verdienende, abhängig Beschäftigte, Rentner, von Kriegsfolgen Betroffene hätten finanziert werden können. An diesen Gruppen geht das »Wirtschaftswunder« zunächst vorbei. Bevorzugt sind eindeutig jene, die von den außerordentlichen steuerlichen Erleichterungen auch Gebrauch machen können, und dies sind vor allem Selbständige und private Unternehmen.
Als 1959 erste Bilanzen gezogen werden, zeigt sich, wie einseitig die private Vermögensbildung

verlaufen ist: 17 Prozent der bundesdeutschen Bevölkerung besitzen 75 Prozent der privaten Vermögen, die restlichen 25 Prozent verteilen sich auf 83 Prozent der Bevölkerung. In absoluten Zahlen: 18,9 Millionen Arbeitnehmer haben 1959 322 DM an Vermögen gebildet – die 3,2 Millionen Selbständigen hingegen 7625 DM, das 23fache!
Die bittere Sentenz von den Reichen, die immer reicher, und den Armen, die immer ärmer werden, trifft zwar nicht ganz zu, denn auch ein realer Lohn- und Gehaltszuwachs der abhängig Beschäftigten ist zu verbuchen; dennoch bleibt festzuhalten, daß infolge geringer Sparquoten bei den niedrigen Einkommen sich die Unterschiede in der Vermögensstruktur auch in den folgenden Jahren vergrößern werden.

Nur 40 Mark Rente

Besonders hart betroffen ist die Gruppe derjenigen, die bereits aus dem aktiven Arbeitsleben ausgeschieden sind oder Kriegsfolgelasten zu tragen haben, also Rentner, Versehrte, Kriegshinterbliebene, Heimatvertriebene. Schon in den ersten öffentlichen Haushalten nach der Währungsreform sind die Unterstützungs- und Versorgungsleistungen für diese Gruppe mit 40 Prozent vom Gesamthaushalt ungewöhnlich hoch, doch bei rund 15 Millionen Menschen, die teilweise oder ganz auf diese Sozialleistungen angewiesen sind, läßt das den einzelnen an den Rand des Existenzminimums rücken. Der Mindestsatz der Witwen- und Waisenrente liegt in den ersten Jahren nach der Währungsreform bei 40 DM, die monatlichen Durchschnittsrenten der Arbeiter steigen zwischen 1953 und 1957 von 78,90 DM auf 90,50 DM.
Anhand dieser Zahlen wird deutlich, daß nur ein sehr kleiner Teil der westdeutschen Bevölkerung in der Lage ist, Vermögen zu bilden – die kleinen Einkommen werden zum überwiegenden Teil für den unmittelbaren Konsum ausgegeben; Rücklagen zu bilden war damit nicht möglich. Das trifft selbst auf diejenigen zu, die im aktiven Arbeitsprozeß stehen: 1955 beträgt der durchschnittliche Bruttowochenlohn des Industriearbeiters bei einer 48-Stunden-Woche 99 DM (Frauen: 54 DM); 1957 sind es 111 DM (Frauen: 64 DM).
In diesem Jahr rückt die Bundesrepublik auf die zweite Stelle unter den Industrienationen des Westens vor, die Zahl der ausländischen Arbeitnehmer übersteigt erstmals die 100 000-Grenze, und die durch den Bundesfinanzminister Schäffer im sogenannten »Juliusturm« gebildeten Steuerrücklagen sind auf mehr als sieben Milliarden DM angewachsen. Um diese Mittel setzt ein heftiger Verteilungskampf ein, und neben Steuererleichterungen, Vergünstigungen, Subventionen für Selbständige und die Industrie öffnet sich das Füllhorn vor allem über jene Gruppen, die wahlentscheidend für die im Herbst 1957 stattfindende dritte Bundestagswahl sein könnten: die Rentner.

Das Wahlgeschenk

Bereits 1955 beginnen die Vorarbeiten zu einer Reform der gesamten Sozialversicherung. Zwar kann darauf verwiesen werden, daß schon 1953 19,3 Prozent des Volkseinkommens für öffentliche Sozialleistungen ausgegeben werden und der Bundeshaushalt 1955 mit mehr als 42 Prozent für Sozialausgaben belastet war, dennoch ist die Not der Rentner und anderer Empfänger von Sozialleistungen groß. Die 1955 fertiggestellte »Sozial-Enquête« erfaßt noch annähernd eine Million Haushalte, die mit einem Einkommen von weniger als 130 DM auskommen müssen.
Den Kern der Neuordnung von Alters- und Invalidenrenten bildet der Übergang von der statischen zur »dynamischen« Leistungsrente,

wobei von dem Gedanken ausgegangen wird, den Lebensstandard des Rentners in etwa auf das Niveau desjenigen zu heben, der noch im aktiven Arbeitsprozeß steht. Bis zu diesem Zeitpunkt konnten die rein beitragsorientierten Leistungen der Rentenversicherungen sich nicht der allgemeinen Produktivitäts- und Einkommensentwicklung anschließen und blieben hinter der Dynamik von Löhnen und Preisen weit zurück.

Der neue Grundsatz der Produktivitätsrente geht davon aus, daß Rentner ebenso wie die aktiv Arbeitenden an der allgemeinen Entwicklung des Sozialprodukts teilhaben müßten – die Neurenten werden daher zum Zeitpunkt ihrer Festsetzung automatisch an die Entwicklung von Löhnen und Gehältern angepaßt, die Altrenten sollen durch jährliche Gesetze dieser Entwicklung angeglichen werden.

Diese entscheidende Verbesserung der Renten, vielfach als »spektakulärstes soziales Reformwerk seit der Bismarck-Ära« gefeiert, tritt rückwirkend zum 1. Januar 1957 in Kraft. Die umfangreichen Nachzahlungen und die reguläre Anpassung erfolgen im Mai 1957, als der Wahlkampf in seine »heiße« Phase tritt. Die Rentenbeträge erhöhen sich schlagartig – bei der Arbeiterversicherung um durchschnittlich 65 Prozent, bei den Angestellten um mehr als 70 Prozent und bei den Witwen- und Waisenrenten schließlich um mehr als 80 Prozent.

Das gezielte Wahlgeschenk zahlt sich prompt aus: Die SPD hatte sich dem Reformwerk widersetzt und eigene sozialpolitische Vorstellungen nicht einbringen können, ihr abschließendes Ja hilft auch nicht mehr viel: Die Wahlen im September 1957 werden zu einem überragenden Sieg der CDU; sie befindet sich auf dem Höhepunkt der Macht – nie zuvor in der deutschen Geschichte hat eine Partei in freien Wahlen einen Stimmenanteil von mehr als 50 Prozent erzielen können.

Der Lastenausgleich

Auch auf einem anderen sozialpolitischen Feld, das heute weitgehend in Vergessenheit geraten ist, heimst die Union die Erfolge beinahe allein ein: bei der politischen und sozialen Integration von Millionen von Vertriebenen und Flüchtlingen und der Behebung ihrer drückenden Not. Das am 16. Mai 1952 verabschiedete Lastenausgleichsgesetz soll in den folgenden Jahren mit Hilfe einer 50prozentigen Vermögensabgabe einen Ausgleich schaffen zwischen den von Krieg und Kriegsfolgen weniger Betroffenen und jenen, denen der Krieg alles genommen hatte.

Schon lange vor der Konstituierung der Bundesrepublik weisen die Alliierten die deutschen Behörden darauf hin, daß die Regelung eines gerechten Lastenausgleichs eine der vordringlichsten Aufgaben deutscher Nachkriegspolitik sei: »Die zur Durchführung des Lastenausgleichs erforderlichen Mittel sind durch besondere Vermögensabgaben aufzubringen, deren Erträge zu diesem Zweck einem außeretatmäßigen Ausgleichsfonds zuzuführen sind« – so der Wortlaut aus dem »Umstellungsgesetz« vom 20. Juni 1948.

Der von den Alliierten abgesteckte zeitliche Rahmen zur Regelung des Lastenausgleichs (31. Dezember 1948) wird allerdings nicht eingehalten. Eine Übergangsregelung schafft zunächst das am 8. August 1949 vom Wirtschaftsrat erlassene »Gesetz zur Milderung dringender sozialer Notstände« (Soforthilfegesetz).

Die Not der Vertriebenen und Flüchtlinge ist zu Beginn der fünfziger Jahre noch bedrückend: Hunderttausende leben in Notunterkünften oder sind in ländlichen Gebieten unter unwürdigen Bedingungen zwangseinquartiert, Zehntausende müssen umgesiedelt werden, weil sie in einzelnen Bundesländern zu einem großen sozialen Problem geworden sind. 1949 beträgt der Anteil der Vertriebenen in Schleswig-Holstein mehr als 35

Das Einkaufsnetz bestätigt es:
Uns allen geht es besser!
Und doch sind es gerade 10 Jahre her . . . Für vier Wochen wurden damals folgende Rationen an den Normalverbraucher ausgegeben: 9500 g Brot, 2250 g Nährmittel, 500 g Zucker, 137,5 g Fett, 400 g Fleisch, 125 g Käse, keine Kartoffeln . . . Wir begingen das traurige Jubiläum der 100. Zuteilungs-Periode, wir standen Schlange vor Geschäften, die keine Ware hatten – hungernd, frierend, verzweifelt. Erinnern Sie sich noch?
Und heute? Schauen Sie sich nur das nächste Schaufenster an. Sie sehen selbst: es geht uns besser, viel, viel besser – uns allen!
Am 21. Juni 1948 versprach Professor Erhard eine Wirtschaftsverfassung, die immer breitere Schichten unseres Volkes zu Wohlstand führen würde. Ludwig Erhard hat Wort gehalten: Ihr Einkaufsnetz bestätigt es!
»Wohlstand für alle« ist kein Schlagwort mehr. »Wohlstand für alle« ist und wird Wirklichkeit – für viele bereits heute, für alle sicher morgen; es geht weiter aufwärts wie bisher, wenn wir keine Experimente machen. Am 15. September haben Sie es in der Hand: Wer mit Verstand wählt, wird Bewährtes wiederwählen – Adenauer und seine Mannschaft, zu der als Bundeswirtschaftsminister Ludwig Erhard gehört. Die Partei dieser Männer ist die CDU/CSU, die große, alle Schichten unseres Volkes umfassende Partei, die unbeirrt ihre Ziele verfolgt:
Wohlstand für alle
Einheit für Deutschland
Frieden in der Welt
CDU

Wahlkampf 1957 unter der siegessicheren Parole: »Uns allen geht es besser«

Prozent der Bevölkerung; 1952 stellen in diesem Bundesland die Vertriebenen mehr als 50 Prozent der Arbeitslosen, in Niedersachsen immerhin noch 40 Prozent. Die vom Bundesministerium für Vertriebene ab 1949 eingeleiteten Maßnahmen einer planmäßigen Umsiedlung und gerechten Verteilung der Vertriebenen auf andere Bundesländer scheitert teilweise an der beschämend ablehnenden Haltung der Aufnahmeländer. Auch die vom Bundestag 1950 geforderte »beschleunigte« Umsiedlung von 600 000 Vertriebenen bringt keine wesentliche Fortschritte.

Mit dem Soforthilfegesetz kann zumindest die unmittelbare Not etwas gemildert werden. Die am Währungsstichtag (21. Juni 1948) vorhandenen Vermögen werden mit einer Abgabe von drei Prozent belastet, wobei die Soforthilfeabgabe aus den jährlichen Einkünften aus diesen Vermögen erbracht werden kann – die Vermögenssubstanz wird damit nicht angegriffen.

Linus Kather (CDU), einer der entschiedensten Interessenvertreter der Vertriebenen, kritisiert die Regelungen des Gesetzes scharf, denn damit ist auch schon der Weg zum drei Jahre später verabschiedeten Gesetz über den Lastenausgleich angezeigt: »Wir verlangen eine gerechte Neuverteilung der Lasten, die die Zufallsentscheidung des Krieges mit sich gebracht hat, aber diese gerechte Neuverteilung ist ohne Eingriff in die Vermögenssubstanz nicht durchführbar.«

Das nach jahrelangen Diskussionen schließlich am 16. Mai 1952 verabschiedete »Gesetz über den allgemeinen Lastenausgleich«, das Verluste und Schäden infolge der Flucht und Vertreibung aus den ehemaligen Ostgebieten sowie Zerstörungen aus Kriegs- und Nachkriegszeiten abgelten soll, bringt in der Tat keine wesentliche Änderung der bestehenden Eigentumsverhältnisse. Die vorgesehene 50prozentige Vermögensabgabe in 30 Jahren hört sich zwar zunächst imponierend an, auch die vorgeschriebene Abgabe auf Hypotheken- und Kreditgewinne durch die Währungsreform scheint gewaltige Mittel freizusetzen, doch die tatsächlich ausgezahlten Leistungen für Hauptentschädigungen, Darlehen, Renten, Unterhaltsbeihilfen, Hausratsentschädigungen, Wohnraumhilfen und den Währungsausgleich erstrecken sich über Jahre und sind für den einzelnen Empfänger oft nicht mehr als der Tropfen auf den heißen Stein.

Das langwierige bürokratische Verfahren erfaßt in den Folgejahren mehr als sieben Millionen Anträge der insgesamt rund zwölf Millionen Betroffenen, von denen drei Viertel positiv beschieden werden. Ab Mitte der fünfziger Jahre setzt die Auszahlung der Hauptentschädigung ein, die erst zehn Jahre später ihren Höhepunkt erreicht. In 20 Jahren nimmt der Ausgleichsfonds mehr als 82 Milliarden DM ein, 20 Prozent dieser Summe gehen an Kriegsgeschädigte, rund 65 Prozent an Vertriebene. Bei der Masse der Antragsteller bleibt für die einzelnen Familien allerdings nicht mehr als eine kleine Rente oder die Hausratsentschädigung, die als Bargeld ausgezahlt wird und den tatsächlich verlorengegangenen Hausrat nur notdürftig zu ersetzen vermag.

Sozialpolitische Korrekturen, wie sie sich noch Linus Kather erwartet hatte, treten durch diese Umverteilung nicht ein, denn bei der Festsetzung der Ausgleichsabgaben wird »auf die durchschnittliche Ertragslage der Vermögen Rücksicht« genommen, und die Ausgleichsabgaben sind grundsätzlich abzugsfähig, mindern also das zu versteuernde Einkommen der Abgabepflichtigen. Zudem basiert die Ausgleichsabgabe auf den am Stichtag 21. Juni 1948 vorhandenen Vermögen, die von Selbständigen und Unternehmen größtenteils selbst festgesetzt worden waren – der Wertzuwachs in den Jahren des Aufschwungs nach der Währungsreform bleibt also unberücksichtigt.

Dennoch bleibt festzuhalten, daß trotz der Begünstigung bestehender Vermögen der Lastenausgleich die soziale und politische Eingliederung der Vertriebenen wesentlich begünstigt hat. Die administrativen Maßnahmen zum Abbau eines potentiellen Unruheherdes – Soforthilfeprogramm, Lastenausgleich, Wohnungsbau- und parallel laufende Arbeitsbeschaffungsprogramme – haben es der überwiegenden Mehrheit der Vertriebenen und Flüchtlinge erleichtert, sich in dem neu bildenden Staat einzuleben und später am allgemeinen wirtschaftlichen Aufschwung erfolgreich teilzunehmen.

Der Grüne Plan

Eine weitere große Bevölkerungsgruppe nimmt in den ersten fünf Jahren des wirtschaftlichen Wiederaufbaus am allgemeinen Aufschwung nicht teil – die Landwirte. 1949 sind in der Landwirtschaft noch 5,2 Millionen Menschen tätig, das sind immerhin knapp ein Viertel der Gesamtzahl von Beschäftigten in der Bundesrepublik.
Die Gründe für das Hinterherhinken des landwirtschaftlichen Bereichs hinter der allgemeinen Entwicklung liegen auf der Hand: Die Betriebsgrößen sind zu klein, die Bewirtschaftung der Höfe mit ihren größtenteils nicht zusammenhängenden Äckern erfolgt durch zuviel Menschen, vor allem auch zugewanderten Arbeitern aus den Ostgebieten, und mit zuwenig Maschinen.
Erst mit der Verkündung des Landwirtschaftsgesetzes vom 5. September 1955, das die Bundesregierung verpflichtet, den Bundestag jährlich über die Lage der Bauern und die ergriffenen Maßnahmen zu unterrichten (»Grüner Plan«), gelingt eine allmähliche Anpassung der bäuerlichen Lebensbedingungen und Einkommensverhältnisse an das ständig wachsende Volkseinkommen.
Als 1956 der Ansturm der Interessengruppen auf den mit Steuermilliarden gefüllten »Juliusturm« des Finanzministers Schäffer einsetzt, stehen auch die Bauern nicht zurück. In den folgenden Jahren fließen Milliarden in den Landwirtschaftssektor, die deutschen Bauern sollen, analog zur Industrie, international konkurrenzfähig gemacht werden.
Zwischen 1956 und 1961 stellt die Regierung 7,5 Milliarden DM im Rahmen des Grünen Plans für kostensenkende Maßnahmen bereit, weitere 12,3 Milliarden DM fließen in Form von Krediten, verlorenen Zuschüssen und Steuererleichterungen in die Landwirtschaft – bäuerliche Betriebe werden von Abgaben an das Finanzamt weitgehend befreit. Parallel verläuft eine großangelegte Flurbereinigung, die existenzfähige Höfe ermöglichen soll. Mechanisierung und Motorisierung schreiten schnell voran: Die Zahl der Traktoren versechsfacht sich in einem Jahrzehnt; 1950 gab es bis auf Versuchsmodelle noch keine Mähdrescher – zehn Jahre später erntet man mit ihrer Hilfe bereits ein Drittel des Getreides.
Für die Düngemittelverbilligung stellt die Bundesregierung zwischen 1956 und 1961 allein 1,5 Milliarden DM bereit, die Verbilligung des Dieselkraftstoffs kostet im gleichen Zeitraum den Steuerzahler annähernd eine Milliarde DM.
Das Notprogramm zur Sanierung der Landwirtschaft zahlt sich aus: Die Arbeitsproduktivität steigt nun sogar stärker als in der Industrie, die Höfe sind durch die massive Mechanisierung und Rationalisierung lebensfähiger geworden und geben Arbeitskräfte an die Industrie ab. Zwischen 1950 und 1961 vermindert sich die Zahl der in der Landwirtschaft Erwerbstätigen um 1,6 Millionen Menschen, das Lohnniveau liegt nur noch ein Viertel unter dem der Industrie, die Arbeitsproduktivität ist um mehr als das Doppelte gestiegen.
Die gezielten Strukturmaßnahmen für die Bauern schlagen sich ebenfalls in einer breiten Zu-

stimmung zur Erhardschen Wirtschaftspolitik nieder. Bei den Wahlen 1957 und 1961 kann sich die Union auf das Stimmenreservoir in überwiegend landwirtschaftlich strukturierten Gebieten fest verlassen.

Die »heilige Kuh« Marktwirtschaft

In diesen Jahren befindet sich die Union auf dem Höhepunkt der Macht. Die breite Zustimmung, die die Wirtschafts- und Sozialpolitik der Regierung Adenauer in allen Bevölkerungskreisen findet, schlägt sich in immensen Stimmengewinnen bei den Wahlen nieder.

Alternativen zur bestehenden Wirtschaftsordnung haben kaum eine Chance, ernsthaft diskutiert zu werden. Die Macht des Faktischen läßt Klassenkampfparolen der Gewerkschaften immer verhaltener klingen, die SPD vertritt ihr grundsätzlich anderes Wirtschaftsmodell kaum noch offensiv, denn für die wahlentscheidende Mehrheit der Bevölkerung verbindet sich mit der sozialen Marktwirtschaft automatisch Wohlstand, Stabilität, Sicherheit und Freiheit. Mit der ihm eigenen Unbekümmertheit und gestützt auf seinen persönlichen Erfolg, verkündet Wirtschaftsminister Erhard 1957, das »Konsumfreiheit und Freiheit der wirtschaftlichen Betätigung« im Bewußtsein »jedes Staatsbürgers als unantastbare Grundrechte empfunden« werden. Gegen sie zu verstoßen, sollte »als ein Attentat auf unsere Gesellschaftsordnung geahndet werden«.

»Attentäter« fanden sich allerdings nicht, im Gegenteil: Selbst führende Köpfe der SPD stehen solchen, dem Grundgesetz nicht unbedingt verpflichteten Gedanken, nicht mehr fern. Carlo Schmid bereits 1953: »Wir Sozialdemokraten sind der Überzeugung, daß der Mensch volle sittliche Verantwortung für das Ganze seiner Existenz auf die Dauer und im allgemeinem nur tragen kann, wenn er über so viel Privateigentum verfügt, daß er imstande ist, auch jemandem gegenüber ›nein‹ zu sagen, von dem er wirtschaftlich abhängig sein mag.«

Und für den führenden Wirtschaftsexperten der SPD, Heinrich Deist, scheint es angesichts wachsender wirtschaftlicher und politischer Erfolge der Erhardschen Politik nur selbstverständlich, das neue Credo sozialdemokratischer Wirtschaftspolitik so zu formulieren: »So groß die Verantwortung des Staates für eine gesunde wirtschaftliche Ordnung im Interesse einer freiheitlichen Gesellschaftsordnung ist – nicht mehr Staat als nötig! Und in der Wirtschaft: soviel Freiheit als nur irgend möglich!«

Das allgemeine Bekenntnis zum Ordnungsmodell Marktwirtschaft scheint gegen Ende der fünfziger Jahre grundlegende Alternativen, wie sie nach dem Grundgesetz möglich sind, verschüttet zu haben, obwohl gerade das Bundesverfassungsgericht in seinem Urteil vom 20. Juli 1954 über das Investitionshilfegesetz entschieden hatte, daß die Marktwirtschaft nicht sakrosankt sei: »Das Grundgesetz garantiert weder die wirtschaftspolitische Neutralität der Regierungs- und Gesetzgebungsgewalt noch eine mit marktkonformen Mitteln zu steuernde ›soziale Marktwirtschaft‹. Die gegenwärtige Wirtschafts- und Sozialordnung ist zwar eine nach dem Grundgesetz mögliche Ordnung, keineswegs aber die allein mögliche.«

Über diese Aussage des Bundesverfassungsgerichts ist in jenen Jahren heftig gestritten worden, doch es war mehr ein Streit um Wort und Interpretationen, denn den politischen Kontrahenten CDU und SPD sowie Gewerkschaften und Arbeitgebern war allemal klar, daß es beim einmal eingeschlagenen Weg bleiben würde. Soziale Korrekturen an der Marktwirtschaft waren eher gefragt als ein grundsätzliches Infragestellen des Modells.

In eine ernsthafte Diskussion über die Marktwirtschaft mochten SPD und Gewerkschaften schon deshalb nicht eintreten, weil für zu viele ihrer Mitglieder die Segnungen dieser Wirtschaftsordnung auf der Hand lagen: Die niedrigen Löhne und die ungleiche Vermögensverteilung seit der Währungsreform wurde für die meisten Bürger durch die Vorteile, die ihnen die Marktwirtschaft brachte, wettgemacht. Wer über Jahre die Mobilisierung aller Kräfte mitverfolgte und selbst am Wiederaufbau aktiv teilnahm, dem blieben die Erfolge nicht verborgen: Die Beseitigung des Massenelends, die schnelle Verbesserung der materiellen Lage des einzelnen, die sprunghaften Produktionszuwächse und Exporterfolge sowie auf der politischen Seite die Erfahrung eines zuvor kaum gekannten Freiheitsspielraums für den Bürger schufen in der Ära Adenauer/Erhard die Basis für jene Massenloyalität gegenüber dem wirtschaftlichen und politischen System, daß es für annähernd zwei Dekaden als unaufhebbar galt.

DER 250 000 STE
OPEL EXPORT WAGEN

43

Das Wirtschaftswunder kommt ins Rollen: Bereits am 1. August 1951 wird der 250 000ste Opel exportiert (42). Die Deutschen haben das geschafft, was viele für unmöglich gehalten haben. In einer Aufbauleistung, die ihresgleichen sucht, haben sie in wenigen Jahren aus einem Land, in dem Millionen zu wenig zum Leben und zu viel zum Sterben hatten, eine aufstrebende Nation gemacht, in der alle genug zu essen und in der viele sich einen bescheidenen Wohlstand erarbeitet haben.
Die sprunghafte Entwicklung machen vielleicht am besten diese Fotos deutlich, die den Aufbau bei Daimler-Benz in Untertürkheim zeigen: Kurz nach dem Ende des Zweiten Weltkrieges wird mit den Aufräumungsarbeiten begonnen (43, 44). Während ein Vorkriegsmercedes noch 1946 vor ausgebrannten Büroetagen den Schlagbaum passiert (45), wird bald fieberhaft hinter den Fassaden konstruiert, geplant, entschieden. So spartanisch sah 1948 der Büroraum eines leitenden Angestellten aus (46).

44

45

46

47

48

49

»Ärmel hochkrempeln, zupacken, aufbauen.« Nach diesem Wahlspruch handeln die Deutschen auch bei Daimler-Benz. Im Werk Untertürkheim wird die Schmiede aufgebaut (47). Als dies 1949 geschieht, läuft in anderen Werkhallen die Produktion bereits auf vollen Touren. Nur noch wenige Jahre wird es dauern, bis der legendäre 300 SL vom Band läuft (48) und der Ruhm von Mercedes mit dem 170er und 180er weiter gefestigt wird. Die Aufnahmen von der Montage des Flügeltüren-Mercedes und des in hoher Auflage hergestellten 180ers (49) datieren von 1954 und 1955.

50

Ludwig Erhard, Wirtschaftsminister während der gesamten fünfziger Jahre und von 1963 bis 1966 Bundeskanzler, gilt als der »Vater des deutschen Wirtschaftswunders«. Daß er und die ihm verbundenen Theoretiker der Freiburger Schule ein gerüttelt Maß dazu beigetragen haben, daß die deutsche Wirtschaft so schnell wieder den Anschluß an das westliche Ausland finden konnte, sei unbestritten. Nicht minderen Anteil haben die Amerikaner, die der deutschen Wirtschaft über den Marshallplan (50) eine heilsame Investitionsspritze verpaßten. Ohne den Mut der Unternehmer und den unbändigen Fleiß der Arbeiter und Angestellten wären aber auch die besten Erhardschen Theorien keinen Heller wert gewesen.

51

52

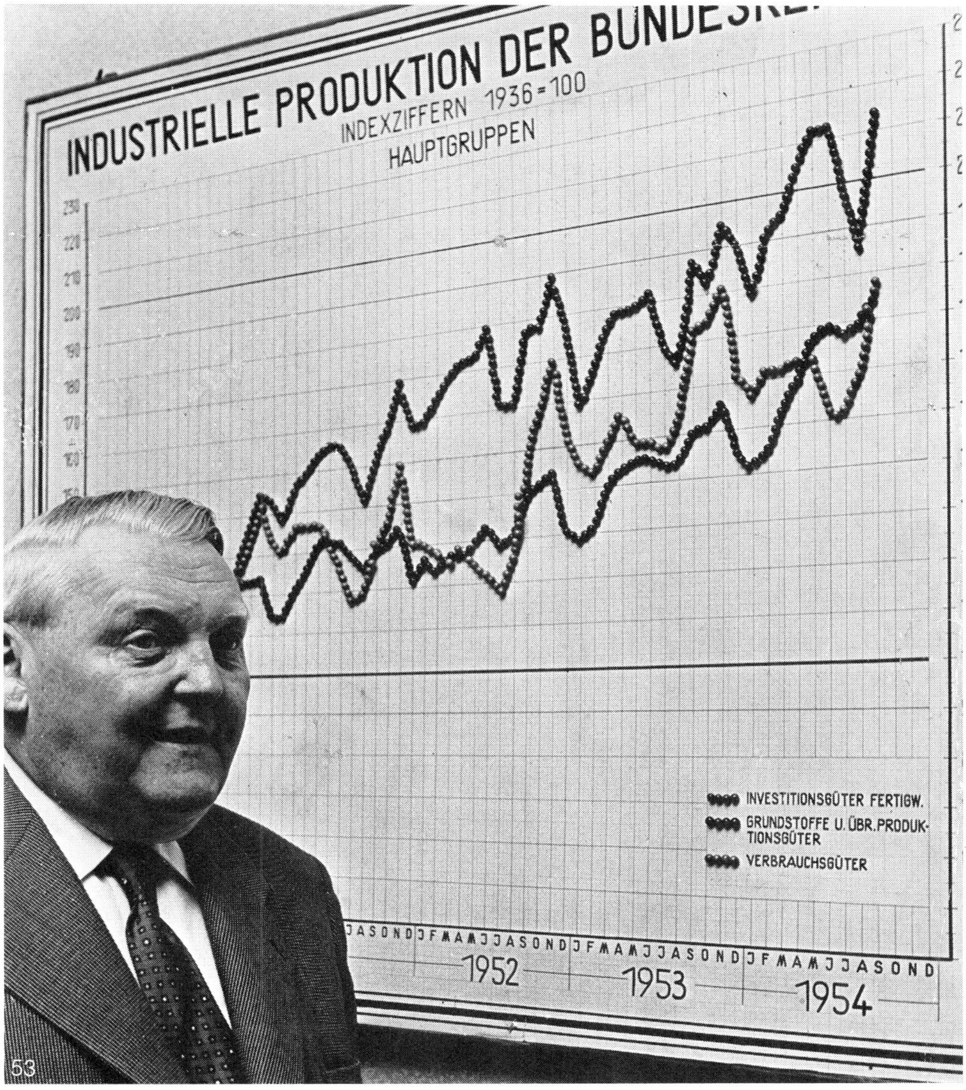

53

Stolz präsentiert Erhard die Erfolgsbilanz (53). Der Titel seines 1957 erschienenen Buches verheißt »Wohlstand für alle« (51), ein Wunsch, den auch Erhard nicht erfüllen kann. Zwar leisten sich schon viele einen Volkswagen (52), der zum Symbol des Booms wird, doch allzu viele stehen auch im Abseits jener Wirtschaftswunderjahre.

54

Kaum zu glauben, aber nur wenige Jahre hat es gedauert, um aus dem völlig zerstörten Opel-Werk (54) ein florierendes Unternehmen zu machen, in dem Mitte der fünfziger Jahre gut verpackt die »Zuverlässigen« in den Export rollen (55) und bereits am 9. November 1956 im Karosseriewerk K 40 der 2 000 000ste Opel vom Band läuft (56). Fast nostalgisch erinnert man sich des ersten Opel-Blitz (57), mit dessen Produktion 1946 begonnen wurde.
Messen sind das Aushängeschild einer Volkswirtschaft. Über einem von Neonlicht erleuchteten überdimensionierten Nierentisch thront ein Ford-Taunus mit Weißwandreifen, Zweifarblackierung und schnittigem Seitenstreifen (58).

55

2 000 000 OPEL-WAGEN
2 000 000

56

DER ERSTE
der neuen Produktion des
1 Tonner
OPEL-BLITZ

57

58

59

Kein anderes Auto symbolisiert den Aufstieg der deutschen Industrie so wie der VW. Auch in Wolfsburg mußte man wieder von vorn anfangen (59). Auf primitiven Montagestraßen wurde an den Autos, die bis 1953 noch eine durchbrochene Heckscheibe aufwiesen, gearbeitet (60). Als dann später die modernen Fließbänder und Gebäude fertig waren (61), überschlugen sich die Rekordzahlen und Produktionsziffern. Am 4. Dezember 1961 lief der 5 000 000ste VW vom Band (62). Kein anderes Auto ist in Europa in so hohen Stückzahlen hergestellt und vertrieben worden.

60

61

62

64

65

1947 hatte Heinz Nordhoff (64) die Leitung des von der englischen Militärregierung beschlagnahmten Volkswagenwerkes übernommen. Unter allergrößten Schwierigkeiten wurden damals 19 Wagen pro Tag hergestellt. Zehn Jahre danach verlassen 2125 Wagen täglich das Werk, der jährliche Exporterlös beläuft sich auf mehr als eine Milliarde DM. Nach der Währungsreform mußte im In- und Ausland eine »schlagkräftige« Verkaufsorganisation aufgebaut werden, um den »Käfer« an den Mann zu bringen (63).
Bis der VW in großen Stückzahlen auch über den großen Teich transportiert wurde, war es noch ein weiter Weg. Im Juli 1948 sprach in den USA noch niemand vom »Buggy«. Nur die Besatzungstruppen, für die diese Sendung bestimmt ist, schätzten schon seine Zuverlässigkeit und Sparsamkeit (65).

66

67

68

69

Autos der fünfziger Jahre: Stolz stellt der Selfmademan Carl Borgward 1949 die erste PKW-Neukonstruktion nach dem Kriege, den Borgward »Hansa 1500«, vor (66). Die Opel-Werke präsentierten 1957 die 40 km/h schnelle Mopetta (67), ein dreirädriges Gefährt, das vor allem für den Weg von der Wohnung zur Arbeit gedacht war. Bei regnerischem Wetter konnte eine Plastikhaube über den Fahrer gespannt werden. Der Preis: DM 1050,–. Eine funkelnagelneue Isetta (68) wird 1952 bewundert. Kleinwagen waren damals besonders begehrt, weil sie billig in der Anschaffung waren und wenig Sprit verbrauchten. Viele, die später beim Mercedes landeten, haben mit einer Isetta, einem Lloyd oder dem Kleinlieferwagen Goliath (69) angefangen. Der Kauf des ersten Wagens war noch ein Ereignis, das für das Familienalbum festgehalten wurde.

MAICO
TÜ-R 28
70

Lloyd
AE 58-4240
71

Alle sollen besser leben!
Alle sollen besser leben!
Alle sollen besser leben!
Alle sollen besser leben!
Alle sollen besser leben!
72

73

Das Motto der ersten Ausstellung in Düsseldorf, die 1952 stattfand, »Alle sollen besser leben«, könnte auch für das ganze Jahrzehnt stehen (72). Neben der Arbeit nahm mit wachsendem Wohlstand die Freizeit einen immer größeren Raum ein. Den Traum von 1951, mit dem Dreiradwagen Goliath GD 750 ins Grüne fahren zu können (73), konnten sich Ende der fünfziger Jahre schon viele erfüllen. Mit seinem Maico 500 fuhr man zum Sonnenbaden in nahegelegene Erholungsgebiete (70) oder, wie hier mit dem Kleinwagen Lloyd (71), in den Urlaub.

74

75

Fünfzehn Jahre liegen zwischen diesen beiden Fotos. Rund um die Nikolaikirche in Hamburgs City ist 1945 alles zerstört, nur wenige Fassaden stehen noch (74). Die Bürogebäudekultur der fünfziger Jahre hat gut eine Dekade danach das Bild völlig verändert (75). Autos, breite Boulevards und Parkhäuser bestimmen das Stadtbild.
Während die großen Konzerne und Versicherungen ihre Verwaltungspaläste in die Höhe ziehen, werden jährlich mehr als 500 000 Wohnungen fertiggestellt, so in Wiesbaden-Aukamm Wohnblocks für Großfamilien mit fünf Schlafzimmern (76). In Hamburg-Altona werden bereits erste Betonsilos errichtet (77), vor denen Kinder mit den typischen Kinderwagen der fünfziger Jahre spielen.

78

Kein anderer steht so exemplarisch für Erfolg und Unternehmertum dieser Zeit wie der Grieche Aristoteles Onassis. Den Stapellauf der »Olympic Storm« 1953 läßt sich der Reeder nicht entgehen (78). Mit der »Esso Frankfurt« läuft am 5. März 1955 bei der AG Weser in Bremen ein weiterer Tanker vom Stapel (80). Niemand ahnt damals, daß es einst Schiffe von mehr als 500 000 Tonnen Tragfähigkeit geben wird.
Im Hafen und in der Werftindustrie sind Arbeitskräfte Mangelware – damals. Zu einem Begriff wird die Meldung im Rundfunk, daß in der Hamburger Admiralitätsstraße wieder 500, 1000 oder 5000 Arbeiter benötigt werden. Diese Männer warten an der Niederbaumbrücke auf ihren Einsatz (79).

79

FRANKFURT

Hochkonjunktur. Die Wirtschaft läuft auf vollen Touren. Millionen von Flüchtlingen und Vertriebenen sind in den Wirtschaftsprozeß eingegliedert worden. Alle haben Arbeit, die Zahl der offenen Stellen übersteigt bei weitem die Zahl der Arbeitslosen. Deutschland-West am Ende der fünfziger Jahre.
Der Exportboom bringt Devisen in die Staatskassen. Im Bremer Freihafen wird 1953 eine Lokomotive der Maschinenfabrik Esslingen nach Übersee verladen (81), die Speditionsfirma Kühne und Nagel sorgt dafür, daß dieser Schienen-Bus (82) sicher an seinen Bestimmungsort gelangt, AEG hat einen Spezialtank für einen Kunden in Südafrika gebaut (83).
Mit einheimischen Arbeitskräften kann seit 1956 die Nachfrage nicht mehr befriedigt werden. Gastarbeiter werden angeworben und strömen ins Wirtschaftswunderland, als das Deutschland-West nun auch im Ausland gilt (84). 1959 sind es bereits mehr als 500 000.
Derweil machen sich Politiker und Wirtschaftler über die Zukunft Gedanken. Es gibt einen »Atomminister«, die Kernenergie wird gefördert – das »Atom-Ei« von Garching bei München wurde bereits 1957 fertiggestellt (85) –, ein Forschungsschiff, die »Otto Hahn«, gebaut. Der Weg in den Atomstaat scheint programmiert.

81

82

83

Die Wiederherstellung der »alten Ordnung«

Eberhard Schmidt

Die Weichen, auf denen der Zug mit der Aufschrift Bundesrepublik Deutschland am Beginn der fünfziger Jahre in Richtung »Wirtschaftswunder« abfahren sollte, waren schon lange vorher gestellt worden: in den Jahren unmittelbar nach dem Ende des Zweiten Weltkriegs und unter tätiger Mithilfe der alliierten Besatzungsmächte. Zu einer Zeit, als Millionen von Deutschen noch unterwegs waren auf der Suche nach ihren Familien oder nach einer neuen Heimat, als man sich mühsam inmitten der Trümmer einzurichten begann, waren alliierte Regierungsapparate und Militärverwaltungen in den besetzten Zonen sorgsam darauf bedacht, die Weichen so zu stellen, daß ein politischer, wirtschaftlicher und kultureller Wiederaufbau in dem Rahmen erfolgte, der den Interessen des eigenen Landes entsprach.
Die Warnsignale wurden immer dann auf Rot gestellt, wenn gesellschaftspolitische Entscheidungen in eine Richtung wiesen, die allzuweit vom vorgezeichneten Ziel abwich, in Ost wie in West. Dabei hatten es die westlichen Besatzungsmächte nicht leicht. Sie, die endlich die Maßstäbe westlicher Demokratie in Deutschland verankern wollten, mußten sich bis zu einem gewissen Grade der Unterstützung der Bevölkerung versichern und den erklärten Willen der Betroffenen so weit respektieren, daß keine allzu große Kluft zwischen demokratischem Anspruch und der Besatzungsrealität entstand.
In Konfliktfällen von strukturentscheidender Bedeutung gaben aber auch die westlichen Alliierten das Steuer nie aus der Hand und lenkten den Zug mit beharrlicher Hand in die ihnen genehme Richtung; im Laufe der Jahre zunehmend unterstützt von einem allmählich wiedererstarkenden Bürgertum, das den Zusammenbruch des Dritten Reiches mehr oder weniger unbeschadet überlebt hatte und nun, eingeteilt in die Kategorien: unbelastet, Mitläufer oder Unterstützer des vergangenen Regimes, bereit war, sich an den neuen Zug anzukoppeln.

Wandel der alliierten Politik

Die ersten zaghaften Versuche antifaschistischer Komitees und Betriebsausschüsse, die unmittelbar nach der Besetzung überall entstanden waren, das Heft in die Hand zu nehmen und die Betriebe und kommunalen Verwaltungen von alten Nazis zu säubern, das alltägliche Überleben in geordnete Bahnen zu lenken und die Produktion wieder in Gang zu setzen, scheiterten schon bald am Veto der örtlichen Besatzungsoffiziere. Sie standen einem solchen Sozialismus von unten mißtrauisch gegenüber und hielten sich, statt an die alten Funktionäre aus der Arbeiterbewegung, lieber an die Fachkräfte, auch wenn sie oft nicht ganz unbelastet von der Vergangenheit waren. Deren Vorteil war jedenfalls: Sie stammten aus einem vertrauten sozialen Milieu, zumeist der oberen Mittelschicht oder den Kirchen, und beherrschten die fremde Sprache.

Das Potsdamer Abkommen der Siegermächte vom August 1945 verkündete zwar noch die vollständige Entmilitarisierung Deutschlands, die Dezentralisierung und Dekartellisierung seiner Wirtschaft sowie die Kontrolle über die industrielle Produktion und den Aufbau der Demokratie, ließ den einzelnen Zonenverwaltungen aber genügend freie Hand für die Ausgestaltung der wirtschaftlichen und gesellschaftlichen Zukunft in ihrem Bereich.

US-Außenminister Byrnes kündete bereits im September 1946 den Wandel der amerikanischen Politik an. Von nun an wolle man dem deutschen Volk »zu einem ehrenvollen Platz unter den freien und friedliebenden Nationen der Welt« verhelfen und den demokratischen, föderativen und wirtschaftlichen Wiederaufbau fördern. Zu diesem Zweck wurden die britische und die amerikanische Zone zur Bi-Zone vereinigt. Die Franzosen, die weitergehende Zugeständnisse für ihre Interessen an Ruhr und Saar erreichen wollten, blieben vorerst freilich draußen. Mit diesem Schritt der Amerikaner wurden frühzeitig die Grundlagen für die staatliche Neuordnung im Nachkriegsdeutschland gelegt, die der Wirtschaft lief parallel dazu. Während die große Masse der westdeutschen Bevölkerung, nach dem Bericht der Hoover-Kommission von 1946, »was Ernährung, Heizung und Wohnung anlangt, auf den niedrigsten Stand gekommen (ist), den man seit hundert Jahren in der westlichen Zivilisation kennt«, und versucht, den Hungerwinter 1946/47 zu überleben, verfolgt die amerikanische Militärregierung unbeirrt ihre wirtschafts- und gesellschaftspolitischen Ziele.

In der Regierungsdirektive für den Militärgouverneur Clay heißt es nun im Frühjahr 1947: »Es ist Ihre Pflicht, dem deutschen Volke die Möglichkeit zu geben, die Grundsätze und Vorteile einer freien Wirtschaft kennenzulernen. In der Frage des öffentlichen Besitzes von Unternehmungen in Deutschland werden Sie nur einschreiten, wenn es sich darum handelt, sicherzustellen, daß jegliche Entscheidung für oder gegen das öffentliche Besitzverhältnis frei und durch das normale Vorgehen innerhalb einer demokratischen Regierungsform getroffen wird.« Das klang höchst demokratisch, ließ aber Spielraum für den in den Kategorien einer freien Unternehmerwirtschaft denkenden General. Dieser wurde benötigt, weil wenige Monate zuvor die hessische Bevölkerung (am 1. November 1946) in einer von den Amerikanern extra anberaumten Sonderabstimmung über einen Verfassungsartikel mit knapp 72 Prozent für eine Überführung der Grundstoffindustrien, der Verkehrs- und Energiewirtschaft in öffentliches Gemeineigentum gestimmt hatte.

Das Dilemma zwischen Demokratieanspruch und alliiertem Verständnis von freier Marktwirtschaft wurde bald dadurch gelöst, daß die Amerikaner 1948 kurzerhand die wichtigsten betroffenenen Unternehmen beschlagnahmten und so einer Sozialisierung entzogen. Im Falle des nordrhein-westfälischen Sozialisierungsgesetzes und einiger Ländergesetze, die für Betriebsräte ein wirtschaftliches Mitbestimmungsrecht vorsahen, behalfen sich die westlichen Militärregierungen mit der Suspendierung dieser Gesetze unter Hinweis darauf, über eine so wichtige Frage könne nur eine spätere deutsche Zentralregierung entscheiden.

Wirtschaftsdemokratie auf allen Ebenen

Vor allem die Gewerkschaften, die nach zeitraubenden Verzögerungen ihres Wiederaufbaus durch die alliierten Verwaltungen erst im Laufe des Jahres 1946 oder noch später auf Zonen- oder Länderebene aktiv werden konnten, forderten mit Nachdruck eine grundlegende Neuordnung von Wirtschaft und Gesellschaft. Die politische Demokratie sollte durch eine umfassende Wirtschaftsdemokratie auf allen Ebenen, zu denen auch die Sozialisierung der Schlüsselindustrien und Banken gehörte, ergänzt werden. Aber die Arbeiterbewegung war geschwächt. Nicht nur waren Tausende ihrer besten Funktionäre in den KZ und Gefängnissen der Nazis umgekommen oder in die Emigration getrieben worden, auch die Arbeiterbewegung als Kommunikationszusammenhang, als kulturelles und soziales Milieu war nach den zwölf Jahren Zwangsherrschaft und Unterdrückung nicht mehr im alten Sinne wiederzubeleben. Darüber konnten auch imponierende Organisationserfolge in diesen Jahren nicht hinwegtäuschen. Die Belastung durch die neuerliche Spaltung in eine sozialdemokratisch-christlich-soziale Mehrheit und eine kommunistische Minderheit, verfestigt noch durch die Zonenspaltung, tat ein übriges, um die Handlungsmöglichkeiten zu begrenzen.

Nur mit mäßigem Beifall hatten die Gewerkschaften der britischen Zone zur Kenntnis genommen, daß die Militärregierung im Zuge der Entflechtung der Montanindustrie am 1. April 1947 den Belegschaften ein paritätisches Mitbestimmungsrecht im Aufsichtsrat und einen Arbeitsdirektor ihres Vertrauens zugestand. Zu offensichtlich war nach den Streiks und Hungermärschen im Ruhrgebiet im Frühjahr 1947 das Bemühen der Besatzungsmacht, weitergehende Forderungen nach sofortiger Sozialisierung zu beschwichtigen.

Auf den Transparenten der unzufriedenen Bergarbeiter, die Sonderrationen als Entgelt für ihre schwere Arbeit forderten, hieß es unübersehbar: »Die Gruben in des Volkes Hand«, und die KPD erhielt bei den gleichzeitigen Landtagswahlen in Nordrhein-Westfalen immerhin 14,7 Prozent der Stimmen. Aber die Gewerkschaftsführer wehrten sich eher gegen die Generalstreikforderungen ihrer Basis. Schon anläßlich des Widerstandes gegen die Demontagemaßnahmen hatten sich die Vorstände mit der kompromißlosen Haltung der Besatzungsmächte auseinandersetzen müssen, die unverblümt mit Einsperren gedroht hatten. Der amerikanische Militärkommandant von Frankfurt wollte sogar das Standrecht gegen Streikende anwenden. Schließlich bewegte die sozialdemokratische Mehrheit der Gewerkschaftsführer auch die Furcht, ein Massenstreik könnte derart außer Kontrolle geraten, daß letztlich davon die Kommunisten profitierten. So setzte man eher auf Kooperation mit den Besatzungsmächten als auf Konflikt in der Hoffnung, auf dem Verhandlungswege und mit Unterstützung der Parteifreunde in den Landtagen die weitgesteckten Ziele zu erreichen.

Der Weg zur Marktwirtschaft

Die Entwicklung verlief anders. Die zunehmende Verschärfung der weltpolitischen Spannung im Frühjahr 1947, die zum Scheitern der Moskauer Konferenz und der Verkündung der Truman-Doktrin führte, ließ den Kalten Krieg zwischen den Westmächten und dem Ostblock voll zum Ausbruch kommen. Die Amerikaner verstärkten ihre Bemühungen, Westeuropa zu einem Bollwerk gegen den Kommunismus auszubauen und in ein euro-atlantisches Wirtschafts- und Militärbündnis einzubinden. Der Marshallplan, das wirtschaftliche Hilfsprogramm für Europa, ergänzte die Truman-Doktrin, die der So-

wjetunion das Risiko militärischer Interventionen deutlich machen sollte.
In den westlichen Besatzungszonen wurden die nötigen institutionellen Grundlagen und Steuerungsinstrumente zur alsbaldigen Nutzung der brachliegenden Kapazitäten rasch geschaffen. Mitte 1947 begann der Frankfurter Wirtschaftsrat, ein Bi-Zonen-Parlament, von den Alliierten mit christdemokratisch-liberaler Mehrheit und begrenzten legislativen Kompetenzen ausgestattet, seine Arbeit. Wirtschaftsdirektor wurde, nach einem kurzen Zwischenspiel, ein Mann namens Ludwig Erhard.
Gegen die Opposition und den Widerstand der Gewerkschaften wurden schon bald die Bewirtschaftungsnotverordnungen, das letzte planwirtschaftliche Instrument, das die Versorgung der einzelnen Wirtschaftsbranchen mit Rohstoffen, Krediten und Produktionsziffern nach bedarfswirtschaftlichen Kriterien regelte, aufgehoben und der Weg für eine ungehemmte Marktwirtschaft frei gemacht. Im Frühjahr 1948 fiel der Preisstopp (die Aufhebung des Lohnstopps folgte erst sechs Monate später) und im Sommer desselben Jahres gelang mit der Währungsreform der entscheidende Schritt zur Konsolidierung der neuen, alten Wirtschaftsordnung. Zwar kam dieser Währungsschnitt, wie selbst wohlwollende Beobachter feststellten, einer gigantischen Enteignung der Mehrheit des deutschen Volkes gleich, da lediglich die Geldvermögen abgewertet wurden, nicht aber Grundbesitz, Anlagevermögen oder Produktionsgüter, doch das Ende der Tauschwirtschaft auf Zigarettenbasis, das Auftauchen der gehorteten Waren auf dem Markt und die unbestimmte Aussicht, aus dem Elend der vergangenen Jahre irgendwann einmal herauszukommen, verstärkten bei vielen das Vertrauen in eine neoliberale Wirtschaftspolitik.
Die Wahl zum Ersten deutschen Bundestag im August 1949, mit der die längst vollzogene wirtschaftliche Trennung der beiden ungleichen Zonengebilde ihr politisch-staatliches Pendant erhielt, brachte deshalb den bürgerlichen Parteien mit Konrad Adenauer und Ludwig Erhard an der Spitze die Mehrheit der Stimmen.

Die Befestigung der alten Besitz- und Machtverhältnisse

Waren die Grundentscheidungen für eine Wiederherstellung der alten Besitz- und Machtverhältnisse im Zusammenspiel von westlichen Alliierten und bürgerlichen Kräften gegen den hinhaltenden Widerstand der Interessenorganisationen der Arbeiterschaft ohne Zweifel bereits bei Antritt der Regierung Adenauer gefallen, so blieben in den ersten Jahren der Bundesrepublik bis zur Blüte des Wirtschaftswunders doch noch eine Reihe von konfliktträchtigen Strukturproblemen offen: die Regelung der Eigentumsfrage in der Grundstoffindustrie, die Ersetzung von alliiertem durch deutsches Wirtschaftsrecht oder die Regelung der Betriebsverfassung. Die im Sinne der Regierungspolitik erfolgreiche Austragung dieser Konflikte machte erst möglich, was neben den rein wirtschaftlichen Voraussetzungen zu den Grundbedingungen des Wirtschafts»wunders« gehörte: die sozialen Gegensätze unter der Schwelle des offenen Konflikts zu halten. Ein Zustand, der allgemein der »soziale Friede« genannt wird und der die Bundesrepublik im Vergleich mit den übrigen westlichen Industrienationen besonders auszeichnete, wie ein Blick auf die Streikstatistiken ausweist.
Die Auseinandersetzung um das Eigentumsrecht in der Montanindustrie entzündete sich spätestens zu dem Zeitpunkt, an dem die Alliierten, die bis dato das Besitzrecht treuhänderisch verwaltet hatten, zu erkennen gaben, daß sie unter Umständen bereit wären, den ehemaligen Aktio-

nären der Konzerne »angemessene und geeignete Entschädigungen« zukommen zu lassen. Zwar sah das entsprechende Gesetz Nr. 27 vom Mai 1950, das alte Vorschriften ersetzen sollte, noch vor, daß belastete Personen nicht wieder Eigentümerfunktionen ausüben können sollten und eine übermäßige Konzentration zu verhindern sei, aber es sickerte bald durch, daß die »geeignete« Entschädigung in Form eines Aktienumtauschs an die alten Aktionäre erfolgen würde. Überdies wurden die Mitglieder der Vorstände der zu liquidierenden Konzerne selber zu Liquidatoren bestellt und nicht unabhängige Sachverständige.

Die Gewerkschaften liefen Sturm. Der damalige IG Metall-Vorsitzende Walter Freitag drohte: »Sollten die alten Besitzer, die die Verantwortung für das Unglück tragen, sollten die wieder in Rang und Würden gebracht werden, dann lohnt es sich, daß die Eisen- und Stahlarbeiter ihre ganze Kraft einsetzen und die Betriebe zum Stillegen bringen.« Aber die Drohung blieb leer. Auf dem Höhepunkt der Auseinandersetzung wurden die Gewerkschaften mit einer ihrer Auffassung nach weit größeren Bedrohung konfrontiert, der ersatzlosen Streichung der paritätischen Mitbestimmung in der Montanindustrie. So konnte sich im Schatten dieser brisanteren Auseinandersetzung die Regierung im Verein mit der Alliierten Hohen Kommission ungestört um die Fragen der Eigentums-Neuregelung kümmern.

Da Mitte 1951 der Großteil der früheren Aktionäre und Besitzer inzwischen auch als »nicht belastet« eingestuft war, stand ihrem Einrücken in die alten Positionen, sofern ihnen das nicht ohnehin schon gelungen war, nichts mehr im Wege. Der Aktienumtausch wurde im folgenden Jahr reibungslos abgewickelt. Sieben Jahre nach Kriegsende war die Eisen- und Stahlindustrie im wesentlichen wieder in Händen der alten Besitzer, und in den fünfziger Jahren konnte ein beispielloser Rekonzentrationsvorgang einsetzen, der im Ergebnis zu Konzentrationsraten führte, die denen vor 1945 nicht nachstanden.

Dagegen geriet die 1947 vereinbarte paritätische Mitbestimmung in der Montanindustrie in die öffentliche Auseinandersetzung, als Bundeswirtschaftsminister Erhard im Frühherbst 1950 Vorlagen ausarbeiten ließ, die deutsches Aktienrecht an die Stelle von alliiertem Recht setzen sollten. Eine Regelung zur Sicherung der paritätischen Montanmitbestimmung war darin nicht vorgesehen. Sie sei auch gar nicht möglich, hieß es lakonisch, als die Gewerkschaften nachfragten. Diesmal beließen es die Gewerkschaftsvorstände allerdings nicht bei papiernen Protesten oder wortradikalem Widerstand. In der Eisen- und Stahlindustrie fanden ebenso wie im Bergbau Urabstimmungen statt, bei denen sich mehr als 90 Prozent der Betroffenen für Kampfmaßnahmen entschieden. Der DGB-Vorsitzende Böckler war auch nicht bereit, diese Streikdrohung für die Dauer von Verhandlungen auszusetzen, wie es Regierungschef Adenauer von ihm gefordert hatte.

Der Streit nahm prinzipielle Formen an. Adenauer warf den Gewerkschaften vor, einen verfassungsrechtlich unzulässigen Druck auf das allein entscheidungsbefugte, demokratisch gewählte Parlament auszuüben. Die Gewerkschaften konterten mit dem Hinweis darauf, das grundsätzlich verankerte Koalitionsrecht zur Wahrung und Förderung der Arbeits- und Wirtschaftsbedingungen bleibe inhaltsleer, wenn es nicht auch das Recht zur Anwendung einschlösse. Adenauer gab schließlich angesichts der Entschlossenheit der Gewerkschaften nach, weil er begriff, daß eine prinzipielle Auseinandersetzung mit den Gewerkschaften zu diesem Zeitpunkt nicht opportun wäre. Er wechselte geschickt in die Vermittlerrolle und drängte die

Unternehmerverbände zu Verhandlungen mit den Gewerkschaften, die mit der gesetzlichen Kodifizierung der Montanmitbestimmung im April 1951 endeten.
Vorerst war also durch Adenauers Verhandlungsgeschick der soziale Friede in der jungen Republik bewahrt worden. Er geriet erst wieder in Gefahr, als die Auseinandersetzungen um die Regelung der Betriebsverfassung in ein neues Stadium traten.
Eine freiwillige Vereinbarung zwischen den Tarifpartnern war an den gegensätzlichen Vorstellungen über eine gesamtwirtschaftliche Mitbestimmung in Form von Wirtschafts- und Sozialräten gescheitert. Die Entwürfe der Regierung und der sie tragenden Parteien zielten auf eine Regelung, die sich an das Weimarer Betriebsrätegesetz anlehnte, was einen weitgehenden Ausschluß der Gewerkschaften aus dem Betriebsgeschehen zugunsten neutraler, zu vertrauensvoller Zusammenarbeit mit der Geschäftsleitung verpflichteten Betriebsräten bedeutete. SPD und Gewerkschaften konnten sich nicht auf eine klare Alternative einigen. Ein Teil der Opposition wollte angesichts der parlamentarischen Mehrheitsverhältnisse zu diesem Zeitpunkt am liebsten überhaupt kein Gesetz, ein anderer Teil arbeitete in den entsprechenden Ausschüssen an der Ausfeilung der Gesetzesvorlage mit.
Als der Regierungsentwurf Anfang 1952 praktisch unverändert in den Bundestag eingebracht wurde, verständigten sich die Gewerkschaften in aller Eile auf einen Katalog von Aktionen mit stufenweiser Eskalation des Protests. Massenkundgebungen, an denen Hunderttausende teilnahmen, leiteten den Widerstand ein, der mit einer zweitägigen Bestreikung aller Tageszeitungen verschärft wurde. Zur dritten Aktionsstufe kam es allerdings nicht mehr.
Es war Adenauer gelungen, die ohnehin nur halbherzig engagierten Gewerkschaftsführungen, insbesondere die der großen Industriegewerkschaften, so hinzuhalten, daß er das Betriebsverfassungsgesetz am letzten Tag vor der Sommerpause im Parlament durchbringen konnte. Der »schwarze Tag für die demokratische Entwicklung der Bundesrepublik«, wie der neue Gewerkschaftsvorsitzende Fette ihn im Rundfunk nannte, bedeutete das vorläufige Ende der Auseinandersetzungen um die mögliche Neuordnung der wirtschaftlichen Grundstrukturen des neuen Staates.
Zu tiefgreifenden Kontroversen um die Grundlagen der Wirtschaftsordnung kam es in den fünfziger Jahren nicht mehr. Der Basiskonsens, der gefunden worden war, wurde lediglich von kleinen, einflußlosen Minderheiten in Frage gestellt. Die Gewerkschaften zogen sich auf ihre traditionellen Kampffelder der Tarif- und Sozialpolitik zurück, um dort für ihre Mitglieder die Erfolge zu erringen, die sie auf dem gesellschaftspolitischen Terrain nicht zustande gebracht hatten. Die wenigen längeren Streiks der fünfziger Jahre in der Metallindustrie in Hessen und Bayern, bei denen es um Lohnprozente ging, und in Schleswig-Holstein, wo die Lohnfortzahlung im Krankheitsfall gefordert wurde, wurden um Verteilungsfragen geführt, nicht mehr um die Stellung der Arbeitnehmer und ihrer Gewerkschaften in diesem Staat.

Wer profitierte vom Wirtschaftswunder?

Als im Juni 1950 der Korea-Krieg ausbrach und für einen weltweiten Aufschwung der Konjunktur sorgte, da die Amerikaner im Gefolge vermehrter Rüstungsanstrengungen rentable Absatzmöglichkeiten auf dem Weltmarkt eröffneten, war es vor allem die bundesrepublikanische Wirtschaft, die auf Grund der günstigen internen Voraussetzungen die Chancen nutzen konnte. Zur Stillhaltepolitik neigende, im internationalen Vergleich schwache Gewerkschaften setzten einer forcierten Ausbeutung des überreichlich vorhandenen Arbeitskräftepotentials wenig Schranken. Menschen, die sich aus dem Elend der vergangenen Jahre herausarbeiten wollten und lange Arbeitszeiten, vergleichsweise geringe Bezahlung und oft schlechte Arbeitsbedingungen in Kauf nahmen, bestimmten die Situation. Auch war der westdeutsche Produktionsapparat viel weniger zerstört gewesen, als die Trümmerlandschaften der deutschen Städte hatten vermuten lassen.

Für die deutsche Exportindustrie war die Situation auf dem Weltmarkt günstig wie nie zuvor. Sie konnte zu fast konkurrenzlosen Preisen anbieten, Engpässe gab es allenfalls bei den notwendigen Rohstoffen oder im Energiebedarf. Aber hier half die Regierung großzügig mit Marshallplan-Krediten, Bürgschaften und Investitionshilfen. Selbst eine Investitionslenkung zur Ankurbelung des Steinkohlebergbaus und der eisenschaffenden Industrie war nicht verpönt. Die Maßnahmen erwiesen sich als wirksam, das qualifizierte Arbeitskräftepotential konnte bald voll genutzt werden. In Zahlen sah das so aus:

Das reale Bruttosozialprodukt wuchs in den Jahren von 1950 bis 1960 von 98,1 Milliarden DM auf 284,7 Milliarden DM (in jeweiligen Preisen). Das entsprach durchschnittlichen jährlichen Wachstumsraten der Wirtschaft von real 7,8 Prozent. Betrachtet man nur die Industrie, so lag das reale Wachstum sogar bei jährlich durchschnittlich 11,5 Prozent für diesen Zeitraum. Die Kapazitätsauslastung der Industrie, 1950 noch bei rund 75 Prozent, erreichte 1954 schon einen Wert von über 90 Prozent und war 1960 bei der Traumziffer 98,7 Prozent angelangt.

In gleichem Maße sanken die Arbeitslosenzahlen, die Anfang 1950 noch bei rund zwei Millionen lagen. 1955 sind noch knapp eine Million registriert und 1960 sind es nur noch 235 000. Die Arbeitslosenquote ist von 10,4 Prozent (1950) über 5,2 Prozent (1955) auf 1,2 Prozent (1960) stetig gesunken, die Vollbeschäftigung war erreicht.

Langsam, doch ebenso stetig, beginnen auch die Einkommen in diesen Jahren zu steigen. Der durchschnittliche monatliche Nettolohn beziehungsweise das Nettogehalt eines beschäftigten Arbeitnehmers beträgt 1950 ganze 213 DM. 1955 sind es schon 315 DM und 1960 432 DM. In den zehn Jahren Wirtschaftswunder hat sich das Einkommen nominal verdoppelt. Rechnet man den Geldwertschwund ab, so bleibt immerhin noch ein realer Zuwachs, der mehr als das Anderthalbfache beträgt.

Allerdings differieren diese Zahlen nicht unerheblich nach dem Status des Beschäftigten. Legt man einen normalen Vier-Personen-Haushalt einer Arbeiterfamilie zugrunde, so wächst das monatliche durchschnittliche Haushaltseinkommen in dieser Periode real von 331 DM (1950) auf 648 DM (1960), während ein vergleichbarer Angestellten- oder Beamtenhaushalt über 424 DM (1950) beziehungsweise 807 DM (1960) verfügen kann.

Krasser noch werden die Unterschiede, wenn man die Einkommen der abhängig Beschäftigten mit denen der Selbständigen und der Unternehmer vergleicht. Hier zeigt eine Rechnung – auf der Basis von Jahresbruttoeinkommen –, daß die abhängig Beschäftigten ihre Einkommen im Zeitraum von 1950 bis 1960 von 3289 DM auf 7059 DM steigern können, während die Einkommen aus Unternehmertätigkeit und Vermögen von der Ausgangsbasis 5079 DM (1950) auf 15 190 DM (1960) anwachsen. Der Steigerungsindex, der bei den Arbeitnehmern 215 beträgt, liegt bei den Unternehmern bereits bei 299, also etwa im Verhältnis 2 : 3 gegenüber der Ausgangslage.

Natürlich spiegelt das keineswegs die wirkliche

Vermögensverteilung und ihre Entwicklung in diesen Jahren wider, es ist lediglich ein Anzeichen dafür, wie ungleich die Entwicklung verlaufen ist, seit der Ausgabe der 40 Deutschen Mark pro Kopf der Bevölkerung am Tage der Währungsreform. Der Lastenausgleich ließ für viele immer noch auf sich warten, und die große Mehrheit der Bevölkerung war ohnehin nicht anspruchsberechtigt. Betrachtet man, soweit Berechnungen dazu vorliegen, die gesamten von 1950 bis 1963 gebildeten Vermögen der privaten Haushalte, so zeigen sie folgende Rangordnung: Auf die Arbeiter entfallen pro Kopf: 2100 DM, auf die Rentner: 2900 DM, auf die Landwirte: 3400 DM, auf die Angestellten: 4800 DM, auf die Beamten: 6800 DM und auf die übrigen Selbständigen und Unternehmer: 22 000 DM, das Zehnfache gegenüber dem Anteil der Arbeiter.

Diese Einkommen wurden von den abhängig Beschäftigten in den Jahren des Wirtschaftswunders durch außerordentlich lange Arbeitszeiten erarbeitet. 1950 lagen die durchschnittlichen bezahlten Wochenarbeitsstunden der Industriearbeiter bei 49 Stunden, 1955 sogar bei 49,8 Stunden und erst danach sinken sie langsam auf 46,3 Stunden im Jahr 1960 ab. Zum Vergleich: noch 1954 liegt damit die Arbeitszeit auf der gleichen Höhe wie 1938. Auch die Einkommen erreichen erst 1953 wieder den Stand von 1938.

Trotz dieser offenkundig ungerechten Einkommensverteilung empfanden die meisten Menschen in den fünfziger Jahren die wirtschaftliche Entwicklung zu Recht als einen stetigen Fortschritt in ihren persönlichen Lebensverhältnissen. Zu bitter war das Elend der Nachkriegszeit und der tägliche Kampf ums Überleben für die meisten gewesen, als daß nicht jetzt, wo die Verhältnisse sich wieder zu normalisieren begonnen hatten, wo das Warenangebot und die Kaufkraft von Jahr zu Jahr ohne Rückschläge zunahmen, wo die Massenmedien ständig das abschreckende Beispiel jenseits der östlichen Staatsgrenze vor Augen führen konnten, eine Welle von Zufriedenheit sich breitmachte.

»Keine Experimente«, die Wahlparole, mit der Adenauer in jenen Jahren die Stimmenanteile seiner Partei von Wahl zu Wahl hochtrieb, wurde vielen zur inneren Überzeugung und war doch oft nur die Angst, von der Vergangenheit wieder eingeholt zu werden. So richtete man sich ein in der Gewißheit, endlich das Rezept des krisenfreien Kapitalismus und der klassenlosen, »nivellierten Mittelstandsgesellschaft« gefunden zu haben.

Daß das »Wunder« auch seine Grenzen hatte, weil es eben kein »Wunder«, sondern nur eine auf günstige interne und externe Bedingungen gegründete, langwährende Prosperitätsphase war, sahen die wenigsten. Erst die Entwicklung in den sechziger Jahren, als sich die Faktoren, die die Prosperität hervorgebracht hatten, zu erschöpfen begannen, das Wunder von innen und außen gleichermaßen bedroht wurde, machte die Brüchigkeit des Wunderglaubens sichtbar und gab den Weg frei für einen illusionsloseren Blick auf Vergangenheit und Zukunft.

87

89

88

90

Die katastrophale Versorgungslage zwingt die Bevölkerung zu ungewöhnlichen Maßnahmen: Wer keine Sachwerte zum Tauschen gegen Lebensmittel besitzt, schreitet zur Selbstversorgung. Öffentliche Plätze werden zum Anbau von Feldfrüchten gerodet: Flüchtlinge beim Anpflanzen von Salat vor dem Lübekker Holstentor im April 1948 (86). Neben dem Mangel an ausreichender Nahrung trifft die Großstadtbewohner insbesondere ein verheerender Mangel an Brennstoffen jeglicher Art. In Berlin wird der knappe Kohlenvorrat penibel ausgewogen und auf Marken verteilt (87). Trotz Hunger und Kälte heißt die Devise: Aufbauen. Mangels geeigneter Maschinen geschieht die mühselige Trümmerbeseitigung fast ausschließlich in Handarbeit (88, 89); sogar kriegsgefangene Soldaten werden auf Anweisung der Alliierten eingesetzt (90) und benutzen diese Gelegenheit nicht selten zur Flucht.

Marshall-Plan
Baumwolle

91

Werde Mitglied im
KONSUM
CARE
U.S.A.
2-9
GR. WT. 30¼ LBS. CU. FT. 1' 2"

92

93

Viele Deutsche überleben die ersten Nachkriegsjahre nur dank der Millionen Care-Pakete, die eine auf privater Initiative beruhende amerikanische Organisation nach Europa verschickt (93). US-Prominenz, wie hier der Schauspieler Joseph Cotten, ließ es sich nicht nehmen, aus dieser Aktion eine typische amerikanische »Show« zu machen (92).
Für den Wiederaufstieg der deutschen Wirtschaft war die Marshallplan-Hilfe von entscheidender Bedeutung. Neben Geldleistungen stand die Lieferung von Rohstoffen und Fertigprodukten im Vordergrund: Arbeiter im Bremer Hafen beim Entladen amerikanischer Baumwolle (91).

94

Demontagen der von den Alliierten als Kriegsindustrie eingeschätzten Werke erbitterten viele Arbeiter, denn damit verloren weitere Menschen ihren Arbeitsplatz und damit die Ernährungsgrundlage für die Familie. Vielfach kam es zu Streiks und Werkbesetzungen durch die betroffenen Arbeiter. Die Besatzungsbehörden setzten Militär zum Schutz der Räum- und Sprengkommandos ein (95).
Die Sowjetunion konnte durch interalliierte Vereinbarungen auch aus den Westzonen Fabrikanlagen demontieren: Arbeiter beim Verladen einer unterirdischen Flugzeugmotorenfabrik der Daimler-Benz AG in der US-Zone (94).
Noch fünf Jahre nach Kriegsende werden Industrieanlagen gesprengt, so das Krupp-Hüttenwerk in Essen-Borbeck (96), dessen Maschinenpark zuvor nach Rußland gebracht worden war, und die Kokerei der ehemaligen »Hermann-Göring-Werke« in Salzgitter-Watenstedt (97).

95

96

97

98

Auch nach der Währungsreform suchen noch Millionen von Menschen Arbeit. Der anhaltende Zustrom Hunderttausender von Flüchtlingen aus dem Osten hält an, und die erst langsam auf Touren kommende Wirtschaft ist nicht in der Lage, alle Arbeitslosen aufzunehmen.
Bilder wie aus den Schreckensjahren der Weimarer Republik: hoffnungslos auf dem Arbeitsamt wartende Menschen (98), Notversorgung für Arbeitslose (99) und Arbeitswillige, die sich öffentlich anbieten – meist vergebens (100).

99

Kraftfahrer
sucht
Arbeit!

DAS IST
DAS ENDE
DER LEGENDE!

102

103

Die vom Krieg und den Kriegsfolgen besonders betroffenen Bevölkerungskreise waren vom wirtschaftlichen Aufschwung zunächst ausgeschlossen. Der Anteil der Sozialetats in den Gemeinden sowie auf Landes- und Bundesebene war zwar sehr hoch, dennoch blieb die materielle Versorgung von Kriegsopfern über zehn Jahre hin auf einem beschämend geringen Niveau. Ihre Proteste (101, 102) fruchteten zunächst ebenso wenig wie die der Gewerkschaften, die schon sehr früh gegen die ihrer Meinung nach ungerechtfertigten Preiserhöhungen auf die Straße gehen (103). Auf Grund der ungewöhnlich hohen Nachfrage nach Konsum- und Investitionsgütern können die Unternehmen die zugestandenen Lohnerhöhungen regelmäßig über die Preise abwälzen.

106

So schnell wandeln sich die Bilder: Eine Werkhalle der Borsig AG in Berlin nach teilweiser Zerstörung und völliger Demontage Ende 1946 (104) und dieselbe Halle nur wenige Jahre später, als der erste Schmelzofen angestochen wird (105).

Ein typisches Bild aus einer westdeutschen Industriestadt Anfang der fünfziger Jahre: Angestellte und Arbeiter zu Fuß auf dem Weg zur Arbeit (106). Motorräder oder gar Autos sind im Straßenbild noch selten, der Verdienst reicht gerade, um die Familie ausreichend zu ernähren und erste Einrichtungsgegenstände zu kaufen.

Stolz auf das Erreichte: 1957, als man schon vom »Wirtschaftswunder« spricht, demonstrieren 120 Beschäftigte des Fürther Werks der Grundig AG für ihre Leistung. Fünf Millionen Radiogeräte sind seit der Gründung dieses Betriebs produziert worden (107).

5000000
M·A·N
DIESEL

Die neuen Reichen und die Neureichen in Deutschland

Karl Wilhelm Boetticher

Vom Hauptbahnhof führt die breite Straße zwei Kilometer lang bis ins Zentrum der Großstadt, tagsüber wimmelt es auf ihr von Menschen und Fahrzeugen, abends blinken im bunten Farbenspiel Leuchtreklamen, und helles Licht fällt aus den großen Schaufenstern, in denen sich in üppiger Fülle die Ware anbietet. Vom einfachen Email-Eimer (2,75 DM) bis zur raffinierten Musiktruhe (3200 DM) und vom billigen Hemd (9,20 DM) bis zur eleganten wildledernen Weste (240 DM) kann das »Publikum« wählen, was immer das Herz begehrt und der Geldbeutel zuläßt. Je weiter man zum Kern der Stadt hin vordringt, desto mehr überwiegt der Luxus den praktischen und einfachen Bedarf. Man steht vor Auslagen mit märchenhaften Pelzen, blitzenden Diamanten, mondänen Garderoben, mit Teppichen, Gardinen, Möbeln, wie man sie nur aus dem Film zu kennen meint. Und im Vorübergehen hört man einen Seufzer: »Niemals werden wir uns das kaufen können«; oder mit grollendem Unterton: »Es muß doch Leute geben, die sich das leisten können.«

Die Hauptstraße, von der hier die Rede ist, zählt auf 2000 Meter Länge 191 Geschäfte, von denen nicht weniger als 102 (also 53 Prozent) nach Angebot, Aufmachung und Preis sich an »den Kunden mit höheren Ansprüchen« richten. Am stärksten ist dabei die Gruppe von Geschäften vertreten, die Textilien und Bekleidung (Stoff, Anzüge, Kleider, Hüte, Pelze) feilhalten. Insgesamt 45 sind es, davon 28 für Leute, die sich »etwas leisten können«. 20 Geschäfte »führen« Schuhe und Lederwaren, darunter 16 für zahlungskräftigere Kunden. 17 Geschäfte verkaufen, was im weitesten Sinne zur Einrichtung der Wohnung gehört; zwölf von ihnen erwarten Leute, bei denen es auf zehn, 100 und mehr DM weniger oder mehr nicht so genau ankommt. Zehn Läden bieten Parfümerien und Kosmetika an, deutsche, französische, spanische, amerikanische, zu Preisen, die sich kaum aus der Westentasche bezahlen lassen. Von elf Caféhäusern sind sechs, von neun Gasthäusern vier für Leute, die den Aufwand an seidenen Tapeten, dicken Teppichen, betreßten Türhütern, Garderobieren, befrackten Kellnern und so weiter lächelnd bezahlen und noch ein gutes Trinkgeld extra geben. Außerdem sind da noch vier Bars (ein Dutzend anderer liegt in stillen Straßen). Zwölf Geschäfte handeln mit Photoapparaten und Uhren in Preislagen bis zu 1200 beziehungsweise 700 DM. Sechs Juweliere und Schmuckwarenläden, drei Konfitürengeschäfte, zwei Spielwarengeschäfte, fünf

Radiogeschäfte, ein Blumenladen werben um die Gunst von Käufern mit reichlich versehenen Brieftaschen. Daneben Reisebüros, Lotterieagenturen, Schnellphotos, Verkaufskontore für Geldschränke, Kugellager, Registrierkassen (22 solcher Geschäfte im ganzen). Schließlich eine Apotheke, vier Buchläden, vier (teure) Lebensmittelgeschäfte und fünf Stände und Buden mit Würstchen, Bier, Schokolade oder Nylons. Dann noch zwei Kaufhallen und ein Warenhaus mit billiger Ware für breite Käuferschichten.

Massennot und Luxusbefürfnis

Und sie leben alle, diese Luxusgeschäfte, sie werden nicht weniger, im Gegenteil, sie vermehren sich Woche für Woche; da zwei neue Schuhsalons, da ein Haus für (elegante) Kinderkleidung, da ein Modesalon, ein Caféhaus, eine Bar. Das alles spielt in einem Lande, das bettelarm und auf die Hilfe von außen angewiesen ist, kein Kapital bilden, die wichtigsten Investitionen für die dringliche Vergrößerung seines Produktionsapparates nicht aufbringen kann, Flüchtlinge, Arbeitslose, vagabundierende Jugendliche zu Millionen zählt und Millionen von Arbeitern und kleinen Angestellten hat, die kaum das Existenzminimum erreichen und mit ständiger Unruhe jede Preisbewegung beobachten.
Muß man bei so unvereinbaren Erscheinungen von Massennot und offenbar verbreitetem Luxusbedürfnis nicht fragen, wer die Leute sind, die so viel Geld haben, um es in teuren Geschäften und Lokalen auszugeben? Und sollte man nicht meinen, daß unsere Wirtschafts- und Finanzpolitiker nicht längst dieser Frage ihre Aufmerksamkeit geschenkt haben, weil doch hier ohne jeden Zweifel ein Teil des Geldes sich finden ließe, der eben nutzlos verrinnt, während er, richtig geleitet, allerlei Gutes stiften könnte?
Die Frage, wer in Deutschland die Leute mit Geld sind und welchen Umfang diese Schicht hat, ist nicht ohne weiteres zu beantworten. Es gibt heute noch keine Statistik, aus der sich die Verteilung des Einkommens ablesen ließe. Sie würde unter den besonderen Verhältnissen unserer anomalen Situation auch nicht zureichen, um die gestellte Frage zu beantworten, weil in Deutschland sehr viele Leute Geld verdienen, ohne in angemessenem Verhältnis Steuern zu zahlen, viele sogar ohne überhaupt Steuern zu bezahlen.
Um dem Problem dennoch nahe zu kommen, erinnert man sich am besten einiger sicherer Tatsachen, um auf solche Weise eine Fährte zu gewinnen. Zunächst: die alte traditionelle Wohlstandsschicht hat im großen und ganzen ihre materielle Grundlage verloren. Eine so bedeutende Gruppe, wie sie der ostelbische Großgrundbesitz darstellte, hat völlig aufgehört zu existieren. Das gleiche gilt für die Masse des besitzenden Bürgertums aus dem Osten. Der Besitzstand im Westen ist durch die Zerstörungen, die der Krieg verursachte, und durch die Währungsreform dezimiert worden und recht erheblich zusammengeschrumpft. Weitere Substanzverluste werden auftreten, wenn der Lastenausgleich zustande kommt. Zwar hat sich mancher über den Geldschnitt hinweggerettet, doch sind die Kunden des Luxus hier kaum zu finden.
Die Umstellung der Währung hat aber allen denen eine einmalige Gewinnmöglichkeit geboten, die während der RM-Zeit vorsorglich Ware gehortet hatten und sie nach dem X-Tag einem Warenhunger ohne Grenzen zu hohen Preisen anbieten konnten. Da die gehorteten Warenlager in der Masse nicht zu Buche geschrieben waren, wurden sie auch steuerlich nicht erfaßt und konnten daher, wenn überhaupt, nur schwer und sehr allmählich von neuem angelegt werden. Es entstand das vagabundierende Geld einer

illegalen Wohlstandsschicht von Neureichen. Aus ihren Kreisen vor allem rekrutierten sich später die Finanziers der großen Geschäfte um den geschmuggelten Kaffee, Tee, Tabak, die bis heute in voller Blüte stehen.
Erst im zweiten Abschnitt der Währungsreform kamen kleine und große Fabrikanten, Unternehmer und Manager in großer Zahl und sicher zum Zuge. Sie bedienten bei schnell wachsender Produktion die warenleeren Märkte und kalkulierten ihre Preise so, daß großzügige Gewinne zur Verfügung blieben. Sie wurden sofort wieder investiert, um die Produktion zu erweitern. Daneben beeilte man sich, nach den Maßstäben aus der Zeit vor dem Kriege einen Lebenszuschnitt wiederherzustellen, wie ihn sich die politischen Emporkömmlinge der Diktatur zugemessen hatten und wie er dann bei allen, die daran profitierten, gang und gäbe wurde.
Mit der Entwicklung des politischen Lebens in Deutschland trat schließlich eine dritte Gruppe in Erscheinung: die Politiker. Auch sie sind im verarmten Deutschland wenn auch in Grenzen teils neue Reiche, teils Neureiche. Ihre Funktionen werden gut bezahlt, sie sind von der Steuer privilegiert und bauen sich zugleich aus dem Steueraufkommen, das sie kontrollieren, jene prunkvollen Residenzen, vor denen die glänzenden Kolonnen von Wagen warten, die nur zum kleinsten Teil aus dem Volkswagenwerk stammen.
Damit sind einige erste Anhaltspunkte gewonnen, von denen aus man versuchen kann, das Bild genauer und in Einzelheiten nachzuzeichnen.

Was der Luxus kostet

Man muß die Preise kennen, die in jenen anspruchsvollen Geschäften und Lokalen gefordert werden, um damit eine hinreichende Vorstellung vom Wohlstand der neuen Reichen und der Neureichen zu gewinnen. Was die Schaufenster mit Preisschildern ausweisen, gibt längst nicht das wirkliche Bild wieder. Man lockt auch den verwöhnten Käufer noch mit einem vergleichsweise billigen Angebot, um ihm erst im Laden die bessere und teurere Ware vorzulegen, wenn man nicht überhaupt darauf verzichtet, die ausgestellte Ware mit Angabe des Preises auszulegen. Wer als harmloser Bürger mit mittlerem Einkommen ahnungslos eines der Geschäfte für Herrenbekleidung betritt, stolpert zunächst über einen dicken Teppich, ehe er dazu kommt, nach einer langen Unterhose zu fragen. Man legt ihm eine gute Qualität vor, von der man erfahrungsweise annimmt, daß für sie bestenfalls 15 DM zu zahlen sind. Hier werden 39,75 DM verlangt. Man zieht sich beschämt oder, wenn man den Mut aufbringt, hohnlachend zurück, nicht ohne vorher festzustellen, daß immerhin eine ganze Reihe von Kunden in diesem Geschäft kauft.
Der Direktor eines großen industriellen Unternehmens hält sich einen Tag und eine Nacht in einer westdeutschen Handelsstadt auf. Quartier ist für ihn in einem der erstklassigen Hotels bestellt, das in seiner Art allen nur erdenklichen Komfort bietet. Das Unternehmen hatte Weltruf, wurde während eines Luftangriffs fast völlig zerstört, ist aber inzwischen bis auf einen Flügel wiederaufgebaut, freilich mit unvergleichlich höherem Aufwand, als er früher betrieben wurde. Ein Zimmer muß man mehrere Tage vorher bestellen; das Haus ist stets bis auf das letzte Bett besetzt. Der Zimmerpreis schwankt zwischen 11 und 30 DM, von den besonderen »Luxus-Appartements« abgesehen. Der Direktor zahlte für sein Zimmer 18 DM und 2,70 für die Bedienung. Das Frühstück, das aus einer Portion Kaffee, Brötchen, Butter, Confitüre und zwei Eiern bestand, wurde mit 5,50 DM berechnet. Das Mittagessen, zu dem er einen Geschäftsfreund eingeladen

hatte, kostete für Vorspeise, Suppe, Hauptgericht, Nachtisch, eine Flasche Mosel, Mocca, zwei Zigarren und zwei Cognacs 56 DM.
Zum Abendessen hatte der Direktor drei Gäste zu bewirten. Er zahlte dafür bei drei Flaschen Pfalzwein, jede von hoher Qualität zum Preise von 19 DM (ohne die 20prozentige Getränkesteuer) und zwei Flaschen Sekt, insgesamt 310 DM. Nachmittags war er in einem Café eingekehrt. Er zahlte für eine Tasse Kaffee und ein Stück Baumkuchen 3,10 DM. Er gab an diesem Tag als Spesen 395,30 DM aus, ungerechnet die Auslagen für Wagen und Fahrer.
Der Direktor, der von Natur aus Aufwand zu vermeiden sucht, erklärte dazu, daß seine Firma es übel vermerken würde, wenn er in einem einfacheren Hotel absteigen und mit Einladungen geizen würde.
Ein schweizerischer Verleger verabredete sich mit einem seiner deutschen Autoren auf der Terrasse eines bekannten Cafés. Er hatte folgende Rechnung zu zahlen: Zwei Flaschen Coca-Cola 1,60 DM, zwei Kännchen Mocca 6,20 DM, 2 Stück Eistorte 3,60 DM, 2 Weinbrand 3 DM. Zusammen mit dem Zuschlag für die Bedienung insgesamt 15,84 DM.
Ein Bauunternehmer, der sich um einen großen öffentlichen Auftrag bemüht, ladet einen höheren Beamten, von dessen gutem Willen möglicherweise allerlei abhängt, zu einem Bummel durch das Nachtleben ein, die Ehefrauen nehmen daran teil. Man nimmt das Abendessen im bekanntesten Weinhaus der Stadt. Es hat den Krieg zwar ohne Schaden überstanden, aber seine Ausstattung ist nach der Währungsreform bis zur Seidentapete und zu den Teppichen, in denen der Fuß angenehm versinkt, von Grund auf erneuert. Freitags, sonnabends und sonntags muß man Tische vorbestellen, mittwochs und donnerstags ist es durchschnittlich gut besucht, nur der Montag und Dienstag lassen, wie der mitteilsame Geschäftsführer verriet, zu wünschen übrig. (An diesen beiden Tagen werden die »Regiekosten« nicht gedeckt.) Die Rechnung des Architekten machte hier 186,20 DM aus.
Nach dem Abendessen – es ist ein Sonnabend – versucht man gegen 22 Uhr, nacheinander in zwei Bars einen Tisch zu bekommen; es gelingt erst in einer dritten. Die Gesellschaft verzehrt: acht Cocktails, 2 Flaschen Sekt, zwanzig (unversteuerte) Zigaretten, vier Zigarren. Die Rechnung lautet auf 112 DM. Je drei Rosen für die Damen und zwei kleine Bonbonnieren kosten außerdem 28 DM. Die Garderobiere nimmt 2 DM. Ein zerbrochener Sektkelch wird vom Kellner nicht berechnet (solche kleinen Unfälle sind im Preis miteinbegriffen). Der Abend wird schließlich in einer anderen Bar beendet. Die Einladung kostete den Architekten insgesamt 433,20 DM. Er hielt sie für durchaus erträglich und in »üblichen« Grenzen.
Ein Steuerberater, dem diese Beispiele vorgelegt werden, lächelt und meint, alle Beispiele seien durchaus »kleine Fische«. Er kennt eindrucksvollere Rechnungsbelege: Herrenzimmereinrichtungen zwischen 10000 DM und 50000 DM, Teppiche bis zu 6000 DM, Kuraufenthalte mit einem Aufwand zwischen 3000 und 7000 DM. Mindestens 30 andere konkrete Beträge konnte er herunterzählen: Rassehunde, Pelze, Kraftwagen, Schmucksachen, Antiquitäten, Blumenarrangements, Bankette, für die fast unvorstellbar hohe Preise hier in diesem Deutschland bezahlt werden. Setzen wir noch ein Beispiel zum Abschluß hinzu. Eine seriöse Zeitschrift berichtete, daß in einer Nacht an einem Tisch in einem der großen Spielkasinos 400000 DM eingesetzt werden.
Um diese Summen im richtigen Verhältnis zu sehen, ist es nötig, sich zu vergegenwärtigen, daß 63,9 Prozent aller Lohn- und Gehaltsempfänger heute unter 250 DM, 22,2 Prozent zwischen 250

und 400 DM und nur 6,4 Prozent zwischen 400 und 550 DM verdienen: Das bedeutet bei dem augenblicklichen Preisniveau, daß gut die Hälfte aller arbeitenden Menschen das Existenzminimum nicht erreicht.

Befragt man die Inhaber oder Geschäftsführer der Luxusgeschäfte oder -gaststätten über die Entwicklung ihrer Umsätze, so klagen sie alle über hohe Einkaufspreise, hohe Regiekosten und geringe Neigung ihrer Kunden, zu kaufen oder zu verzehren. Beobachtet man aber ihren persönlichen Aufwand, so darf man mutmaßen, daß ihre Klagen und Besorgnisse aus Angst vor Schnüfflern der Finanzämter erhoben werden.

Der Besitzer eines Luxuscafés in einem internationalen Bad gab jedenfalls zu, daß sein Gewinn ihm vor allem deswegen Sorge mache, weil er nicht wisse, wie er ihn auf unverfängliche Weise vor der Steuer verkleinern könnte. Er investiert und schreibt ab, so tüchtig er kann. Zahlreiche »Geschäftsreisen«, auf denen er sich leistet, was sich anbietet, vergrößern das Spesenkonto, das sich von der Steuer absetzen läßt. Auf solche Weise ermäßigt er seine Steuerzahlungen beträchtlich.

Die hohen Steuersätze sind aber zugleich einer der wichtigsten Gründe für die Höhe seiner Einkünfte. »An dem Tage, an dem die Steuer abgebaut oder sinnvoller gehandhabt wird und es sich auf irgendeine Art lohnt, echte Gewinne zu erzielen, wird sich mein Geschäft nur noch halb so gut anlassen«, erklärte er in aller Unbefangenheit.

Ein Blick in das Einkommensteuergesetz macht einige der Gründe sichtbar, die dafür mitverantwortlich sind, daß in Deutschland neben der schlimmsten Not üppige Verschwendung herrscht. Der Anreiz, Einkommen und Gewinn durch Ausgaben über Spesenkonten zu verringern, die als »Werbungskosten« vom Einkommen abgezogen werden können, beginnt schon bei vergleichsweise geringen Erträgnissen. Bei einem zu versteuernden Einkommen von 6000 DM jährlich zahlt ein Verheirateter ohne Kinder (Steuerklasse II) rund 945 DM Steuern, ein Sechstel des Arbeitsertrages also. An Spesenmachen kann man in dieser Einkommensstufe nicht denken. Außerdem wäre es ohne jeden Nutzen, weil sich auf solche Weise das Verhältnis von Einkommenshöhe und Steuerhöhe kaum zugunsten des Steuerzahlers verändern läßt. Anders schon bei einem Einkommen von 12000 DM jährlich: Der Steuerabzug beträgt mehr als ein Drittel. Die Einkommenshöhe läßt bereits eine gewisse, wenn auch immer noch begrenzte Großzügigkeit von Ausgaben zu, die nicht unmittelbar zur Lebenshaltung im engeren Sinne gehören. Ein Spesenkonto von 1000 DM im Jahr ermäßigt die Steuersumme von 3345 DM um 450 DM. Das heißt, die Hälfte des Aufwandes wird praktisch von der Steuer bezahlt. Die Versuchung, Aufwand zu Lasten der Steuer zu treiben, wächst mit steigender Einkommenshöhe. Bei einem Jahreseinkommen von 60000 DM sind in der Steuerklasse I 29785 DM zu zahlen; ermäßigt der Steuerzahler das zu versteuernde Einkommen durch Spesen um 6000 DM, so erzielt er eine Verringerung der Steuersumme um 3670 DM.

Das Einkommen durch Spesenausgaben zu senken bedeutet daher tatsächlich Gewinn durch Annehmlichkeiten zum halben Preise, mögen sie auch recht nutzlos sein, sofern man sich auf solche Weise nicht seine Geschäftspartner verpflichtet und einen bedeutenden Teil gesellschaftlicher Verpflichtungen abdeckt.

Die neuen Reichen

Im Jahre 1937 erbrachte die Lohnsteuer einen Ertrag von 965 Millionen RM, die Einkommensteuer einen Ertrag von 1,3 Milliarden RM. Im Jahre 1949/50 erbrachte die Lohnsteuer 2,1, die

Einkommensteuer 2,4 Milliarden DM. Der Anteil der Einkommensteuer am ganzen Aufkommen von Lohn- und Einkommensteuer hat sich damit von 57,3 Prozent im Jahre 1937 auf 53,3 Prozent im Jahre 1949/50 verringert. Berücksichtigt man die außerordentliche Erhöhung der Steuersätze gerade in den höheren Einkommensschichten, so wird sichtbar, daß die Gruppe der Bezieher von großen Einkommen statistisch merklich zusammengeschrumpft ist. Daß sie dennoch um einige Grade deutlicher nach außen in Erscheinung tritt als früher, hat viele Gründe: Die Not ist größer geworden, und der Abstand zwischen den Armen und den Leuten mit Geld macht sich stärker bemerkbar; ein falsch angelegtes Steuersystem verursacht unnötigen Aufwand auch schon bei Leuten mit Einkommen um die 1000-DM-Grenze, die früher bei günstigeren Steuersätzen und besserem Vertrauen auf wirtschaftliche Stabilität vernünftigere Anlagen für ihr Geld suchten; eine Schicht von suspekten Neureichen, welche die Währungsreform emporgespült hat und sich auf vielen Wegen der Besteuerung entzieht, beteiligt sich ausgiebig am Luxuskonsum.

Die neuen Reichen, viele von ihnen Wieder-Reiche, wird man in der Welt des Geschäftes zu suchen haben. Sie wollen schnell wiedergewinnen, was der Krieg genommen hat, und orientieren sich im übrigen im Lebenszuschnitt an Vorstellungen, die zu unserer Wirklichkeit nicht mehr passen. Es wird zwar behauptet, daß sich in der Geschäftswelt und vor allem in der Industrie eine Tendenz zur Nivellierung der Einkommen bemerkbar mache. Das mag hier und da tatsächlich der Fall sein. Vielfach aber haben geringere Einkommen nur nominellen Charakter und werden auf sehr verschiedenen Wegen reichlich kompensiert. Einzelne Stichproben ergeben, daß auch heute noch enorme Gehälter gezahlt werden: So zahlt eine Gerbstoff-Fabrik mit 74 Arbeitern ihrem Direktor 67 300 DM und ihrem Prokuristen 25 600 DM jährlich; der Direktor einer Privatbank bezieht ein Jahresgehalt von 37 000 DM und der erste Direktor einer chemischen Fabrik mit 4000 Arbeitern 84 000 DM.

Die Neureichen

Für die Mehrzahl der neuen Reichen war die Währungsreform der Start für ihre Bemühungen, »wieder zu etwas zu kommen«. Dabei haben natürlich nicht allein Tüchtigkeit und Initiative eine Rolle gespielt, bei vielen waren es dazu gehortete Waren und Rohstoffe und geschickte Spekulationen mit der Preisbewegung, die durch das neue Geld ausgelöst wurde. Das alles zusammen hat dieser Schicht den glücklichen Sprung in den nächsten Abschnitt der wirtschaftlichen Entwicklung nach dem Kriege erleichtert. Die Währungsreform hat aber außerdem einer ganzen Schicht abenteuerlicher Existenzen eine unvergleichliche Möglichkeit geboten, auf einen Schlag reich zu werden: den mittleren und großen Schwarzhändlern, die sich rechtzeitig auf den Tag X vorbereitet hatten und danach alle Register ihrer eingespielten Verschlagenheit nutzten, um erst den Rest der Kontingentierung weidlich auszuschlachten und dann noch die Preishausse des Jahres 1948 geschickt »mitzunehmen«. Die Masse war danach saturiert und bedacht, die illegalen unversteuerten Gewinne auf vielerlei Weise »ehrlich« zu machen oder sie als Rente langsam aufzuzehren. [...]

Die Zahl dieser Leute mit schwarzem Geld, das vor den Augen der Steuerbehörde verborgen gehalten wird, ist auch heute noch recht beträchtlich. Man kann sie nicht zählen, aber die Summe von 1,6 bis 2 Milliarden DM, die als Hortungsgewinne nach ernsthaften Schätzungen im Jahre 1948 im wesentlichen in ihre Hände gelangte, gibt eine ungefähre Vorstellung vom Gewicht dieser Gruppe. Diese Neureichen sind außerdem mit einem bedeutenden Prozentsatz auch heute noch am Schwarzhandel beteiligt. Es geht dabei immer noch um Zigaretten, Kaffee, Treibstoff, Nylons und Dollars, ebensosehr aber um illegale Geschäfte mit Rohstoffen und Maschinen über die grüne Grenze nach Osten. In jeder Nacht wechseln ganze Kolonnen von Lastkraftwagen nach dem Osten hinüber, beladen mit Werkzeugmaschinen, Spezialstahl, Hochfrequenzmotoren und Werkzeugen.

Das Finanzministerium in Bonn rechnet mit einem Umsatz der illegalen Ein- und Ausfuhr, welcher die Milliardengrenze wahrscheinlich nicht unerheblich überschreitet. 23 Prozent des Verbrauchs an Zigaretten, 50 Prozent des Kaffees, 60 Prozent des Tees, dazu Rauschgifte, Schokolade, Kakao, Spirituosen, Weine, Strümpfe und Zigarettenpapier werden auf vielen Wegen über die Grenzen und bis an den letzten Verbraucher gebracht. Das ist zugleich ein gefährliches und ein einträgliches Geschäft; es »nährt seinen Mann« und erlaubt denen, die solche Geschäfte betreiben, ein Leben, das der dunklen Herkunft der Gewinne wegen und der Gefahr, die damit verbunden ist, notwendigerweise in Verschwendung ausartet.

Aufwand der Politiker

Auch auf dem politischen Parkett wird heute Geld verdient. Nicht genug, um dabei reich zu werden, aber doch so viel, um einen Aufwand treiben zu können, der oft und an vielen Stellen ärgerlich sichtbar wird: Die hohen und höheren Funktionäre der Länder (mit Jahresgehältern für ihre Ministerpräsidenten zwischen 32 000 und 17 500 DM, Wohnungsgeldzuschüssen in Höhe von 2500 DM und beträchtlichen steuerfreien Aufwandsentschädigungen), die Abgeordneten des Bundestages, die ihre Diäten steuerfrei haben, die hohen und höheren Beamten des Bundes, alles in allem zwar eine kleine Gruppe von kaum mehr als 3000 Personen, die aber so stark im Mittelpunkt des öffentlichen Interesses steht, daß ihr Lebensstil scharf und kritisch beobachtet wird. Da es außerdem ziemlich leicht ist, den besonderen Typ des Politikers vom Industriellen, vom seriösen Kaufmann oder von dem Mann dunkler Geschäfte zu unterscheiden, fällt er als Teilnehmer am neuen Reichtum im armen Deutschland besonders auf.

Ihr Aufwand, der beträchtlich ist, nährt sich nur zu einem Teil aus ihren Einkünften. Sie haben dazu besondere Privilegien: die steuerfreien Diäten, die Aufwandsentschädigungen, den Dienstwagen, den glanzvollen Arbeitsraum, die (vergnügliche) Dienstreise. (»Ich mache in der zweiten Monatshälfte die eine oder andere Dienstreise, wenn mein Taschengeld nicht zureicht«, vertraute mir gelegentlich ein hoher Beamter in weinseliger Laune an.) Zum Bilde paßt, daß etwa beim Bundespresseamt 20 000 DM für einen Empfangsraum und über 11 000 DM für das Arbeitszimmer des Chefs aufgewandt wurden, daß das Arbeitszimmer des Innenministers 14 000 DM, das seines Staatsekretärs 12 000 DM und seine Vorzimmer 7000 DM kosten. Aber es bedarf kaum der Interna, mit denen sich einige Seiten füllen ließen.

Man braucht nur in Bonn und in den Landeshauptstädten sich die Gebäude von außen und innen ansehen, in denen die politische Bürokratie residiert. Selten nur wird sich jene saubere und nüchterne Einfachheit finden, die einem Lande angemessen wäre, das nach einem verlorenen Kriege alle seine Mühe darauf verwenden sollte, einer unübersehbaren Not zu steuern. Der Pfennig wird hier nicht in der Hand gewogen (wenn zum Beispiel für einen Empfang 16 245 DM verbraucht werden), ehe er mit aller Verantwortung ausgegeben wird, in diesem Lande, das

die höchsten Steuern in der Welt von seinen Bürgern eintreibt.
Nimmt man das Bild als Ganzes (und berücksichtigt dabei, daß hier ein erster Versuch gemacht wurde, vielfältige Beobachtungen und Tatsachen zusammenzuordnen), so wird jedenfalls deutlich, wie unendlich weit die Deutschen davon entfernt sind, ihre Situation zu erkennen und sich richtig und vernünftig auf sie einzustellen. Nicht daß es Reiche, ehrliche und unehrliche, und daß es Arme gibt, ist das Beunruhigende. Die soziale Ordnung bedarf ohne Zweifel der Differenzierung, die sich auch in der verschiedenen Höhe von Einkommen ausdrückt. Beunruhigend aber ist, daß es im Verhältnis zu viele Arme gibt, zu viele Menschen, die das Existenzminimum nicht erreichen, und daß es im Vergleich zu dieser Not zuviel Leute gibt, die über sehr viel Geld verfügen, das sie schlechter anwenden, als es die einfachste Gerechtigkeit erlaubt. Es wäre Aufgabe der Politik, der Gerechtigkeit zum Zuge zu verhelfen, »das Sozialprodukt besser und richtiger zu verteilen«. Indes, sie hat sehr lange alles unterlassen, in dieser Richtung zu handeln. Statt produktive Anlagen und mit ihnen Arbeit und Lohn zu schaffen, hat sie es zugelassen, daß sich der unnütze Luxus breitgemacht hat und dabei noch geholfen und ihn gefördert. Wer sich in Deutschland auskennt, weiß lange, daß hier nicht hilflose Ohnmacht vor dringenden Problemen herrscht, sondern der uneingestandene Wunsch und Wille zu restaurieren. Denn auch die Bars, die Luxushotels, die eleganten Restaurants, die feenhaften Spielkasinos sind ein Stück der Restauration samt denen, die sich in ihnen wohl fühlen. Sie sind auf die Vergangenheit hin zugeschnitten, ein böser Anachronismus, der fremd und beleidigend in einer Welt steht, die nicht mehr »in Ordnung« ist. Sieht man genauer zu und beobachtet die Leute mit Geld inmitten ihres Milieus, die »Schwerverdiener« aus der Welt des Geschäftes und der Unternehmungen, die »politischen Kontrolleure des Volksvermögens« im sicheren Besitz ihrer Privilegien und die geriebenen Nutznießer der großen illegalen Geschäfte, dann wird man das bange Gefühl nicht mehr los, daß diese Demokratie im Begriff ist, sich bis auf den Grund zu korrumpieren.
Es ist eine Binsenwahrheit, daß hier in Europa (wie inzwischen überall in der Welt) der Friede und die Ordnung davon abhängen, ob es gelingt, das soziale Gefüge stabil zu machen. Diese Stabilität aber setzt ein gewisses Maß von Solidarität zwischen denen voraus, die in Weisheit und Demut Politik machen, die mit Initiative und Weitblick Wirtschaft treiben und denen, die durch ihre Arbeit den guten Plänen der Politiker und den nützlichen Absichten der Wirtschafter Form und Gestalt verleihen. Davon sind wir weit entfernt. Noch ist es nicht zu spät, und es gibt Zeichen, die darauf deuten, daß in der Politik und in der Wirtschaft die Stimmen der Vernunft zum Zuge kommen. Wenn diese Hoffnung trügen sollte, werden die recht behalten, welche meinen, daß unsere Gesellschaftsordnung ihrem Ende entgegengeht.

109

110

111

Nur zwei Jahre nach der Währungsreform wird der neue Wohlstand einer zunächst noch dünnen Schicht gern wieder herausgekehrt: Ob schweres Bleikristall auf dem Nierentisch-Servierwagen (108) oder der mit teuren Kosmetika schier überbordende Schminktisch (109) – man zeigt, was man sich leisten kann.
Im Kasino von Baden-Baden geben sich ab 1950 die traditionell Wohlhabenden und die neuen Reichen am Roulettetisch ihr Stelldichein (110); Nachtbars für Spesenritter sind schon längst nichts Ungewöhnliches mehr (111).

113

114

115

116

Die großen Namen der deutschen Schwerindustrie erlangen auch im Zuge des Wirtschaftswunders wieder ihre traditionelle Bedeutung: Alfried Krupp von Bohlen und Halbach besucht nach seiner vorzeitigen Entlassung aus dem Gefängnis, zu dem ihn 1948 ein alliiertes Gericht verurteilt hatte, ein Werk für nahtlose Stahlreifen (112). Die Produktion befindet sich 1953, als er die Leitung des Unternehmens wieder übernimmt, längst auf vollen Touren. Krupps Generalbevollmächtigter Berthold Beitz hatte am Wiederaufbau großen Anteil, hier in der kühlen Pracht seines Büros (114) und mit Familie im privaten Heim (116). Ein Aufsteiger, wie er im Buche steht: Max Grundig beginnt 1945 in einer Baracke mit dem Zusammenbasteln von Radiogeräten – sein Unternehmen entwickelt sich in 15 Jahren zu einem der größten der europäischen Unterhaltungsindustrie. In fast barocker Pracht repräsentiert er mit Familie (113, 115) den erfolgreichen Unternehmer – aus dem Nichts zum Millionär.

Nachkriegsidole, die auf der Sonnenseite der Wirtschaftswunderwelt stehen und von Millionen angehimmelt werden: Romy Schneider und Horst Buchholz auf einem Filmball Ende der fünfziger Jahre (117) und die Schauspielerinnen Liselotte Pulver und Sabine Sinjen in Ballkleidern auf dem Weg zur Verleihung eines Filmpreises (118). Das staunende Publikum bleibt vom Flitter und Glanz ausgesperrt.
Curd Jürgens am Steuer seines Sport-Coupés auf dem Weg nach Sylt, dem Mekka der Reichen und Neureichen (119).

117

118

119

120

Eine Gartenparty am sonnigen Wochenende mit allen Insignien der Zeit: unbeschwertes Genießen nach den Jahren des Wiederaufbaus mit Cocktails und Chianti inmitten bürgerlicher Wohlanständigkeit (120).

Das Grillen im eigenen Garten (121) bleibt für die meisten Bürger allerdings ebenso ein Wunschtraum wie das Eigenheim – dazu reichte der Verdienst noch lange nicht.

121

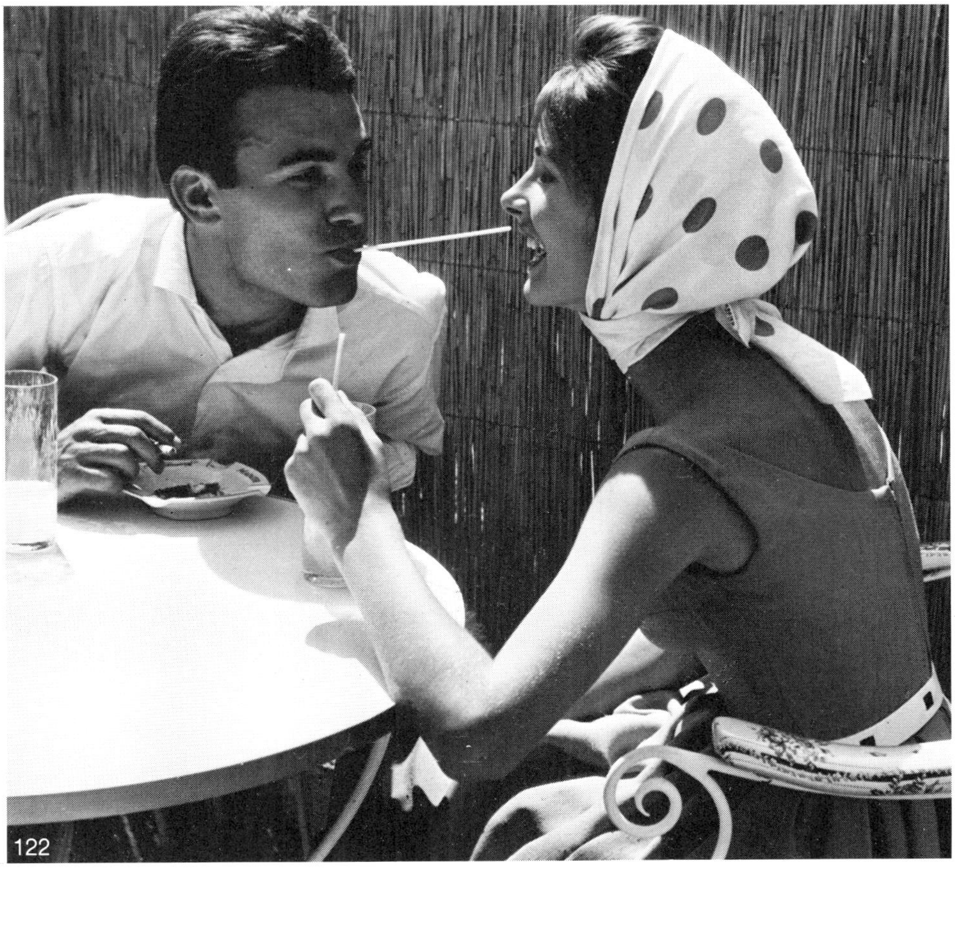

122

Zwanglos-neckisches Freizeitvergnügen in einem Gartencafé (122) vor der Stadt war eher die Regel. Den Wochenendausflug tritt man noch mit Bus, Straßenbahn, Fahrrad oder gar eigenem Motorroller an.

Die abgerundete, weiche Form triumphiert bei fast allen Gegenständen des täglichen Lebens, praktisch und formschön sollten sie sein: Die elegante Dame mit dem neuesten Kinderwagenmodell von 1950 (123) und ein neuartig verkleidetes Fahrrad aus demselben Jahr, das genügend Platz für den täglichen Einkauf bietet (124).

125

126

127

128

Der neue Wohlstand zeigt sich allenthalben: Man kann es sich leisten, nach dem Abendbummel noch eine Bar aufzusuchen (126), während des Nordseeurlaubs sind die modischen Milchbars stets gut gefüllt (127). Schon drei Jahre nach Wiederaufnahme des Flugbetriebs führt die Lufthansa einen Erste-Klasse-»Senator«-Dienst ein. An Bord sorgt ein Chefsteward für das leibliche Wohl der Fluggäste (125).
Daheim ist man nicht weniger verschwenderisch: Im legeren Alltagsdreß – Tweedrock und Strickjacke – bietet die Dame des Hauses vor dem neubarocken Barfach allerlei aus dem wohlsortierten Alkoholvorrat an (128).
Das Nonplusultra für den Weekend-Trip Ende der fünfziger Jahre: Beschwingte Musik erklingt aus dem tragbaren Plattenspieler (129).

»Wir haben es geschafft«

Hermann Glaser

Im Unterkleid steht sie vor dem dreiteiligen Toilettenspiegel. Unter der Achsel nur wenige Haare. Im Petticoat – mit Pferdeschwanz. Auf der Glasplatte des Toilettentischs Bürsten und Kämme, Cremes und Puderdöschen, Fläschchen mit Kölnisch Wasser und Parfum. Sie zieht die Nylonstrümpfe über. »Wie seh' ich aus?« Dann dreht sie sich mit einer raschen Bewegung einmal um die eigene Achse, daß die einzelnen Tüllagen des Petticoats luftig aufgebauscht werden. Sie trägt einen weiten schwarzen Glockenrock und knöpft sich über den Brüsten die weiße Bluse zu. »Bin ich schön?« Dann tupft sie sich Rouge auf die Backenknochen, verreibt es in Kreiselbewegungen mit den Fingerspitzen über die Haut, öffnet ihr Kästchen voll Wimperntusche, feuchtet mit spitzer Zunge den Augenbrauenstift an, legt Puder auf. Fertig zum Ausgang. »Wir gehen!« Der Vater sitzt im Wohnzimmer am nierenförmigen Schreibtisch.

Eine Szene aus jenen Tagen, da die Bundesrepublik aus der Phase der Trümmerzeit in diejenige des Wirtschaftswunders überging. Angelika Mechtel beschreibt sie in einem Roman, der den bezeichnenden Titel »Wir sind arm, wir sind reich« trägt. Die größte Not ist überwunden; die Währungsreform hat die Läden wieder gefüllt; es geht nicht mehr um Flickwerk und Reparatur. Die Sehnsucht nach »gepflegtem Dasein« greift um sich. Ein Hauch der weiten großen Welt berührt die Menschen, die über so lange Zeit überwiegend Ideologie, Entbehrung, Entfremdung, Elend und Leid erlebt hatten. Nach dem totalen Krieg mit seinen weitreichenden Zerstörungen will man nun etwas vom Leben haben. Sich schöner kleiden. Schöner wohnen. Besser essen. Anschluß gewinnen an eine technische Zivilisation, wie sie vor allem von den USA herüberleuchtet. Und so steht sie denn, die Musterfamilie, auf den häufig noch altfränkisch bebilderten Werbeanzeigen vor dem ersten Eisschrank, vor der hochpolierten eleganten Möbelgarnitur, dem blitzenden Kleinwagen – und aus ihren Blicken strahlt ein »Wir-haben-es-erreicht«. Nierentisch und Stromlinienprofil: Man probte den Durchbruch zur Emanzipation, wobei freilich die geistig-seelischen Regungen des neuen Freiheitswillens oft genug in alter Dumpfheit erstickten oder in massivem Materialismus sich festliefen. »Beweglichkeit« entfaltete sich – und geriet auf vorgegebene Bahnen. Es brach an die Zeit eines neuen »Lebensdesigns«; doch der Schwung erstarrte in Ritualen. Oberflächenglanz. Das Vakuum darunter blieb unerfüllt. Die

Es ging scheinbar nur noch bergauf . . .

1954: Kabinenroller als Auto-Ersatz

Verpackung erwies sich dann bereits als Botschaft.

»Mädchenwunder«: Es kam unerwartet. Denn repressive Erziehung hatte dafür gesorgt, daß Jahrzehnte, ja über eineinhalb Jahrhunderte lang bei der Frau die drei Ks dominierten: Küche, Kirche, Kinder. Die im Gefolge der Aufklärung postulierte Forderung auf Befreiung des »weiblichen Standes« hatte zwar in der bürgerlichen Oberschicht und dann bei der sozialistischen Arbeiterbewegung einige Erfolge gezeitigt; insgesamt jedoch blieb das deutsche »Mädel« ein »Gretchentyp«. »Aber ich geb' euch noch die Zeichen der reinlichen Kleider: / denn der rote Latz erhebt den gewölbeten Busen, / schön geschnürt, und es liegt das schwarze Mieder ihr knapp an; / sauber hat sie den Saum des Hemdes zur Krause gefaltet, / die ihr das Kinn umgibt, das runde, mit reinlicher Anmut; / frei und heiter zeigt sich des Kopfes zierliches Eirund; / stark sind vielmal die Zöpfe um silberne Nadeln gewikkelt; / vielgefaltet und blau fängt unter dem Latze der Rock an / und umschlägt ihr im Gehen die wohlgebildeten Knöchel.« Eine solche Erscheinungsform (hier von Goethe in »Hermann und Dorothea« beschrieben) blieb über die Zeiten hinweg Vor-Bild – wobei sie in höchst unterschiedlichen »Begründungszusammenhängen« stand; vom Nationalsozialismus zum Beispiel als Ausprägung des rassisch-reinen germanischen Bluterbes suggeriert und oktroyiert wurde.

Die neue Weiblichkeit

Die »Schönheitskönigin« verkörpert in den fünfziger Jahren an herausragender Stelle das Bild der neuen Weiblichkeit. Im Bikini – er sei so sensationell wie die Atombombenversuche auf dem Atoll Bikini, meinte sein Schöpfer, der Pariser Strandmodenspezialist Louis Reard! –, im zweiteiligen Badeanzug als Ausdruck »freudiger, lebensbejahender Sinnlichkeit«, und im Abendkleid, der Gewandung anspruchsvoller Hochkultur, schreiten die Kandidatinnen über den Laufsteg – begutachtet von einer, die Maße von Waden, Taille, Brust exakt fixierenden Jury, die auch dafür sorgt, daß die Ergebnisse ihrer Kür vermarktet werden. Die Kulturindustrie, vor allem die illustrierten Blätter (1955 etwa wöchentlich zwischen 10 bis 12 Millionen Exemplaren!), hatten bei ihrem erfolgreichen Bemühen, das neue Mädchenideal ins Bewußtsein der Bevölkerung zu transportieren, einen großen Verbrauch an sex beauties: Starmannequins, Photomodellen, Filmsternchen, Glamour-, Cover-, Pin-up-Girls. Der maßlose Bildhunger signalisierte die Sehnsucht nach körperlicher Befreiung – Sonne und Amore – und kreierte neue Stereotypie. »Alles läuft beinah automatisch ab: Blumen, Pralinen, Ansprachen, Einladungen, Bälle, Heiratsanträge, vielleicht auf höherer Ebene ein elegantes Auto aus dem Lager einer werbefreudigen Firma. Dann der obligate Flug

Die »neue Weiblichkeit« der fünfziger Jahre

Den Wunsch nach einem eigenen Auto befriedigt der Kleinstwagen: Zweizylinder-Viertakter von 1959

nach Hollywood . . . Für einen Augenblick ist der ruhelose Scheinwerfer der Publicity über ein hübsches Gesicht, einen gut gewachsenen Körper im Badeanzug hinweggeglitten, jetzt steht er wieder im Schatten der Anonymität. An die Schönheitskönigin des Vorjahres erinnert sich kaum noch einer«, konstatierte die zeitgenössische Kulturkritik (hier Hans Egon Holthusen), die sich, geistreich, wenn auch mit einem Furor teutonicus die Klischees der Traumfabriken konterkarierend, zu einem eigenen Genre entwickelte. Ob die »sexy hexy« nun im Sportdreß ins Clubhaus oder im schicken Kleide mit ihrem Freund zum Tanztee ging (wie ein Schlager von 1958 trällerte) – »stromlinienförmig« adrett war ihr Look; die neue Generation entzog sich dem Sperrigen, Belastenden, Behindernden fataler Vergangenheit.

»Tischlein deck' dich: / du wirst reich sein.« Mit einer solchen Verheißung als Ziel konnte der immer noch recht triste Alltag unterlaufen werden; Surrogate trösteten über Enttäuschungen hinweg; sie ersetzten, was der Wirklichkeit nach wie vor, unter dem Druck politischer Restauration sogar mehr denn je, abging: Freiheit, Beweglichkeit, Spannung. Die Einfügung in die kulturellen Stanzmuster korrespondierte mit den starren Ordnungsvorstellungen, die sich in der

Ende der fünfziger Jahre: Der Zweitwagen kommt in Mode

Adenauer-Ära immer mehr verstärkten. »Hätte man einem von der Million Würmer, die nun in Automobilen herumfahren«, schrieb Kasimir Edschmid in sein Notizbuch 1960, »im Jahre 1948 gesagt, er werde einmal wohlhabend, gut eingerichtet, auf Auslandsreisen mit harter Mark in der Tasche, angesehen, überhaupt ein respektabler Mensch sein (kurz nachdem er die Zigarettenstummeln der Besatzungssoldaten auf der Straße aufgesammelt hatte), – er hätte die Augen aufgerissen und den Propheten für schwachsinnig gehalten . . . Der deutsche Weltmann . . . Der alte Typ war nicht gerade angenehm. Vor dem neuen graust es mich.«

In der Soziologie nannte man die »stromlinienförmige« Generation paradoxerweise »skeptische Generation« (Helmut Schelsky). Der Enttäuschungsdruck, unter anderem auch darüber, daß die Linken versagt und die Rechten die Katastrophe herbeigeführt hätten, habe zur Entpolitisierung geführt. Solche Illusionslosigkeit und geistige Ernüchterung wurde als Entideologisierung interpretiert; diese Jugend sei nun »frei« zur Lebenstüchtigkeit: im privaten und sozialen Verhalten angepaßter, wirklichkeitsnäher, zugriffsbereiter und erfolgssicherer als je eine Jugend vorher. Mit ihrem »geschärften Wirklichkeitssinn« für das Praktische, Handfe-

Ein Traum wird wahr . . .

1954: Mittelklassewagen werden erschwinglich

ste, ihrem Konkretismus, ihrer Pseudo-Erwachsenheit und der damit verknüpften Absage ans Prinzipielle erwies sie sich in der Tat als die deutsche Ausgabe der Generation, die überall die industrielle Gesellschaft konsolidierte.
»manitypistin stenoküre / du wirst schön sein: / wenn der produzent will / wird dich druckerschwärze salben / zwischen schenkeln grober raster / mißgewählter wechselbalg / eselin streck dich: / du wirst schön sein . . .« Hans Magnus Enzensberger Porträt der Jeunesse dorée der fünfziger Jahre (»Bild-Zeitung« 1957), deren Emanzipationshoffnungen inmitten »grober Raster« auf konsumptive Befriedigung hin umgedreht wurden, erhielt freilich bald ganz andere Farben: Vom Arbeiterproletariat dieser Jahre ausgehend, widersetzten sich »Halbstarke«, »Rocker«, »Teddy Boys« der Vereinnahmung durch die Leitbilder des warenästhetischen »Frischwärts«. Die damit verbundenen Jugendkrawalle als Folge der sich ausbreitenden Frustrationsaggressivität waren begleitet von den wilden Rhythmen der Rock 'n' Roll-Musik, die als »Tanz auf dem Vulkan«, als »Veitstanz des 20. Jahrhunderts« die geglättete Wirtschaftswunderweltgesellschaft irritierte.
»Wir sind arm, wir sind reich« – ein zeitkritischer Psychiater meinte 1956: »Diese Jugend ist arm, sie hungert nach Liebe und findet Sexualität, sie ist erotisch verhungert. Die Burschen können nicht einmal mehr flirten. Sie meinen, daß die Begegnung mit einem Mädchen gleich ins Bett führen muß. Und die Mädchen glauben, daß heute kein junger Mann länger als drei Abende ›Werbungskosten‹ zahlen will.« Solche Direktheit war die Kehrseite einer Welt, die eifrig darum bemüht war, nach schwerem Tagewerk – denn man arbeitete in dieser Zeit viel und lang – die Freizeit »beschwingt« zu gestalten. Dabei wollte man auf »bezaubernde« Weise, auch ein bißchen frivol, sich vergnügen; letztlich aber immer ordentlich und reinlich bleiben. Die weitverbreiteten Antischuppenmittel mit entsprechender Werbung sind exemplarisch für den Reinlichkeitswahn der Stromliniengeneration: »Er hatte sie gefragt, ob sie Lust hätte, nach dem Theater im neueröffneten Chianti-Keller ein Glas italienischen Rotwein mit ihm zu trinken. Erwartungsfroh läßt sie sich nach der Vorstellung von ihm als Kavalier mit guten Manieren in den Mantel helfen. Doch da fällt sein Blick zufällig auf ihre Schulterpartie: Schuppen!«

Stromlinienform selbst für profane Gebrauchsgegenstände

Fernsehschrank- und Konzerttruhen-Mode 1959

Der neue Erotic-Style der fünfziger Jahre wollte sich von der traditionellen Wohlerzogenheit lösen, antiquierte repressive Normen und Tabus überwinden. Das neue Raffinement durfte aber weder »halbseiden« noch »halbstark«, es sollte vor allem »süß« sein. Der Heimatfilm, das anhebende Fernsehen mit seinen Unterhaltungs- und Familienserien, vor allem der deutsche Schlager sorgten mit ihren Leitbildern dafür, daß die moralischen Standards nicht abbröckelten: »Wenn bei Capri die rote Sonne / im Meer versinkt / und vom Himmel die bleiche Sichel des Mondes blinkt / zieh'n die Fischer mit ihren Booten / aufs Meer hinaus . . . / Bella, bella, bella Mari, / bleib mir treu, / ich komm' zurück morgen früh! / Bella, bella, bella Mari, / vergiß mich nie! . . .«

Flucht aus der Wirklichkeit

Das Fernweh führte in den fünfziger Jahren zu einer ersten Reisewelle. Der beginnende Tourismus erwies sich als Flucht aus der Wirklichkeit. »Das Verlangen, aus dem sich der Tourismus speist, ist das nach dem Glück der Freiheit. Noch im Rummel von Capri und Ibiza bezeugt er seine ungebrochene Kraft. Die Bilder jenes Glücks, welches die Romantik aufgerichtet hat, behalten gegen alle Fälschung recht, solange wir nicht imstande sind, ihnen eigene entgegenzuhalten. Sie triumphieren noch über die Plakate, in die das Kapital sie medusisch verzaubert hat« (Hans Magnus Enzensberger, 1958). Die Trophäen, die der Reisende mit zurückbrachte – erst Photos schwarzweiß, dann in Farbe, schließlich selbstgedrehte Filme –, bekundeten ein starkes Baedeker-Bewußtsein: Bildungsbeflissen wollte man da und dort, vor allem an den Stätten abendländischer Kultur, gewesen sein.
Solche Beweglichkeit wurde gefördert durch den Aufstieg des Autos. Von einem Vorkriegsbestand von rund 802 000 Personenkraftwagen waren 1946 noch 192 500 übriggeblieben. Im Jahr 1953 erreichte die Anzahl der Personenkraftwagen die Millionengrenze; sie verfünffachte sich in den folgenden acht Jahren. Mit der Zahl der Verkehrsmittel stieg die Zahl der gebauten beziehungsweise ausgebauten Straßen- und Autobahnkilometer rapide an, aber auch die Zahl der

Verkehrstoten; 1953 waren es 10936, etwa genauso viele Tote wie die deutsche Armee 1939 im Polen-Feldzug verloren hatte. Der massenhafte Besitz von Autos weist, da das Auto im Vergleich zu anderen Waren sehr viel teurer ist und überdies hohe Beträge für Betrieb und Erhaltung verschlingt, darauf hin, daß die Klassenunterschiede weitgehend zurückgegangen waren. Der Autobesitz signalisierte einen Nivellierungsprozeß auf gehobenem Niveau, wobei freilich der Aufwand für das Auto vielfach von anderen wichtigen Bereichen, etwa geistig-kulturellen, abgezogen wurde. Das Auto kompensierte den Verlust an geistiger Dynamik durch physische Beweglichkeit.

Freilich ergaben sich innerhalb der Autogesellschaft neue Schichtungen. Je größer der Pkw war, desto weniger wurde er vom Arbeiter gefahren. Umgekehrt stieg der Anteil der Angestellten unter den Autobesitzern mit zunehmendem Hubraum. Unabhängig von solchen gesellschaftlichen Einstufungen bedeutete das Auto generell »Ritterschlag«: Mit ihm gehörte man »dazu«.

»Wir haben es geschafft« – lautete eine typische Werbeanzeige: »das neue Auto steht vor der Tür. Alle Nachbarn liegen im Fenster und können sehen, wie wir für eine kleine Wochenendfahrt rüsten. Jawohl, wir leisten uns etwas, wir wollen etwas haben vom Leben; dafür arbeiten wir schließlich beide, mein Mann im Werk und ich als Sekretärin wieder in meiner alten Firma.«

Volkswagen, Opel Olympia, Ford Taunus, Borgward, Mercedes . . . waren Vehikel auf der Straße des Erfolgs; 1955 lief der millionste Volkswagen vom Band. Eine große Rolle spielten auch Motorräder, Motorroller (die vornehmer wirkten), drei- und vierrädrige Kleinwagen. Besonders beliebt war der Lloyd, bei dem die Karosserie aus Sperrholz gepreßt und mit lackiertem Kalikogewebe überzogen war. Der Motor hatte 300 Kubikzentimeter. Chromverzierungen und

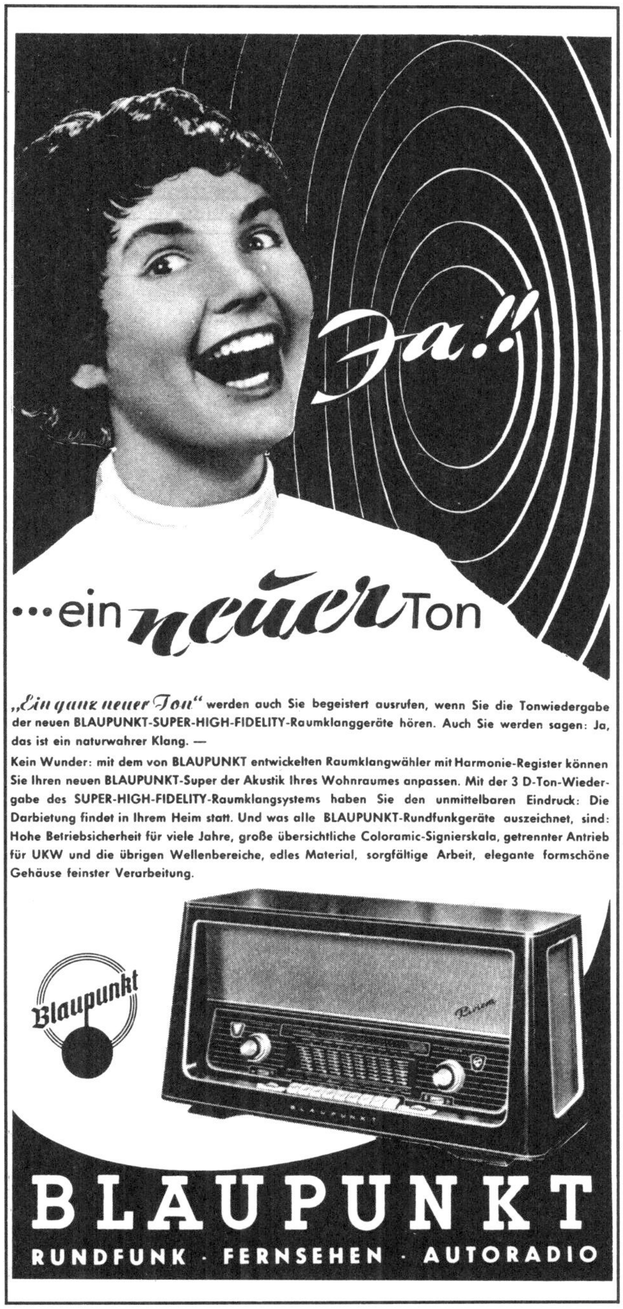

»Eleganz« im Stil der Zeit: Radio-Super 1956

Weißwandreifen erhöhten das Prestige eines Autos; wenn es preislich ging, leistete man sich solche Accessoires.

Wärme und Geborgenheit

Gesinnung manifestiere sich im Sichtbaren – der »Zeitgeist« der fünfziger Jahre zumindest glaubte an diesen Satz. Zwar waren die Trümmer der zerstörten Städte keineswegs beseitigt; die Vergangenheit schob sich als dunkler Schuldkomplex in den »Wir-sind-wieder-wer-Reichtum«; deutscher Fleiß und deutsche Wohlanständigkeit als Symbole des wirtschaftlichen Erfolgs genügten nicht – so suchte man, aus der Verunsicherung sich hinausprojizierend, den Anschluß ans internationale Geschmacksniveau.
Die »gestaltete Form« war Ausdruck der Freude am Zivilisationskomfort, den man, nach langen Jahren der Entbehrung, mit besonderer Freude genoß. Im »schrägen Geschmack« des damals vorherrschenden Designs paarten sich Sachlichkeitssinn mit Gefühlswerten. Man wandte sich gegen überladenes Dekor und Ornament – im Sinne des Funktionalismus der zwanziger Jahre, der zwar im nationalsozialistischen Deutschland brutal unterdrückt worden war, sich aber in den westlichen Demokratien, vor allem in den USA, von großem stilprägenden Einfluß erwiesen hatte. Man wandte sich aber auch gegen den »Stromlinienstil«, der more geometrico nur auf Effizienz zielte und »Ausschmückung« mied. Vor allem beim Wohnen erhoffte man sich »Wärme«. Der »schräge Geschmack« war dergestalt geprägt durch das Bedürfnis nach Einbergung; aber das gewünschte häusliche Idyll sollte nicht mehr altdeutsch, altfränkisch, sondern »modern« sein. Die »Wohnmaschine« jedoch wurde abgelehnt.
Der klaren Linie wird die verschlungene, der intellektuellen die romantisch-verspielte, der zielstrebigen die »abwegige« entgegengestellt. Das Bizarre, Kapriziöse, Asymmetrische dominieren. Dazu tritt die Farbe, die in greller und überschäumender Buntheit Verwendung findet. Der Kahlschlag, mit dem die Nationalsozialisten moderne Kunst ausgerottet hatten, war noch nicht überwunden; besonders die Vorurteile der Abstraktion gegenüber beherrschten das Kulturbewußtsein der Mehrheit. Wurden jedoch die alt-neuen Kunstformen in Gebrauchsformen umgesetzt, erfreuten sie sich großer Beliebtheit:

- jede Form von Holz gebogen, rund, oval gepreßt und verleimt;
- Glas, Drahtglas »progressiv« geschnitten und geschliffen;
- Metall gestanzt, gelocht, gebogen, gefärbt;
- Möbelstoffe mit konkaven Noppen, plastischen Wollrippen;
- Teppiche mit »großzügiger Linienführung«;
- Vorhänge und Kissen mit ornamental-asymmetrischen Kompositionen;
- bunte Plastikfolien für die verschiedensten Materialien.

Der »Nierentisch« charakterisiert exemplarisch diese verdinglichte Bereitschaft zur Extravaganz, wie sie die Emanzipationsstimmung der fünfziger Jahre ausmachte.
Lang genug hatte man sterile Ordnungsvorstellungen verinnerlicht. Vom nationalsozialistischen Wohnstil hatte Gottfried Benn gesagt: ». . . Kleinbausiedlungen, darin subventionierten, durch Steuergesetze vergünstigten Geschlechtsverkehr; in der Küche selbstgezogenes Rapsöl, selbstbebrütete Eierkuchen, Eigengraupen; am Leibe Heimatkurkeln, Grauflanell und als Kunst funkisch gegrölte Sturmbannlieder.« Plüsch wurde mit Bauern- und Jägerstil versetzt und so »aufgenordet«; der Mythos bewachte die gute Stube mit Zimmerlinde, vielen Nippes und repräsentativem Bücherschrank (Goethe, Binding, Dwinger, Schulungsbriefen).

Nun wollte man sich so einrichten, wie man es für »moderne Menschen« angebracht hielt. »Man saß in Kunststoffschalen, tuchbespannten Stahlrohrschleifen, Sesseln in ›Swingform‹, zum ›gelockerten Lesen und Plaudern‹, sofern man nicht auf knirschenden Korbgeflechten herumrutschte. Verkauft wurden die ein-, drei- oder vier-, aber fast immer schrägbeinigen Möbel als ›optische Akzente‹ oder mit dem Argument der ›Körpergerechtigkeit‹. Schräge, diagonale und Keilformen bedeuteten ›Spannung‹, Rundungen, ei- und palettenförmige Schwünge priesen sich ›organisch-plastoid‹. Neben diesen ›mobilen Sitzgelegenheiten‹ stand oder hing im Idealfall ein Beispiel der – um 1950 in Italien geborenen – Metall-Leuchten, wenn es nicht die biegbaren Tütenlampen mit Ölpapier-Schirmchen waren. Sonst konnte es sich um ›Plexiglaszylinder mit farbigen Lochblenden‹ handeln, um ›Messingrohr mit mattweißen Aluminiumkelchen‹, um ›Opalglasstrahler‹, ›verchromte Pendel‹, ›Schlaucharme‹ und ›Klemmfüße‹ . . .

Der neue Geschmack war nicht so billig. Steinfußböden aus grauem Schiefer, schwarz-violette Möbelbezüge, Vorhänge aus Rohseidenimitat und weißem Marquisette-Tüll konnte sich noch nicht jeder leisten – sofern er es überhaupt wollte. Auch die Farben waren nicht immer jedermanns Sache. Denn als ›glückliche Kombination‹ wurde ihm vielleicht eine olivfarbene Decke, eine graphitgraue und eine rote Polsterbank, ein blauer und ein gelber Sessel, ein silbergrauer Schafwollteppich und schwefelgelbe Gardinen vorgeschlagen – und das alles für ein und dasselbe Zimmer.

Die Modernität der fünfziger Jahre machte natürlich auch vor der neu eingerichteten Küche nicht halt. Ein solches ›Hausfrauenparadies‹ wird hier nach einem Hinweis auf ›moderne Ernährungsmethoden‹ – das Mixen und Grillen – so beschrieben: ›Vielleicht sind die Eßtische mit Resopal, Trolonit oder Formica bezogen, die Stühle und Sessel mit stoff- oder lederähnlichen Plastiks. Sie zeigen eine wunderbare Leuchtkraft der Farbe und einen feinen Glanz der Oberfläche . . . Man verwendet heute gern farbige Keramikgeschirre neben Cromargantellern, hitzebeständige gläserne Geschirre neben getönten Trinkgläsern und Tonkrügen, setzt alles auf farbige Sets oder farbige Tischdecken und steigert das Ganze noch mit Blumen und Früchten. Die Familie, die derart ›von einer terraroten Kunststoffblende‹ umgeben am umleimten Eßtisch mit seidenmatt-schwarz belegter Kunststoffplatte auf ihren ›Schaumgummikissen mit gelbem Cordbezug‹ saß, mochte in dieser schrillen Pracht glücklich oder unglücklich sein, eins war sie gewiß – modern« (Paul Maenz).

Die »moderne Stilkunde« der damaligen Zeit sah Form als Geist dann verwirklicht, wenn, so hat es Wolfgang Heyn 1955 in der »Zeit« formuliert, folgende zehn Essentials beachtet waren:

- Verzicht auf Täuschung über den verwendeten Werkstoff. Das Holz tritt zum Beispiel im modernen Stil in seiner ursprünglichen Beschaffenheit entgegen, die nur unterstrichen, aber nicht wesentlich verändert wird.
- Arbeitsprozeß und Konstruktion bleiben gleichermaßen sichtbar; dem Betrachter wird nicht mehr verheimlicht, wie das einzelne Stück entstanden ist.
- Dem Künstler oder Architekten stehen beim Entwurf von Holzmöbeln vor allem die gerade Linie und die ebene Fläche zur Verfügung. Wo der Verwendungszweck es erlaubt, ist auch die Anwendung von Kurven höheren Grades erlaubt: Hyperbel, Parabel und andere Kurven höherer Ordnung.
- Alle geometrischen Linien sollen eindeutig wirken: also rechte Winkel als rechte Winkel, Kanten als Kanten; bei Verwendung von Kurven höherer Ordnung hebt sich die charakteri-

stische Linienführung deutlich von der anderen ab.

- Bei keinem Möbelstück werden größere Holzstärken verwendet, als der Verwendungszweck notwendig macht. Tischplatten erscheinen als Platten und nicht als vorgetäuschte Bohlen; Tischbeine werden nicht als Balken ausgebildet.
- Jedes Möbelstück erhält im Zusammenhang mit seiner Umgebung seinen Sinn. Es ist nicht selbst Kunstwerk, sondern wird es erst in Verbindung mit anderen Formelementen. Da der gesamte Wohnraum gestaltet wird, darf das einzelne Gestaltungselement selbst nicht ornamental hervorgehoben sein. In diesem Sinne ist der moderne Stil kein Möbel-, sondern eher ein Wohnstil. Der gestaltete Raum wird dabei nicht überladen, da sonst die Komposition der Formelemente zerschlagen wird.
- In den Raum hineinragende Kurven oder Geraden sollen möglichst gegen die Geraden der Holzmöbel kontrastieren; Phantasielinien müssen sich jedoch gut gegen andere Kurven oder Kurvenstücke abheben.
- Polstermöbel sollen in ihrer Form in Kontrast stehen zu den Geraden und ebenen Flächen der Holzmöbel; ihre Flächen dürfen die ganze Skala analytischer Funktionen ausschöpfen.
- Die Farbe erhält im neuen Stil eine neben der Form gleichberechtigte Funktion. Die Farbe selbst wird Gestaltungselement. Verwendet werden möglichst nur reine Farben stärkerer oder schwächerer Tönung.
- Grundsätzlich darf jedes Gestaltungselement zu jedem anderen in Kontrast stehen. Es dürfen sowohl verschiedene Holzarten wie verschiedene Tönungen der Hölzer nebeneinander verwendet werden. Jedes Polsterstück darf in bezug auf Farbe und Form von jedem anderen abweichen. Jedes Gestaltungselement darf Individualität beanspruchen.

Technisches Glanzstück der Designer – die Vespa

Als Wallfahrtsort des guten Geschmacks erwies sich in den fünfziger Jahren Mailand: mit den dort stattfindenden Triennalen. Die Tendenzen des Zeitstils wurden hier manifest und für die nationale Arbeit fruchtbar gemacht. In allen Bereichen – vom Eierbecher bis zum gedeckten Tisch, von der Tapete bis zum eingerichteten Wohnraum, vom Küchenporzellan bis zum wissenschaftlichen Gerät – war »die Schönheit im Kommen«. Das bedeutete einerseits, daß man beim Äußeren des Geräts möglichst alle Spuren technischer Konstruktion zu tilgen trachtete, also dieses stromlinienförmig verkleidete (ab 1955 entwickelte zum Beispiel in der Bundesrepublik die Firma Braun nach Entwürfen von Otl Aicher, der zusammen mit Max Bill ab 1949 die Hochschule für Gestaltung in Ulm aufbaute, Phono- und Elektrogeräte, die international renommierte Beispiele für ein derartiges Industriedesign abgaben; sie galten als »sachlich-elegant«); andererseits sollte die neue Form Phantasie befriedigen und eine kreative »visuelle Kommunikation« ermöglichen.
»Im Märchenwald der modernen Form« überschrieb die »Süddeutsche Zeitung« ihren Artikel über die Mailänder Triennale 1954. Drei Jahre später hießen die Untertitel des Berichts: »Die Finnen gehen voraus«, »Der ideale Löffel«, »Renaissance der Gefühle«, »Schwedische Märchen«, »König der Sessel«. Besonders die Schweden wurden als »Meister formaler Beschränkung« hervorgehoben; sie wirkten ohne jeden Effekt der Aufmachung; ihre Formen seien von äußerster Delikatesse: hauchdünn, ganz schlank und eben an der Grenze der Zerbrechlichkeit; sie bedienten sich zarter Pastelltöne und feinster Übergänge vom Farblosen zum Farbton. Alles, was »fein«, verspielt, leicht-beschwingt, »durchsichtig«, grazil sich darbot, wurde von den deutschen Beobachtern besonders geschätzt – wohl als sublimierende Gegensteuerung zur Schwerfälligkeit des deutschen Wirtschaftswunder-Materialismus empfunden.
Der Architekt prägte in entscheidendem Maße die Kulturphysiognomie der damaligen Zeit. Als Arbiter elegantiarium, vielfach den Stilnormen des »Werkbundes« verpflichtet, suchte er überwiegend in zweierlei Richtung »ordnend« einzugreifen: Zum einen war dafür zu sorgen, daß der »schräge Geschmack« nicht in eine bizarre Wildnis entlief, sondern sublimiert blieb; deshalb auch stets der Hinweis auf »Kurven höherer Ordnung«. Zum anderen mußte »Stil« als Ausdruck höherer Gesinnung vor der Stofflichkeit des Warenhauses bewahrt bleiben, zumal dieses mit Hilfe »billiger Angebote« bedrohlich an Einfluß gewann. Dem Designer, der Ästhetik als Teil von Ethik verstand, mußte dies ein Horror sein; die Erziehung des Menschen zum guten Geschmack war dadurch aufs äußerste gefährdet.
Der »Warenhausstil« stand in diametralem Gegensatz zum »schrägen Geschmack«. Er war plump, knüpfte wieder direkt an eine Wohnideologie an, die auf protzenhaftes Prestige aus war; zugleich ermöglichte er mit verhältnismäßig geringen finanziellen Mitteln ein »standesgemäßes Einrichten«. Die Kulturkritik trat auf die Seite des Formgestalters und unterstützte ihn in seinem Kampf gegen solche ästhetische Verwahrlosung.
Der 1960 veröffentlichte Essay »Das Plebiszit der Verbraucher« von Hans Magnus Enzensberger faßt diese Entwicklung zusammen, die mit zunehmender Entfaltung der Wirtschaftswunderwelt heraufzog. Die geisttötende Stofflichkeit des »schwitzenden Idylls« drohte die spielerisch veredelten Formen immer mehr zugunsten von Talmi und »Schund« zurückzudrängen. Vom Herbstkatalog des Versandhauses N. (Neckermann) in Frankfurt ist in Enzensberger Aufsatz die Rede.

»Nicht nur für die Kunden der Firma, die es ediert hat, ist dieses Werk unentbehrlich. Politiker und Soziologen, Nationalökonomen und Romanciers ist seine Lektüre auf das dringendste anzuraten . . . Es ist unbestechlicher und genauer als jede demoskopische Untersuchung. Nicht unverbindliche Antworten auf unverbindliche Umfragen werden hier registriert, sondern Beschlüsse der kompakten Majorität, die in bar bezahlt worden sind. Es sind Beschlüsse, die das private Dasein dieser Majorität betreffen. Sie lebt, wie wir alle, in einem Horizont der Waren. Sie möchte, wie wir alle, ›etwas vom Leben haben‹, und dieses Etwas verdinglicht sich im Konsumgut.«

Die vom Versandhaus angebotenen Waren würden meist unter dem Prädikat »wertvoll« feilgeboten und suggerierten die Vorstellung kultureller Bedeutsamkeit; aber der Duft der großen weiten Welt erweise sich als Mief der Mittelmäßigkeit. Reich vertreten sei das pseudotechnische Rotwelsch, das in der Madison Avenue erfunden worden ist. Die Mehrheit, deren Wünsche und Vorstellungen der Katalog reflektiere, trete offensichtlich für den Fortschritt ein. Unter einer Bedingung: der historische Prozeß dürfe Fahrradklingeln und Hosenträger verändern, nicht jedoch das Bewußtsein. Das deutsche Proletariat und das deutsche Kleinbürgertum lebten offensichtlich heute in einem Zustand, der der Idiotie näher sei denn je zuvor. »Aber niemand wird Herrn N. allein in die Schuhe schieben können, was er mit so großer Umsicht registriert und ausnutzt: ein gesellschaftliches Versagen, an dem wir alle schuld sind: unsere Regierung, der die Verblödung einer Mehrheit gelegen zu kommen scheint; unsere Industrie, die ihr blühende Geschäfte verdankt; unsere Gewerkschaften, die nichts gegen eine geistige Ausbeutung unternehmen, von der das materielle Elend der Vergangenheit nichts ahnen konnte; und unsere Intelligenz, welche die Opfer dieser Ausbeutung längst abgeschrieben hat.«

Die »Groschenmagie« der Vorstädte

Die weitreichende Zerstörung der deutschen Städte im Krieg, die zu einem Obdachlosenelend beziehungsweise zur Überbelegung der noch brauchbaren Wohnungen geführt hatte, die Millionen Flüchtlinge aus dem Osten, die in Massenlagern, Notquartieren oder als Untermieter untergebracht worden waren, ließen den Wohnungsbau als Hauptproblem der Trümmerzeit erscheinen. Mit Hilfe des »Lastenausgleichs«, den die Westdeutschen, die ihre Häuser und sonstigen Vermögenswerte behalten hatten, leisten mußten, konnte auch der Wohnungsbau angekurbelt werden. Nach einem ersten Kraftakt, bei dem rund 200 000 Sozialwohnungen gebaut wurden, beschloß der Bundestag 1950, in sechs Jahren 1,8 Millionen neue Wohnungen mit staatlichen Zuschüssen entstehen zu lassen. Private Initiative überholte dieses Ziel bei weitem. Ende der fünfziger Jahre hatten gemeinnützige Baugesellschaften und private Bauherren rund 3,6 Millionen neue Wohnungen errichtet, ein Weltrekord, den bisher noch kein Land übertroffen hat.

Unter der Devise des modernen organischen Städtebaus wollte man der Bedrohung durch Vermassung und Nivellierung dadurch entgegentreten, daß man auf »Entballung«, »Auflockerung«, Begrünung setzte. Die Altstadtkerne, als City ausgewiesen, wurden vernachlässigt; die Randzonen der Städte standen im Mittelpunkt des Baugeschehens; man schuf die Voraussetzungen für den Bau weit angelegter Trabantenstädte. Der Eigenheimbau wurde besonders gefördert. Bereits Mitte der fünfziger Jahre beklagte man allerdings auch schon die »restaurative Gesinnung« des Wiederaufbaus; die Vorstellungen von einer egalitären Mittelstandsgesellschaft hätten die wahren sozioökonomischen Strukturen verschleiert. Sozialstaatliche Postulate konnten nicht verhindern, daß sich die Stadt immer mehr zur Profitopolis wandelte. Wenn man das Wort »sozial« auf den subventionierten Wohnungsbau nach 1945 anwende, könne man nur von Heuchelei sprechen, meinte Alexander Mitscherlich im Rückblick auf die versäumten Gelegenheiten; die »unwirtliche Stadt« habe den Bürger aus den städtischen Traditionen ausgegliedert, asozial gemacht. Die Qualität sei der Quantität geopfert worden.

Wir hätten Wohnungen gebaut, so Ulrich Conrads, die ein soziales Leben der wie auch immer gearteten Fälle unmöglich machten. Diese Sozialwohnungen stünden bruchlos in der Tradition jener Wohnungsfürsorge, deren Ergebnisse wir heute als abrißreife Mietskasernen beklagten. Selbst die kleinste soziale Gruppe wie die der Alleinstehenden sei bereits wahllos einer Verhaltens- und Wohnnorm ausgeliefert, die sich ausschließlich aus ökonomischer Begründung herleite. Vom spielerischen Reiz des »Schöner Wohnens« blieb da nichts übrig. Anstelle des Märchenwalds moderner Formgebung die »Groschenmagie der Vorstädte«:

»Wenn der junge Arbeiter, der auswärtige Student oder der hagestolze, einzelgängerische Intellektuelle gegen Abend in seine Stammkneipe geht, ist er von der Abnutzung des Tages müde und verbraucht. Seine Stimmung ist weit unter dem Nullpunkt. Er hat abgeschaltet und schleppt seine Langeweile hinter sich her. Mechanisch bestellt er seine Mahlzeit und zur Mahlzeit ein helles Bier. Beim Essen liest er, ungeachtet dreier Generationen von Knigge-Verfechtern, die ausgehängte Zeitung, zuerst die Sportnachrichten, dann ein paar Kulturnotizen, ein Streiflicht, einen Kommentar. Der Dunst von Bier und Rauch aus fehlfarbenen Zigarren, das wirre Geräusch der Stimmen stören ihn nicht mehr. Er kennt es, die graublaue Wolke gehört zu seinem frühen Abend wie die billige Kohlsuppe, der schlecht zubereitete, wasserbadende Salat und die gestreckte Soße, die gegen den Braten nicht ankommt . . . Unser Einzelgänger schaut sich um, mit monologischen Augen ins rauchige Kollektiv aus Biertrinkern und Suppenverzehrern. Sein Blick fällt auf ›Rotamint‹. Das ist ein Spielapparat, in den man einen Groschen wirft. Man betätigt einen Hebel und versucht, mit seiner Hilfe ein bestimmtes gewinnbringendes Zahlentrio herzustellen.«

Die Tristesse, die damals Helmuth de Haas in vielen Essays festhielt, gibt auch Wolfgang Koeppens Roman »Das Treibhaus« (1953), ein Schlüsselbuch dieser Ära, atmosphärisch wieder. Überall neuer Anstrich, aber nirgends die Frische der Freiheit, der Mut zum Ungewöhnlichen, die Begeisterung des Aufbruchs. Da sind etwa die vielen Einsamen, die fast jeden Abend einen »verzweifelten Bummel« durch die Stadt machen. »Was dachten sie? Was litten sie? Waren sie sinnlich? Quälte es sie? Suchten sie Partner für die Geilheit, die in ihnen gärte? Sie würden die Partner nicht finden. Die Partner waren überall. Sie gingen aneinander vorüber, Männer und Frauen, sie tränkten sich mit Bildern, und in der gemieteten Kammer, in dem gemieteten Bett würden sie sich der Straße erinnern und sich selbst befriedigen. Einige hätten sich gerne betrunken. Sie hätten gern ein Gespräch geführt. Sie blickten sehnsüchtig in die Fenster der Wirtschaften.

Aber sie hatten kein Geld. Der Lohn war verteilt; er war für Miete, Wäsche, für die notwendige Verpflegung, ein Aliment, eine Unterstützung verteilt; sie mußten froh sein, wenn sie den Job behielten, der das Geld, das verteilt werden mußte, einbrachte. Sie stellten sich vor die Schaufenster und betrachteten teure photographische Apparate. Sie überlegten, ob die Leica oder Contax besser sei, und sie konnten sich keine Kinderbox leisten.«

Ein Jahrzehnt voller Widersprüche

Als der amerikanische Journalist Norbert Muhlen 1953 die Bundesrepublik bereiste und darüber einen Bericht schrieb, sprach er vom Land der großen Mitte. Das Kulturbewußtsein sei das eines »Neon-Biedermeier«. Extreme, tiefe Spannungen und Gegensätze fehlten. Muhlen vermißte jedoch den Ansatzpunkt für neue Kräfte, ein neues Wachsein, eine neue innere Sicherheit. Wenn auch die Bundesrepublik ein Land der allesumspannenden Mitte geworden sei, so fehle ihr doch der Mittelpunkt. Hinter der Fassade der Restauration formierte sich jedoch das Neue. »Das Biedermeier-Gasthaus ist stilecht wiederaufgebaut worden, aber Küche, Keller und Speisekarte sind modern, aus unserer Zeit: das Neonlicht über der Fassade lädt die Gäste, die auf dem Motorrad angerast kommen. Der Sitz einer der größten westdeutschen Banken ist ein Barockpalais, das sie gekauft und stilecht restauriert hat; die rosarote Fassade mit ihren eleganten Säulen erinnert noch an die aristokratische Weltdame, die vor mehr als zweihundert Jahren hier Hof hielt. Die große Treppe mit ihren glatten Wänden führt zu den Büros, die sich unmerklich in unscheinbare neue Nebenflügel verlieren; sie sind moderner und zweckmäßiger als die meisten Bank-Büros, die ich in anderen Ländern, einschließlich Amerikas, gesehen habe.«
Alle diese Genreszenen aus den fünfziger Jahren zeigen, wenn man sie aufs kulturelle Unterbewußtsein hin abhorcht, die Ambivalenz auf, die dieser Zeit eigen war. Man brach auf, wußte aber nicht recht, was das Ziel war. Man spürte in sich den Drang nach einem besseren Leben, fand es aber überwiegend nur in formalen Spielereien. Man sehnte sich nach Urbanität, erstickte aber im »preiswerten« Materialismus. Stromlinienform sorgte für rasche Beweglichkeit; aber man fuhr im Kreise. Die heitere Form des Nierentischs erwies sich als Ausflucht vor der Tristesse. Fluchtbewegungen verschiedener Art grassierten; sie brachten zwar Glück und Freude für den Augenblick, ließen aber Perspektiven nicht erkennen. Die fünfziger Jahre – ein Jahrzehnt voller Widersprüche.
Man war reich, man war arm.

132

Die Musikwelle kommt ab Mitte der fünfziger Jahre ins Rollen. Einer der erfolgreichsten Interpreten ist Freddy Quinn, hier mit der »Millionsten in Gold« für seinen Schlager »Heimweh« (130).
Bürgerlich-brav geht es auch noch in der Tanzstunde zu, in der nicht nur die ersten Tanzschritte geübt werden (131), sondern auch, wie man sich nach dem Benimm-Kodex der Erwachsenen als »Herr« gegenüber einer »Dame« zu verhalten hat.
Eine heile Welt zaubert auch das Kino – das Traumpaar Karl Heinz Böhm und Romy Schneider in dem Film »Sissi« verkörpert für Millionen den Traum vom Aufstieg zu Wohlstand und Glück (134).
Gegen diese Scheinwelt hat es das politische Kabarett schwer: Wolfgang Gruner und Wolfgang Neuß (132) und die Lach- und Schießgesellschaft mit Dieter Hildebrandt, Klaus Havenstein, Ursula Herking und Hans-Jürgen Diedrich (133).

133

135

136

137

Der Glitzerwelt des Kinos steht Anfang der fünfziger Jahre die harte Realität des täglichen Lebens gegenüber (135). Hunger und Frieren gehören für die meisten Menschen 1951 zwar der Vergangenheit an, doch andere Bedürfnisse wollen nun befriedigt werden.
Ein Fernsehgerät ist für viele zum Wunschtraum geworden, doch es mangelt am nötigen Geld. Die ersten Versuchssendungen (136) sind noch eine Sensation, und wer sich von der Flimmerkiste einmal in eine andere Welt verzaubern lassen möchte, kann dies während öffentlicher Übertragungen in Gaststätten und Restaurants tun (137). Der tägliche Programmbetrieb des Fernsehens beginnt am 25. Dezember 1952.

Was früher unerschwinglich schien, wird ab Mitte der fünfziger Jahre für viele Menschen zum täglichen Gebrauchsgegenstand. Es muß ja nicht gleich ein Luxus-Musikschrank im typischen Dekor der Zeit sein, doch selbst bescheidenere Ausführungen verzichten nicht auf messingfarbene Zierleisten und die Netzbespannung vor den Lautsprechern (138).
Wer mit viel Glück eine der begehrten Neubauwohnungen beziehen kann, nimmt die alten Möbel kaum noch mit – sie passen eben nicht zum Stil der neuen Zeit. Moderne Küchengeräte (139) und der erste Kühlschrank (140) gehören schon bald zum allgemeinen Lebensstandard.

138

139

PALMIN
PALMIN
MILCH

141

Da mit den zunächst noch knappen Einkommen gehaushaltet werden mußte, war auch in der Mode Extravagantes verpönt: »Ordentlich und praktisch« lautete die Devise für die Kleidung der Familie 1955 (141). Als »jugendlich-beschwingt« preisen die Modemacher dieses Sommerkleid aus demselben Jahr: »Die ganze Wirkung geht von der bordürenartigen Streifenwirkung aus« (142). »Mode von der Stange«, wie in diesem Werbefoto versinnbildlicht (143), sollte bald für breite Käufergruppen erschwinglich werden. Doch noch steht der Mann staunend vor so viel ungewohnter Eleganz.

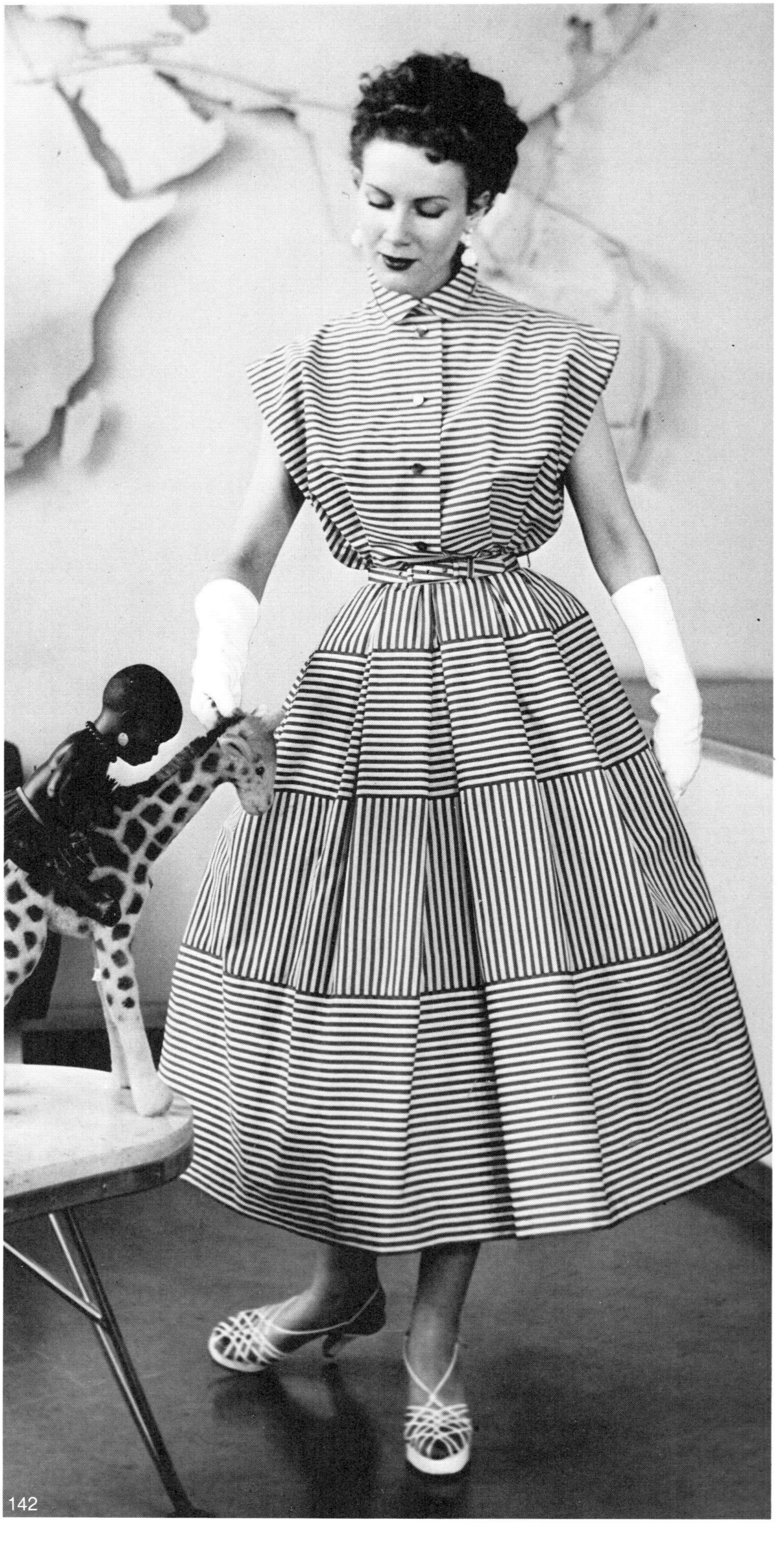

142

144

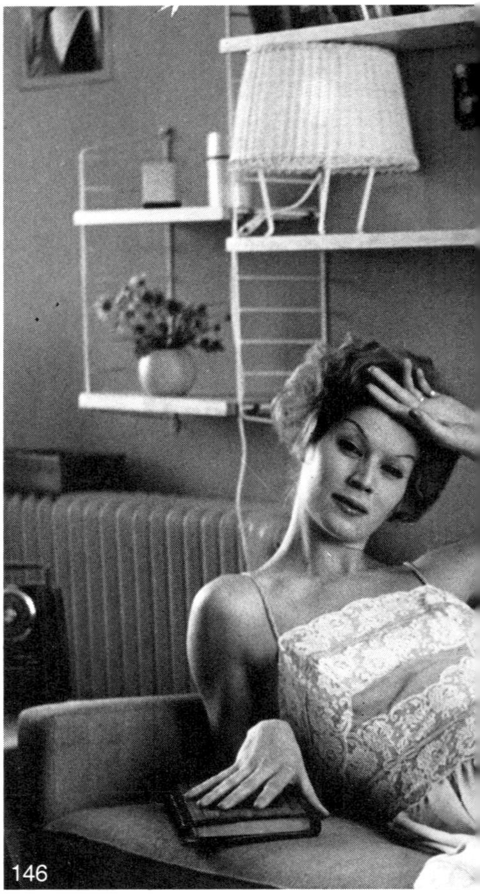
146

145

147

148

Wovon die Familie in den fünfziger Jahren träumt, wird zunächst nur für wenige wahr: Trotz des seit 1950 einsetzenden Baubooms müssen viele Familien noch lange warten, ehe der Traum von der Mietwohnung oder den eigenen vier Wänden Wirklichkeit wird (144).
Die Einrichtung glich sich aufs Haar: Der moderne Junggeselle bevorzugt String-Regale (146) für Vasen, Lampen und Krimskrams; wegen des allgemeinen Platzmangels kommt das kombinierte Wohn-Schlafzimmer mit ausziehbarer Couch auf (145) – unverzichtbar ist der Gummibaum. Die Form findet sich auch bei der »gehobenen« Wohnungseinrichtung wieder: Lampen mit biegsamen Messing-Spiralarmen, Nierentische, farbenfrohe Wannensessel und die beliebten Cocktailsessel mit ihren dünnen, schräggestellten Stahlrohrbeinen (147, 148).

149

150

151

Der Sommerausflug ins Grüne mit Picknickkorb und dem ersten eigenen Wagen (150) ist noch recht ungewöhnlich. Ein Auto bleibt in den ersten Jahren nach der Währungsreform für die meisten eine unerfüllte Sehnsucht.

Das Motorrad – für Familien mit Beiwagen – erlebt in diesen Jahren eine Blütezeit (149), und wer sich's als Junggeselle leisten kann, kauft sich die elegante Vespa (151).

LUFTHANSA
152

PAA
1. Flug
BERLIN-DÜSSELDORF
26. APRIL 1954
mit
Modenschau
AN BORD
153

154

Nach Aufhebung alliierter Beschränkungen kann die Lufthansa den Flugverkehr am 1. April 1955 wieder aufnehmen (152). Pünktlich um 7.40 Uhr startet die Convair CV-340 vom Flughafen Hamburg-Fuhlsbüttel über Düsseldorf und Frankfurt nach München. Noch werden die Flüge allerdings überwiegend von Geschäftsleuten gebucht. Um das Reisen mit dem Flugzeug selbstverständlich zu machen, lassen sich die Fluggesellschaften schon einiges einfallen: hier eine Modenschau während des Eröffnungsflugs der Linie Berlin – Düsseldorf (153).
Der Ferntourismus entwickelt sich zunächst sehr zögernd, und wer den Drang nach Süden befriedigen will, tut dies per Bahn oder Auto. Die verlockende Urlaubsreise mit einem Flugzeug bleibt 1959 für die meisten ein unerfüllter Traum (154).
Die weichgeschwungene Form der Produkte macht auch vor der Parkuhr nicht halt (155). Gebrauchstüchtigkeit und Dauerhaftigkeit sind weitere Forderungen, die der Kunde an die gelungene Industrieform stellt. Beispielhaft hierfür ein Ford-Modell (156) auf der Automobilausstellung in Frankfurt 1951.

EINWURF 10 Pfg.
Parkzeit ist abgelaufen

158

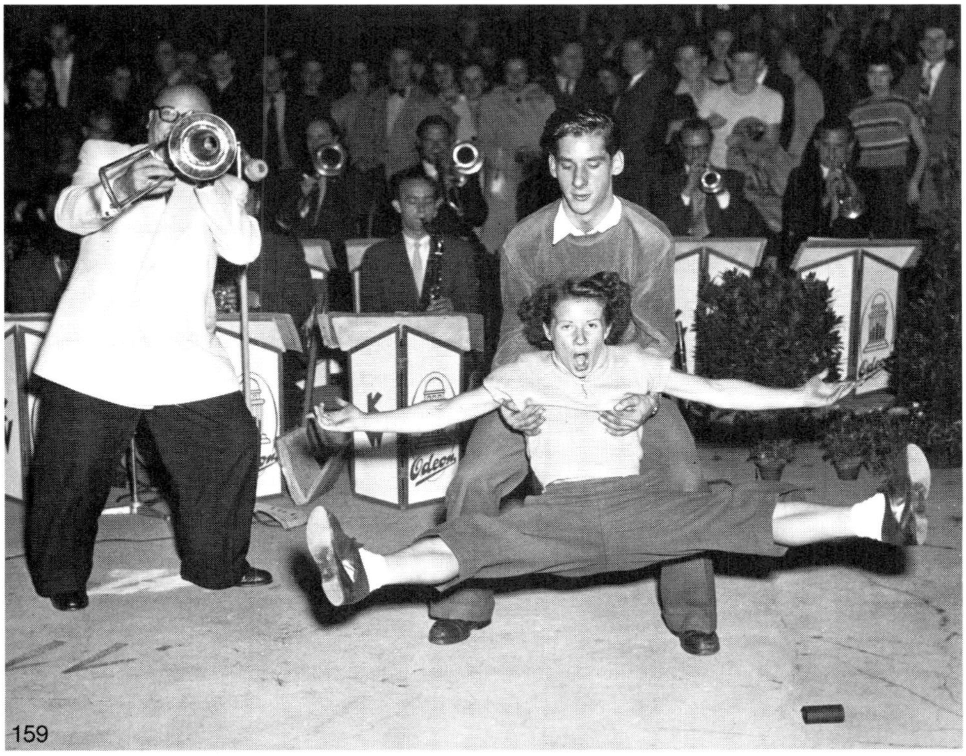

159

Die Jugendlichen brechen schon sehr früh aus jener Erwachsenenwelt aus, die in ihrer Aufbauwütigkeit kaum Platz für Amüsement hat. Aus den USA herüberschwappende Musikwellen werden mit Begeisterung aufgenommen: Jitterbug-Meisterschaft im Münchner »Hot-Club« (157); Rock 'n' Roll um 1957 (158) und die Sieger einer Boogie-Woogie-Konkurrenz 1952 im Berliner Sportpalast (159).
Viele Halbwüchsige – später »Halbstarke« genannt – leben in ihrer eigenen Welt, abseits der leistungsbezogenen und zunehmend konsumorientierten Vorstellungen ihres Elternhauses (160).

Anhang

Chronik

1945

2. August: Das Potsdamer Abkommen, das Deutschland als wirtschaftliche Einheit betrachtet, sieht u. a. vor: das deutsche Kriegspotential zu vernichten, die deutsche Wirtschaft zu dezentralisieren, zu dekartellisieren und zu kontrollieren, die Landwirtschaft zu entwickeln und die Friedensindustrie für den inneren Verbrauch neu zu organisieren. Der durchschnittliche Lebensstandard in Deutschland darf das Niveau der europäischen Länder nicht überschreiten. Reparationsansprüche sollen die Besatzungsmächte aus ihren Zonen und durch die Auslandsguthaben befriedigen; die Sowjetunion erhält zusätzlich aus den westlichen Zonen 15 Prozent der demontierten Industrieanlagen gegen Lieferung von Lebensmitteln/Rohstoffen sowie 10 Prozent ohne jede Gegenleistung.
Oktober: Der Kontrollrat verfügt die Arbeitspflicht und -lenkung für alle 14–65-jährigen Männer und alle 15–50jährigen Frauen (»Trümmerfrauen«).

1946

26. März: Der Kontrollrats-Industrieplan beschränkt die Kapazität der gesamtdeutschen Rohstoff- und Fertigwarenindustrie – den Bausektor ausgenommen – auf etwa die Hälfte der Vorkriegsproduktion. Die Herstellung von Waffen, Schiffen, verschiedenen Chemikalien und synthetischem Benzin ist verboten, jene von Stahl, Maschinen, Verkehrsmitteln und Chemieprodukten eingeschränkt. Alle für die Friedenswirtschaft nicht erforderlichen Industriekapazitäten sollen zerstört oder als Reparationen abtransportiert werden.

1947

29. August: Der neue Industrieniveauplan für die Bi-Zone revidiert den Industrieplan des Kontrollrats. Die Demontage wird trotz deutscher Proteste fortgesetzt, jedoch allmählich reduziert.

1948

20. bis 21. Juni: In den drei Westzonen wird die DM-Währung eingeführt, die am 1. März 1948 gegründete »Bank Deutscher Länder« erhält das Notenausgaberecht verliehen. Jeder Deutsche bekommt eine Kopfquote von DM 40,–, später noch einmal DM 20,–; die RM-Guthaben werden im Verhältnis 10:1 umgetauscht, Löhne, Gehälter, Renten und Pensionen 1:1 umgestellt. Der Sachwertbesitz bleibt erhalten.
1. September: In der US-Zone werden die Demontagen eingeschränkt, und in Nordrhein-Westfalen suspendiert die britische Militärregierung das Gesetz zur Sozialisierung der Kohlewirtschaft. Beide Besatzungsmächte stimmten darin überein, daß Sozialisierungsfragen bis zum Abschluß der Verfassungsvorarbeiten zurückzustellen seien.

1949

22. April: Das Abkommen über die internationale Ruhrkontrolle (Ruhrstatut) tritt in Kraft. Die Internationale Ruhrbehörde aus Regierungsvertretern der Besatzungsmächte, der Benelux-Staaten und der Bundesrepublik (vertreten durch die Alliierte Hohe Kommission) kontrolliert die Kohle-/Koks-/Stahlproduktion der Ruhr und setzt Verbrauchs-, Exportquoten und Preise fest.
Die Bundesrepublik tritt dem Ruhrstatut – wie im Petersberger Abkommen vereinbart – am 30. November 1949 bei. Sie vermag damit die Bodenschätze und Montanerzeugnisse der Ruhr mitzukontrollieren.
6. August: Das Wirtschafts-Gesetz zur vorläufigen Regelung der Kriegsfolgelasten im Rechnungsjahr 1949 bildet die Grundlage für einen horizontalen Finanzausgleich.
8. August: Der Wirtschaftsrat der Bi-Zone tritt in Frankfurt/Main zu seiner letzten Vollversammlung zusammen.
Das Gesetz zur Milderung sozialer Notstände (Soforthilfegesetz) tritt in Kraft.
Bis zum September 1952 werden aus dem Soforthilfefonds Unterhaltshilfen sowie Hilfen für den Existenzaufbau und zur Schaffung von Wohnraum in Höhe von rund 6,2 Milliarden DM gezahlt.
19. September: Der Wechselkurs für die DM (1948 probeweise auf 3,– DM für 1 US-Dollar festgesetzt) wird von der Alliierten Hohen Kommission auf 0,238 US-Dollar herabgesetzt.
8. Oktober: Die erste innerdeutsche Vereinbarung seit Beendigung der Berliner Blockade, das Frankfurter Abkommen, bildet die Grundlage des Interzonenhandels für die kommenden Jahre.
12./14. Oktober: Die Gewerkschaftsbünde der Länder mit insgesamt rund 5 Millionen Mitgliedern schließen sich in München zum Deutschen Gewerkschaftsbund (DGB) zusammen.
Hans Böckler wird zum DGB-Vorsitzenden gewählt. In diesem Amt folgen ihm 1951 Christian Fette, 1952 Walter Freitag, 1956 Willi Richter.
12./14. Oktober: Das Tarifvertragsgesetz vom 9. April 1949 geht von der Tarifautonomie, das heißt dem Recht der Sozialpartner aus, Löhne und Gehälter frei zu vereinbaren.
19. Oktober: Der Bundesverband der Deutschen Industrie (BDI) wird als Dachorganisation der Industriespitzenfachverbände in Köln gegründet. Er vertritt die Interessen der deutschen Industrie im In- und Ausland.
Der am 27. Oktober 1949 neukonstituierte Deutsche Industrie- und Handelstag (DIHT) ist die dritte Säule unternehmerischer Interessenvertretung. In diesem als Verein organisierten Spitzenverband sind die regionalen Industrie- und Handelskammern zusammengeschlossen.
25. Oktober: Die Alliierte Hohe Kommission überträgt der Bundesregierung das Recht, die Bundesrepublik im Europäischen Wirtschaftsrat (OEEC) zu vertreten.
29. November: Auf Grund der Verordnung über die Umsiedlung von Heimatvertriebenen werden aus den mit Vertriebenen und Flüchtlingen überbelegten Ländern Bayern, Niedersachsen und Schleswig-Holstein 300000 Personen in die Länder Nordrhein-Westfalen, Baden-Württemberg, Hessen, Rheinland-Pfalz, Bremen und Hamburg umgesiedelt.
30. November: Die Bundesregierung tritt dem – seit dem 22. April 1949 in Kraft befindlichen – Abkommen über eine internationale Ruhrkontrolle (Ruhrstatut) bei.
Am selben Tag ermächtigt die Alliierte Hohe Kommission die Bundesregierung, mit anderen Ländern Handels- und Zahlungsabkommen zu vereinbaren und abzuschließen. Vertreter der Alliierten Hohen Kommission werden an diesen Verhandlungen als Beobachter teilnehmen.
15. Dezember: Der amerikanische Hohe Kommissar und der Bundeskanzler unterzeichnen ein zweiseitiges Abkommen über wirtschaftliche Zusammenarbeit.

1950

8. Februar: Die Bundesregierung gibt ein Arbeitsbeschaffungsprogramm bekannt.

7. März: Das Gesetz zur Förderung der Wirtschaft Berlins (Berlinhilfe) soll dazu beitragen, die Wirtschaftskraft von Berlin (West) durch Übernahme von Garantien und Gewährung von Steuererleichterungen wiederherzustellen.
24. April: Das Erste Wohnungsbaugesetz macht die Förderung des Wohnungsbaus, insbesondere des sozialen Wohnungsbaus, zu einer gemeinsamen Aufgabe des Bundes, der Länder und der Gemeinden. Der Bestand an Wohnungen beträgt am 13. September 1950 rund 10,27 Millionen Einheiten. In den Jahren 1949/50 werden in der Bundesrepublik 593 900 Wohnungen fertiggestellt, darunter 408 300 im Rahmen des öffentlich geförderten Wohnungsbaus.
4. Mai: Der Bundestag beschließt, insgesamt 900 000 Vertriebene aus den Ländern Schleswig-Holstein, Niedersachsen und Bayern umzusiedeln. Damit nimmt sich der Bund einer der dringlichsten Aufgaben auf dem Gebiet des Vertriebenen- und Flüchtlingswesens an, das heißt der Neuverteilung der in den ersten Nachkriegsjahren ohne Rücksicht auf Eingliederungsmöglichkeiten überwiegend in die ländlichen Bezirke eingewiesenen Flüchtlinge.
19. Juni: Das Heimkehrergesetz gewährt ehemaligen Kriegsgefangenen besondere Rechte und Vergünstigungen (Entlassungsgeld, Übergangsbeihilfen, Steuererleichterungen, Wohnungs- und Arbeitsplatzzuteilung).
19. September: Die 17 Mitgliedstaaten der OEEC, darunter die Bundesrepublik Deutschland, gründen in Paris die Europäische Zahlungsunion (EZU). Aufgabe der EZU ist es, durch die Schaffung eines freien allseitigen Austausches die Rückkehr zu einem uneingeschränkten multilateralen Handel zu erleichtern und die Bemühungen ihrer Mitglieder zu unterstützen, die allgemeine Konvertibilität der Währungen wiederzugewinnen. Der Bundestag verabschiedet am 24. Januar 1951 den Entwurf des Zustimmungsgesetzes (in Kraft am 14. März 1951).
27. September: Mit dem Gesetz über Darlehen zum Bau und Erwerb von Handelsschiffen wird Reedern, die nach Ausbruch des Krieges ein Schiff oder Schiffsbauwerk verloren haben, die Möglichkeit geboten, aus Bundesmitteln Wiederaufbaudarlehen zu erhalten, falls sie nach dem 30. November 1949 einen Ersatzneubau in Auftrag gegeben oder ein Handelsschiff im Ausland erworben haben.
20. Dezember: Das Bundesversorgungsgesetz (Gesetz über die Versorgung der Opfer des Krieges) stellt die 1945 unterbrochene einheitliche Versorgung der Kriegsopfer wieder her, indem der Bund die bisher den Ländern obliegenden Aufgaben im Bereich der Kriegsopferversorgung übernimmt.
Für die Erfüllung der Ansprüche der aus dem Gesetz berechtigten Personen – rund 4,5 Millionen Kriegsversehrte, Kriegshinterbliebene und Kriegswaisen – sieht der Bundeshaushalt im Rechnungsjahr 1950 Aufwendungen in Höhe von rund 2,34 Milliarden DM vor.

1951

1. Januar: Die Abgabe für das seit 1948 bestehende Notopfer Berlin wird erhöht.
27. Februar: Die Bundesregierung beantragt die Mitgliedschaft beim Internationalen Währungsfonds und der Internationalen Bank für Wiederaufbau und Entwicklung (Weltbank).
13. März: Der Bundestag beschließt, die Arbeitslosenunterstützung ab 1. April 1951 um 10 Prozent zu erhöhen.
Ein neues Gesetz über das Wohnungseigentum und das Dauerwohnrecht ist von besonderer Bedeutung für die Intensivierung des Wohnungsbaues. Durch dieses Gesetz wird die Möglichkeit geboten, Eigentum auch an Teilen von Gebäuden, insbesondere an Wohnungen, zu erwerben.
3. April: Die drei westlichen Hohen Kommissare unterzeichnen ein Abkommen über die Aufhebung gewisser Beschränkungen für die deutsche Industrie.
Es bringt Erleichterungen für den Schiffsbau (doch bleibt das Verbot aufrecht, die Kapazität der Werftanlagen auszuweiten), eine Erhöhung der deutschen Stahlproduktion, die Freigabe der Herstellung von Werkzeugmaschinen aller Art und von Aluminium sowie von synthetischem Benzin.
18. April: Die Außenminister der Bundesrepublik, Frankreichs, Italiens und der Benelux-Staaten unterzeichnen in Paris den Vertrag für eine Europäische Gemeinschaft für Kohle und Stahl (EGKS).
21. Mai: Das Gesetz über die Mitbestimmung der Arbeitnehmer in den Aufsichtsräten und Vorständen der Unternehmen des Bergbaus und der Eisen und Stahl erzeugenden Industrie (Montanbereich) legt fest, daß in Unternehmen in Form einer AG, GmbH oder bergrechtlichen Gewerkschaft mit mehr als 1000 Arbeitnehmern ein elfköpfiger Aufsichtsrat zu gleichen Teilen aus Vertretern der Arbeitgeber und Arbeitnehmer zu bilden ist. Der elfte Mann (Vorsitzender) muß besondere Voraussetzungen der Unabhängigkeit erfüllen.
22. Mai: Das Gesetz zur Umsiedlung von Heimatvertriebenen sieht die Umsiedlung von weiteren 300 000 Vertriebenen aus den Ländern Bayern, Niedersachsen und Schleswig-Holstein vor, von denen bis zum 30. Juni 1953 240 000 Personen in die Aufnahmeländer umgesiedelt werden.
29. Juni: Das Gesetz über die Feststellung des Bundeshaushaltsplans für das Rechnungsjahr 1950 (Haushaltsgesetz 1950) wird verkündet. Von den Ausgaben in Höhe von 12,4 Milliarden DM entfallen 37,7 Prozent auf Sozialleistungen und 37,5 Prozent auf Besatzungskosten.
10. August: Zustimmungsgesetz über den Beitritt der Bundesrepublik zum Allgemeinen Zoll- und Handelsabkommen (GATT) vom 30. Oktober 1947.
Das von der Bundesrepublik seit 1. Oktober 1951 angewendete Abkommen bezweckt, durch Gewährung unbedingter und uneingeschränkter Meistbegünstigung Handelsschranken abzubauen und jegliche Diskriminierung auf dem Gebiet des Internationalen Handels zu beseitigen.
23. Oktober: Zur Finanzierung von Bergarbeiterwohnungen im Kohlenbergbau wird durch das Bergarbeiterwohnungsbaugesetz eine Sonderabgabe eingeführt.
14. November: Ein 200-Millionen-DM-Sofortprogramm der Bundesregierung zur Arbeitsbeschaffung findet die Zustimmung des Bundestages.
7. Dezember: Das Gesetz über die Feststellung des Bundeshaushaltsplans für das Rechnungsjahr 1951 (Haushaltsgesetz 1951) wird verkündet. Von den Ausgaben in Höhe von rund 17,6 Milliarden DM entfallen 38,6 Prozent auf Sozialleistungen und 36,9 Prozent auf Besatzungskosten.

1952

10. Januar: Gesetz über die Investitionshilfe der gewerblichen Wirtschaft tritt in Kraft.
10. März: Das Gesetz über Arbeitsvermittlung und Arbeitslosenversicherung sieht vor, eine Bundesanstalt für Arbeitslosenvermittlung und Arbeitslosenversicherung einzurichten.
Diese Bundesanstalt stellt in den Jahren 1953 bis 1968 rund 6,2 Milliarden DM für arbeitsmarktpolitische Förderungsmaßnahmen bereit.
17. März: Das Wohnungsbau-Prämiengesetz regelt die Gewährung von Prämien für Sparleistungen zugunsten des Wohnungsbaues (Bausparen) und fördert damit die Eigenkapitalbildung für den Wohnungsbau.
25. Juni: Das Gesetz über die Feststellung des Bundeshaushaltsplans für das Rechnungsjahr 1952 (Haushaltsgesetz 1952) wird verkündet. Von den Ausgaben in Höhe von rund 21,1 Milliarden DM entfallen 36,2 Prozent auf Sozialleistungen und 37,4 Prozent auf Besatzungskosten.
19. Juli: Der Bundestag verabschiedet das Betriebsverfassungsgesetz, das die Beziehungen zwischen Arbeitgeber und Arbeitnehmer in den Betrieben neu regelt und dabei die notwendigen Vorschriften über die Mitbestimmung der Arbeitnehmer in der privaten Wirtschaft trifft. Für die Wahrnehmung der Arbeitnehmerinteressen im Betrieb ist der Betriebsrat zuständig. Betriebsräte sind in allen Betrieben zu

bilden, in denen in der Regel mindestens fünf ständige wahlberechtigte Arbeitnehmer beschäftigt werden. Das Gesetz wird am 11. Oktober 1952 verkündet.
25. Juli: Der Vertrag über die Gründung der Montanunion (Europäische Gemeinschaft für Kohle und Stahl) tritt in Kraft. Am selben Tag werden das Ruhrstatut sowie jegliche alliierte Kontrolle beziehungsweise Beschränkung aufgehoben und die Internationale Ruhrbehörde aufgelöst.
Der EGKS-Vertrag sieht vor, Zölle und mengenmäßige Beschränkungen im Montanbereich zwischen den beteiligten Staaten aufzuheben.
14. August: Das Lastenausgleichsgesetz (LAG) will im Rahmen volkswirtschaftlicher Möglichkeiten Schäden und Verluste regulieren, die durch Zerstörungen und Vertreibungen in der Kriegs-/Nachkriegszeit entstanden sind, jedoch das Rückkehr-, Heimat- und Entschädigungsrecht der Vertriebenen/Flüchtlinge nicht beeinträchtigen.
Zur LAG-Finanzierung müssen Nichtgeschädigte mit nennenswertem Vermögen jährlich Vermögens-, Hypothekengewinn- oder Kreditgewinnabgaben an den Ausgleichsfonds abführen, den das Bundesausgleichsamt in Bad Homburg als Sondervermögen des Bundes verwaltet. Damit sollen die finanziellen Folgen des verlorenen Krieges auf die Gesamtbevölkerung umverteilt werden. Die Gesamtleistungen aus dem Lastenausgleich werden bis zu seinem endgültigen Abschluß mehr als 115 Milliarden DM betragen.
11. Oktober: Nach dem Betriebsverfassungsgesetz ist in allen privaten Betrieben mit mindestens fünf ständigen wahlberechtigten Arbeitnehmern ein Betriebsrat zu bilden.

1953

21. Januar: Das Bundesausgleichsamt nimmt seine Tätigkeit auf. Als Nachfolger des bizonalen Hauptamts für Soforthilfe (1949/52) obliegen dem Bundesausgleichsamt die zentralen Aufgaben aus der Durchführung der Lastenausgleichsgesetze.
10. Februar: Die Hohe Behörde der Montanunion (EGKS) nimmt ihre Tätigkeit auf. Damit ist der Gemeinsame Markt für Kohle, Schrott und Eisenerz in den sechs Ländern der EGKS eröffnet.
13. Februar: Eine Verordnung regelt in den Ländern Bayern, Niedersachsen und Schleswig-Holstein die Umsiedlung von 150000 Vertriebenen, vorzugsweise aus Flüchtlingslagern und Notwohnungen.
27. Februar: Die Bundesrepublik und 20 Staaten unterzeichnen das Londoner Schuldenabkommen, dem später 12 weitere Staaten beitreten. Die deutschen Vorkriegsschulden aus Auslandsanleihen werden auf ca. 13,3 Milliarden DM festgelegt, die Verbindlichkeiten aus der Nachkriegswirtschaftshilfe (Marshallplan, Überschußgüter u. a.) in gesonderten Abkommen auf ca. 16 Milliarden DM; durch Nachlässe vermindert sich die deutsche Gesamtschuld auf 15,28 Milliarden DM.
24. Juli: Das Gesetz über die Feststellung des Bundeshaushaltsplans für das Rechnungsjahr 1953 (Haushaltsgesetz 1953) wird verkündet. Von den Ausgaben in Höhe von rund 23,3 Milliarden DM entfallen 33 Prozent auf Sozialleistungen und 31,3 Prozent auf Besatzungskosten.
6. August: Das am 24. Juni vom Bundestag einstimmig verabschiedete Bundesfernstraßengesetz befaßt sich mit den Bundesautobahnen und Bundesstraßen, für deren Bau und Unterhaltung dem Bund die Gesetzgebungsbefugnis zusteht. Das Bundesfernstraßennetz umfaßt im Jahr 1968 rund 36000 km. Allein das Autobahnnetz wächst von 2128 (1950) auf 3950 km. Weitere 1000 km Autobahn sind in Bau beziehungsweise Bauvorbereitung und rund 4200 km in der Planung.
Die Ausgaben für die Bundesfernstraßen wachsen von 297 (1954) auf 1145 Millionen DM (1958).
31. August: Im ERP(European Recovery Program)-Verwaltungsgesetz sind Status und Aufgaben des ERP-Sondervermögens festgelegt.
Grundlage dieses Sondervermögens, das im Jahr 1968 rund 9,3 Milliarden DM umfaßt, waren die bis zum 30. Juni 1952 im Rahmen des Marshallplans nach Westdeutschland und Berlin gelieferten Güter im Werte von rund 1,5 Milliarden Dollar. Seit 1948 sind diese Mittel als Kredite zunächst zum Wiederaufbau, später zur weiteren Förderung der deutschen Wirtschaft eingesetzt worden.
20. Oktober: Bundeskanzler Adenauer kündigt in seiner Regierungserklärung ein umfassendes Sozialprogramm an.
Die Lage der Rentner etc. soll verbessert, das Sozialprodukt erhöht und der Wohnungsbau gefördert werden.
Das Bruttosozialprodukt steigt im Zeitraum 1950–1953 von 97,9 auf 152,8 Milliarden DM, das Volkseinkommen von 75,2 auf 112,1 Milliarden DM. Das Jahreseinkommen pro Kopf der Bevölkerung erhöht sich von 1602 auf 2328 DM. Die Arbeitslosigkeit verringert sich von 1271800 (8,2 Prozent der Beschäftigten) im Jahr 1950 auf 941200 (5,5 Prozent) im Jahr 1953. Der Bestand an Wohnungen beträgt am 13. September 1950 rund 10,3 Millionen Einheiten. In den Jahren 1949–1953 werden 2019800 (davon 1325600 öffentlich geförderte) Wohnungen fertiggestellt.

1954

26. Mai: Das Gesetz über die Feststellung des Bundeshaushaltsplans für das Rechnungsjahr 1954 (Haushaltsgesetz 1954) wird verkündet. Von den Ausgaben in Höhe von rund 24,2 Milliarden DM entfallen 31,9 Prozent auf Sozialleistungen und 33,2 Prozent auf Besatzungskosten.
6. August: Die im Januar 1953 gegründete »Aktiengesellschaft für den Luftverkehrsbedarf« erhält den traditionsreichen Namen Deutsche Lufthansa. Die Lufthansa nimmt am 1. April 1955 den innerdeutschen Flugbetrieb auf.
13. November: Durch das Gesetz über die Gewährung von Kindergeld und die Einrichtung von Familienausgleichskassen wird ein Rechtsanspruch auf Kindergeld in Höhe von 25,– DM für das dritte und jedes weitere Kind eingeführt.

1955

1. Januar: Beginn des freien Kapitalmarktes durch Außerkraftsetzen des Kapitalmarktförderungsgesetzes.
1. April: Die Deutsche Lufthansa eröffnet den planmäßigen Flugverkehr in der Bundesrepublik.
12. Juli: Das Gesetz über die Feststellung des Bundeshaushalts für das Rechnungsjahr 1955 (Haushaltsgesetz 1955) wird verkündet.
27. Juli: Das Erste Bundesmietengesetz ist ab 1. August 1955 maßgebend für die Höhe der Miete.
5. September: Auf Grund des Landwirtschaftsgesetzes ist die Landwirtschaft in der Bundesrepublik mit den Mitteln der allgemeinen Wirtschafts- und Agrarpolitik in den Stand zu setzen, die bestehenden (naturbedingten und wirtschaftlichen) Nachteile gegenüber anderen Wirtschaftsbereichen auszugleichen.
Die Bundesregierung ist verpflichtet, jeweils bis Mitte Februar einen Bericht über die Lage der Landwirtschaft (Grüner Bericht) vorzulegen. Damit verbunden ist die Aufstellung eines Grünen Plans, eines Katalogs von Maßnahmen zugunsten der Landwirtschaft.

1956

27. Juni: Das Zweite Wohnungsbaugesetz (Wohnungsbau- und Familienheimgesetz) sieht den Neubau weiterer 1,8 Millionen Sozialwohnungen in den nächsten sechs Jahren vor.
24. Juli: Das Gesetz über die Feststellung des Bundeshaushalts für das Rechnungsjahr 1956 (Haushaltsgesetz 1956) wird verkündet. Von den Ausgaben in Höhe von rund 28,4 Milliarden DM entfallen 34,2 Prozent auf Sozialausgaben und 25,9 Prozent auf Verteidigungskosten.

1957

21. Januar: Der Bundestag billigt mit 398 Stimmen gegen 32 Stimmen (FDP) und bei 10 Enthaltungen die Reform der gesetzlichen Rentenversicherungen der Ar-

beiter, der Angestellten und der Knappschaft. Diese Rentenreform tritt rückwirkend am 1. Januar 1957 in Kraft. Kernstück der Rentenreform ist eine neue Rentenformel, die der Erkenntnis Rechnung trägt, daß zwischen Wirtschafts- und Sozialpolitik ein enger Zusammenhang und gegenseitige Wechselwirkung besteht. Sie stellt die Beziehung her zwischen Lohn und Rente, zwischen der Produktivität der Wirtschaft und den Einkünften der Alten, Kranken und Hinterbliebenen. Die Rentner sollen teilhaben am Ertrag der Volkswirtschaft.
25. März: Die Außenminister Belgiens, Frankreichs, Italiens, Luxemburgs, der Niederlande und der Bundesrepublik unterzeichnen die Römischen Verträge, das heißt den Vertrag zur Gründung der Europäischen Wirtschaftsgemeinschaft (EWG) und den Vertrag zur Gründung der Europäischen Atomgemeinschaft (Euratom).
26. Juni: Das Gesetz über die Feststellung des Bundeshaushaltsplans für das Rechnungsjahr 1957 (Haushaltsgesetz 1957) wird verkündet. Von den im Bundeshaushalt 1957 vorgesehenen Ausgaben in Höhe von rund 32,3 Milliarden DM entfallen 32,5 Prozent auf soziale Leistungen und 24,7 Prozent auf Verteidigungskosten.
27. Juli: Das Gesetz gegen Wettbewerbsbeschränkungen (»Grundgesetz der sozialen Marktwirtschaft«) verbietet (horizontale) Kartelle, die (vertikale) Preisbindung (ausgenommen Verlagserzeugnisse) und den Mißbrauch marktbeherrschender Unternehmen (Monopolbildung).
1. August: An die Stelle der Bank Deutscher Länder tritt die Deutsche Bundesbank in Frankfurt/Main, die in den Bundesländern Landeszentralbanken als Hauptverwaltungen unterhält.
31. Oktober: Der Forschungsreaktor München, der erste Forschungsreaktor in der Bundesrepublik, wird kritisch.
Der Umsatz des Außenhandels erhöht sich in den Jahren 1954–1957 von 41,3 auf 67,7 Milliarden DM und die Handelsbilanz von 2,67 auf 4,08 Milliarden DM; im Jahr 1955 erreicht sie allerdings nur 1,24 Milliarden DM.
Das Bruttosozialprodukt steigt im Zeitraum 1954–1957 von 164,3 auf 225,4 Milliarden DM, das Volkseinkommen von 121,1 auf 168,3 Milliarden DM. Das Jahreseinkommen pro Kopf der Bevölkerung erhöht sich von 2486 auf 3337 DM. Die Arbeitslosigkeit verringert sich weiter von 822 500 (4,7 Prozent der Arbeitnehmer) im Jahr 1954 auf 367 500 (1,9 Prozent) im Jahr 1957.
Wegen Erschöpfung inländischer Arbeitskraftreserven werden seit 1954 in zunehmender Zahl ausländische Arbeitnehmer (Gastarbeiter) beschäftigt; am 31. Juli 1954 sind es 73 000 (0,4 Prozent der Arbeitnehmer) und am 31. Juli 1956 rund 91 000 (0,5 Prozent).
Der Bestand an Wohnungen beträgt am 25. September 1956 rund 13,76 Millionen Einheiten. In dem Zeitraum 1954–1957 werden alljährlich rund 560 000 (davon rund 300 000 öffentlich geförderte) Wohnungen fertiggestellt.

1958

1. Januar: Die am 25. März in Rom unterzeichneten Vertragswerke über die Europäische Wirtschaftsgemeinschaft (EWG) und über die Europäische Atomgemeinschaft (Euratom) treten in Kraft. Die Bundesrepublik trägt 28 Prozent der Verwaltungs- und 30 Prozent der Forschungs- und Investitionskosten von Euratom.
24. Juli: Das Gesetz über die Feststellung des Bundeshaushalts für das Rechnungsjahr 1958 (Haushaltsgesetz 1958) wird verkündet. Von den Ausgaben in Höhe von rund 33,9 Milliarden DM entfallen 30,2 Prozent auf Sozialleistungen und 25,4 Prozent auf Verteidigungskosten.
1. Oktober: Erste ausländische Anleihe auf dem deutschen Kapitalmarkt.
29. Dezember: Die Bundesrepublik und neun westeuropäische Staaten schließen ein Abkommen über die freie Konvertibilität ihrer Währungen. Leitwährung ist der US-Dollar. Die Europäische Zahlungsunion wird zum 1. Januar 1959 aufgelöst.

1959

12. Februar: Fünfjahresplan der Bundesregierung zur Eingliederung der Vertriebenen und Flüchtlinge in die Landwirtschaft.
24. März: Mit der Ausgabe der ersten Volksaktien (Preußag) wird die Privatisierung von Teilen des industriellen Bundesvermögens eingeleitet; sie soll die Vermögensbildung einkommensschwächerer Bevölkerungsgruppen und der Belegschaften fördern. Die Preußag-Aktien werden von 210 000 Interessenten gezeichnet.
Im Juli 1960 wird das Volkswagenwerk teilprivatisiert, im April 1965 die Veba.
5. Mai: Durch das Spar-Prämiengesetz wird die bisherige einkommensteuerliche Sparförderung im Rahmen der Sonderausgaben durch ein Prämiensystem ersetzt. Dieses Gesetz soll im Rahmen des von der Bundesregierung verfolgten Zieles der allgemeinen Vermögensbildung den Sparwillen vor allem der Kleinverdiener fördern.
6. Juli: Das Gesetz über die Feststellung des Bundeshaushaltsplans für das Rechnungsjahr 1959 (Haushaltsgesetz 1959) wird verkündet. Von den Ausgaben in Höhe von rund 37,9 Milliarden DM entfallen rund 28 Prozent auf soziale Leistungen und 25,3 Prozent auf Verteidigungskosten (einschließlich zivile Verteidigung).
10. August: Der DGB-Vorsitzende Richter verkündet in Düsseldorf als nächstes Ziel der Gewerkschaften die Fünf-Tage-Woche mit einer 40stündigen Arbeitszeit.

1960

2. Juni: Das Gesetz über die Feststellung des Bundeshaushaltsplans für das Rechnungsjahr 1960 (Haushaltsgesetz 1960) wird verkündet. Der am 5. Mai vom Bundestag und am 20. Mai vom Bundesrat verabschiedete Bundeshaushalt sieht Ausgaben und Einnahmen in Höhe von rund 38,9 Milliarden DM vor. Da jedoch das Haushaltsjahr 1960 erstmals dem Kalenderjahr angepaßt wird (bisher jeweils ab 1. April), werden die Ansätze nur zu 75 Prozent in Anspruch genommen. Von den Ausgaben in Höhe von 30,5 Milliarden DM entfallen 31,7 Prozent auf soziale Leistungen und 26,6 Prozent auf Verteidigungskosten.
23. Juni: Durch das Gesetz über den Abbau der Wohnungszwangswirtschaft und über ein soziales Miet- und Wohnrecht wird als letztes größeres Gebiet staatlicher Bewirtschaftung die Wohnungswirtschaft in die soziale Marktwirtschaft eingeordnet.
29. Juni: Der Bundestag billigt die endgültige Fassung der Entwürfe zweier Gesetze über die Privatisierung des Volkswagenwerkes. Das Volkswagenwerk wird in eine Aktiengesellschaft umgewandelt, deren Anteile zu je 20 Prozent vom Bund und vom Land Niedersachsen übernommen werden und zu 60 Prozent im nächsten Frühjahr frei verkauft werden sollen.
1. Juli: Im Rahmen des im EWG-Vertrages vorgesehenen Abbaus der Binnenzölle tritt die zweite Senkung dieser Einfuhrzölle um 10 Prozent in Kraft.
14. Dezember: Die 18 westdeutschen OEEC-Mitglieder sowie die USA und Kanada unterzeichnen in Paris das Übereinkommen zur Umwandlung der OEEC in die neue Organisation für wirtschaftliche Zusammenarbeit und Entwicklung OECD (= Organization for Economic Cooperation and Development).
19./20. Dezember: Der EWG-Ministerrat stimmt Vorschlägen der Kommission über Einbeziehung der Landwirtschaft in den Gemeinsamen Markt zu, die den deutschen Bedenken Rechnung tragen.

1961

27. Januar: Während der ersten Lesung des Gesetzentwurfes zur Förderung der Vermögensbildung für Arbeitnehmer (312-DM-Gesetz) wird im Bundestag über die breite Streuung von Eigentum debattiert.
6. März: Die Bundesregierung wertet die DM um 4,75 Prozent auf; sie will so die Hochkonjunktur mit ihren Preissteigerungen dämpfen und die Exportüberschüsse mit ihren hohen Devisenzuflüssen einschränken (1 Dollar = DM 4,– statt DM 4,20). Die spekulativen Kapitalzuflüsse gehen zurück, erstmals seit 1950 nimmt der Import stärker zu als der Export.

10. April: Das Gesetz über die Feststellung des Bundeshaushaltsplans für das Rechnungsjahr 1961 (Haushaltsgesetz 1961) wird verkündet. Von den Ausgaben in Höhe von rund 44 Milliarden DM entfallen 31,5 Prozent auf soziale Leistungen und 28,3 Prozent auf die Verteidigung.
28. April: Das Außenwirtschaftsgesetz beendet die staatliche Devisenkontrolle (seit 1945) und führt das Prinzip des grundsätzlich freien Wirtschaftsverkehrs mit dem Ausland für Waren, Dienstleistungen, Kapital, Auslandswerte und Gold ein.
30. Juni: Das Bundessozialhilfegesetz (in Kraft seit 1. Juli 1962) ordnet das – im Kern aus dem Jahr 1924 stammende – Fürsorge- und Armenrecht neu. Die staatliche Sozialhilfe, als Hilfe zum Lebensunterhalt oder als Hilfe in besonderen Lebenslagen (u. a. Aufbau oder Sicherung der Lebensgrundlage-, Ausbildungs-, Gesundheits-, Kranken-, Eingliederungs-, Tbc-, Blinden-, Pflege-, Altenhilfe) gewährt, garantiert ein menschenwürdiges Existenzminimum in persönlichen Notfällen nach den Besonderheiten des Einzelfalls (Prinzip der Individualisierung) ohne Rücksicht auf die Ursache der Bedürftigkeit, wenn alle anderen Hilfen versagen.
12. Juli: Das Gesetz zur Förderung der Vermögensbildung der Arbeitnehmer (312-DM-Gesetz) wird verkündet.
Rückwirkend ab 1. Januar können Arbeiter und Angestellte auf fünf Jahre festgelegte Beträge bis zu 312 DM, die vom Arbeitgeber regelmäßig oder einmalig als (von Lohnsteuer und Sozialversicherungsbeitrag befreite) Zuwendung gewährt werden, als vermögenswirksame Leistungen sparen.
17. Oktober: Mit der konstituierenden Sitzung des Vierten Deutschen Bundestages beginnt die 4. Legislaturperiode.
Bundeskanzler Adenauer versichert vor der CDU/CSU-Fraktion, er denke nicht daran, volle vier Jahre an der Spitze der künftigen Koalitionsregierung zu bleiben. Daraufhin ist die FDP, die vor der Bundestagswahl die Losung »Für die CDU – ohne Adenauer« verkündet hatte, zum Eintritt in die Regierung bereit.
Das Bruttosozialprodukt steigt im Zeitraum 1958–1961 von 241,2 auf 326,2 Milliarden DM. Das Volkseinkommen erhöht sich von 180,1 auf 251,6 Milliarden DM und das Jahreseinkommen pro Kopf der Bevölkerung von 3528 auf 4479 DM.
Die Arbeitslosigkeit verringert sich weiter von 327 500 (1,7 Prozent der Arbeitnehmer) im Jahr 1958 auf 107 900 (0,5 Prozent) im Jahr 1961. Am 30. September 1960 werden rund 329 000 ausländische Arbeitnehmer (Gastarbeiter) in der Bundesrepublik beschäftigt.
Der Bestand an Wohnungen beträgt am 6. Juni 1961 rund 16,4 Millionen Einheiten. Von 1958–1961 werden alljährlich rund 560 000 (darunter 260 000 öffentlich geförderte) Wohnungen fertiggestellt.

Verwendete Literatur

Beiträge Frank Grube und Gerhard Richter
»Das Wagnis der Marktwirtschaft« und »Wie ›sozial‹ war die ›soziale‹ Marktwirtschaft?«

Werner Abelshauser, Wirtschaft in Deutschland 1945–1948. Stuttgart 1977
Gerold Ambrosius, Die Durchsetzung der Sozialen Marktwirtschaft in Westdeutschland 1945–1949. Stuttgart 1977
Rolf Badstübner, Restauration in Westdeutschland 1945–1949. Berlin Ost 1965
Wolfgang Benz (Hrsg.), Bewegt von der Hoffnung aller Deutschen. München 1979
Bernt Engelmann, Wie wir wurden, was wir sind. Gütersloh 1980
Bernt Engelmann, Wir sind wieder wer. Auf dem Weg ins Wirtschaftswunderland. Gütersloh 1981
Dieter Franck, Jahre unseres Lebens 1945–1949. München 1980
Dieter Franck (Hrsg.), Die fünfziger Jahre. München 1981
Hans-Hermann Hartwich, Sozialstaatspostulat und gesellschaftlicher status quo. Köln/Opladen 1970
Hans-Günter Hockerts, Sozialpolitische Entscheidungen im Nachkriegsdeutschland. Stuttgart 1980
Ernst-Ulrich Huster u. a., Determinanten der westdeutschen Restauration 1945–1949. Frankfurt/Main 1972
Herbert Lilge (Hrsg.), Deutschland 1945–1963. 3. Aufl. Hannover 1967
Richard Löwenthal/Hans-Peter Schwarz (Hrsg.), 25 Jahre Bundesrepublik Deutschland – eine Bilanz. Stuttgart 1974
Hans Möller, Zur Vorgeschichte der Deutschen Mark. Tübingen 1961
Franz Neumann, Daten zu Wirtschaft, Gesellschaft, Politik, Kultur der Bundesrepublik Deutschland 1950–1975. Baden-Baden 1976
Karlheinz Niclauß, Demokratiegründung in Westdeutschland. München 1974
Paul Noack, Die deutsche Nachkriegszeit. München/Wien 1966
Theo Pirker, Die blinde Macht. Die Gewerkschaftsbewegung in Westdeutschland. München 1960
Manfred Pohl, Wiederaufbau. Kunst und Technik der Finanzierung 1947–1953. Frankfurt/Main 1973
Erich Potthoff, Der Kampf um die Montanmitbestimmung. Köln 1957
Tilman Pünder, Das Bizonale Interregnum. Waiblingen 1966
Hans Riehl, Die Mark. Hannover 1978
Hagen Rudolph, Die verpaßten Chancen. Hamburg 1979
Hans-Jörg Ruhl (Hrsg.), Neubeginn und Restauration. München 1982
Claus Scharf/Hans-Jürgen Schröder (Hrsg.), Politische und ökonomische Stabilisierung Westdeutschlands 1945–1949, Wiesbaden 1977
Eberhard Schmidt, Die verhinderte Neuordnung 1945–1952. Frankfurt/Main 1970
Hans-Peter Schwarz, Die Ära Adenauer 1949–1957. Stuttgart 1981
Andrew Shonfield, Geplanter Kapitalismus. Köln/Berlin 1968
Gustav Stolper u. a., Deutsche Wirtschaft seit 1870. Tübingen 1964
Wilhelm Treue, Die Demontagepolitik der Westmächte nach dem Zweiten Weltkrieg. Göttingen 1967
Henry C. Wallich, Triebkräfte des deutschen Wiederaufstiegs. Frankfurt/Main 1955
Harald Winkel, Die deutsche Wirtschaft seit Kriegsende. Mainz 1971
Heinrich August Winkler (Hrsg.), Politische Weichenstellungen im Nachkriegsdeutschland 1945–1953. Göttingen 1979
Anton Zischka, War es ein Wunder? Zwei Jahrzehnte deutscher Wiederaufstieg. Hamburg 1966

Beitrag Eberhard Schmidt
»Die Wiederherstellung der ›alten Ordnung‹«

Joachim Bergmann u. a., Gewerkschaften in der Bundesrepublik Deutschland. Band 1. Frankfurt/Main 1976
Europa-Archiv. Band 6. Oberursel/Taunus 1948
Ernst-Ulrich Huster u. a., Determinanten der westdeutschen Restauration 1945–1949. Frankfurt/Main 1972
Wilhelm Krelle u. a., Überbetriebliche Ertragsbeteiligung der Arbeitnehmer. Mit einer Untersuchung über die Vermögensstruktur der BRD. Tübingen 1968
Martin Osterland u. a., Materialien zur Lebens- und Arbeitssituation der Industriearbeiter in der BRD. Frankfurt/Main 1973
J. Peters (Hrsg.), Montanmitbestimmung. Dokumente ihrer Entstehung. Köln 1979
Eberhard Schmidt, Die verhinderte Neuordnung 1945–1952. Frankfurt/Main 1970
Rudi Schmiede, Das deutsche »Wirtschaftswunder« 1945–1965. In: Die Linke im Rechtsstaat. Band 1. Berlin 1976
Gerd Winter, Sozialisierung in Hessen 1946–1955. In: Kritische Justiz 1974, Heft 2

Register

Die kursiven Zahlen verweisen auf die Bildnummern; die geraden Zahlen auf den Text.

Abelshauser, Werner 57
Abramovitz, Moses 57
Adenauer, Konrad 48, 71, 90, 93, 103f., 132ff., 136
Agartz, Viktor 59
Ahlener Programm 71, 89
Aicher, Otl 189
Alliierte Hohe Kommission 94, 133, 217
Außenwirtschaftsgesetz 96, 221
Auslandshilfegesetz 60

Baade, Fritz 67
Balfour, Michael 65f.
Beitz, Berthold *114, 116*
Benn, Gottfried 186
Betriebsverfassungsgesetz 36, 134
Bill, Max 189
Binding, Rudolf G. 186
Bischof von Chichester 54
Böckler, Hans 133
Böhm, Franz 71
Böhm, Karl Heinz *134*
Borgward, Carl *66*
Brey, William G. 61
Buchholz, Horst *117*
Bundesversorgungsgesetz 36
Byrnes, James F. 58f., 130

Carter, Henry 68
Churchill, Winston 58, 66
Clay, Lucius D. 57–60, 130
Conrads, Ulrich 191
Cotten, Joseph *92*

Deist, Heinrich 103
Deutscher Bundestag
 Erster 90, 132
 Zweiter 95
 Dritter 95f., 98
Diedrich, Hans-Jürgen *133*
DM-Aufwertung 55, 96, 220
Douglas, Lewis H. 57
Düsseldorfer Leitsätze 89f.
Dwinger, Edwin Erich 186

Edschmid, Kasimir 181
Eisenhower, Dwight D. 57
Engels, Friedrich 34
Enzensberger, Hans Magnus 183f., 189
Erhard, Ludwig *35, 51, 53;* 7f., 33, 36, 41, 48f., 55f., 59–63, 69, 71f., 89–93, 95f., 103f., 132f.
Eucken, Walter 33, 41, 71
Europäische Wirtschaftsgemeinschaft (EWG) 96, 220
European Recovery Program (ERP) *50, 91;* 67f., 90f., 131, 219

Fette, Christian 134
Freiburger Schule 33f.
Freie Marktwirtschaft 34
Freitag, Walter 133

GARIOA-Hilfsprogramm 90f.
Gesetz gegen Wettbewerbsbeschränkungen 36, 49, 220
Gesetz über den allgemeinen Lastenausgleich 36, 99, 101f., 136, 219
Gesetz über den sozialen Wohnungsbau 36, 95, 218
Gesetz über die Eröffnungsbilanz in Deutscher Mark und Kapitalneufestsetzung 91
Gesetz über die wirtschaftspolitischen Leitsätze nach der Geldreform 92
Gesetz zur Milderung sozialer Notstände (Soforthilfegesetz) 99, 101, 217
Gesetz zur Neuordnung von Steuern 97
Gewerkschaften *103;* 63, 92f., 97, 103f., 131–135, 217
Godesberger Programm 55
Goethe, Johann Wolfgang von 179, 186
Grüner Plan, siehe Landwirtschaftsgesetz
Grundgesetz 97, 103
Grundig, Max *113, 115*
Gruner, Wolfgang *132*

Haas, Helmuth de 191
Havenstein, Klaus *133*
Herking, Ursula *133*
Heyn, Wolfgang 187
Hielscher 61
Hildebrandt, Dieter *133*
Hitler, Adolf 68
Höcker, Wilhelm 59
Holthusen, Hans Egon 180
Hoover, Herbert 67
Houdremont 57

Industrieplan 58, 65, 89, 92, 217
Internationale Behörde zur Kontrolle des Ruhrgebiets 60, 93, 217, 219
Investitionshilfegesetz 94, 97, 103, 218
Jaenicke, Heinrich 72
Jürgens, Curd *119*

Kaiser, Jacob 60
Kapitalmarktförderungsgesetz 97, 219
Kather, Linus 101
Kleine Steuerreform 97
Koeppen, Wolfgang 191
Konferenz von Jalta 56, 65
Korea-Krieg 93f., 134
Krupp von Bohlen und Halbach, Alfried *112*

Landwirtschaftsgesetz 102f., 219
Lemmer, Ernst 60
Londoner Sechsmächte-Konferenz 60, 90

Maenz, Paul 187
Maier, Reinhold 63
Marshall, George C. 67, 90
Marshallplan, siehe European Recovery Program (ERP)
Marx, Karl 34
McNarney, Joseph T. 58
Mechtel, Angelika 177
Miksch, Leonhard 35f., 45
Mill, John Stuart 34, 41
Mitbestimmung in der Montanindustrie 36, 131, 133f., 218

Mitscherlich, Alexander 191
Möller, Hans 61
Montgomery, Bernard 64
Morgenthau, Henry 56
Morgenthauplan 56, 58
Müller-Armack, Alfred 33, 35f., 41, 71
Münchner Ministerpräsidentenkonferenz 59
Muhlen, Norbert 192

Neoliberalismus 34f., 42, 132
Neuß, Wolfgang *132*
Noelting, Eric 59
Nordhoff, Heinz *64*
Nordrheinwestfälisches Sozialisierungsgesetz 130, 217

Onassis, Aristoteles *78*
Organization for European Economic Cooperation (OEEC) 90, 217, 220

Petersberger Abkommen 93, 217
Potsdamer Abkommen 130, 217
Presley, Elvis *20*
Pulver, Liselotte *118*

Quinn, Freddy *130*

Reard, Louis 179
Rentenreform 98f., 219f.
Robertson, Brian Hubert 58f., 66
Röpke, Wilhelm 33, 37f., 41, 71
Roosevelt, Franklin D. 57
Rüstow, Alexander 33

Schäffer, Karl 98, 102
Schelsky, Helmut 181
Schmid, Carlo 103
Schneider, Romy *117, 134*
Schumacher, Kurt 92f.
Semler, Johannes 60
Sinjen, Sabine *118*
Smith, Adam 34
Soziale Marktwirtschaft 35–49, 71, 89f., 97, 103f.

Tenenbaum, Edward 61
Truman-Doktrin 67, 131
Truman, Harry S. 57, 60, 67
Tulpanow, Sergej 60

Währungsreform *6, 7, 8, 33, 34, 35;* 35f., 61ff., 72, 132, 136, 217
Wettbewerb 34f., 39, 48–53
Wirtschaftsrat der Bi-Zone 59f., 132, 217

Weitere wirtschaftliche Einzelgesetze siehe Chronik.

Autoren und Quellennachweis

S. 9 – Originalbeitrag
Arno Surminski, geb. 1934 in Ostpreußen. Blieb 1945 nach der Deportation seiner Eltern allein zurück. Nach Aufenthalten in Lagern wurde er 1947 von einer Familie mit sechs Kindern aufgenommen.
Lehre in einem Rechtsanwaltsbüro, zweijährige Arbeit in kanadischen Holzfällercamps. Seit 1962 in Hamburg ansässig. Arbeitet freiberuflich als Fachjournalist für Wirtschafts- und Versicherungsfragen. Seine Bücher bei Hoffmann und Campe: »Jokehnen oder Wie lange fährt man von Ostpreußen nach Deutschland?« (1974); »Aus dem Nest gefallen« (1976); »Kudenow oder An fremden Wassern weinen« (1978); »Fremdes Land oder Als die Freiheit noch zu haben war« (1980); »Wie Königsberg im Winter. Geschichten gegen den Strom« (1981)

S. 37 – Aus: Wilhelm Röpke, Ein Jahrzehnt sozialer Marktwirtschaft in Deutschland und seine Lehren. Köln 1958, Seite 43 bis Seite 48 (leicht gekürzt)

S. 41 – Aus: Alfred Müller-Armack, Wirtschaftsordnung und Wirtschaftspolitik. Studium und Konzepte zur Sozialen Marktwirtschaft und zur Europäischen Integration. Freiburg 1966, Seite 259 bis Seite 273, Seite 288 bis Seite 291

S. 48 – Aus: Ludwig Erhard, Wohlstand für alle. Düsseldorf 1957, Seite 176 bis Seite 184

S. 54, 89 – Originalbeiträge
Frank Grube, geb. 1946, Diplompolitologe. Studierte Politikwissenschaft, Volkswirtschaft und Soziologie an der Universität Hamburg; freier Publizist.
Gerhard Richter, geb. 1945, Diplompolitologe. Studierte Politikwissenschaft, Volkswirtschaft und Soziologie an der Universität Hamburg; freier Publizist.

S. 129 – Originalbeitrag
Dr. Eberhard Schmidt, geb. 1939, Professor für Politikwissenschaft an der Universität Oldenburg (seit 1974). Wichtigste Veröffentlichungen: »Die verhinderte Neuordnung 1945–1952«, Frankfurt/Main 1970; »Ordnungsfaktor oder Gegenmacht. Die politische Rolle der Gewerkschaften«, Frankfurt/Main 1971; Autor und Mitherausgeber der seit 1972 erscheinenden »Kritischen Gewerkschaftsjahrbücher«, Frankfurt/Main 1972ff., Berlin 1978ff.

S. 153 – Aus: »Frankfurter Hefte«, 6. Jg. 1951, Heft 5, Seite 331 bis Seite 338 (leicht gekürzt)
Karl W. Boetticher, Dipl. rer. pol.; geb. 1912 in Berlin. Studium der Volkswirtschaft und Neueren Geschichte. Militärdienst bis 1945. 1948 bis 1952 Mitglied der Redaktion der »Frankfurter Hefte«, später deren Geschäftsführer. Leitete bis 1978 das Institut für Wirtschafts- und Sozialforschung und die Forschungsgruppe für Gerontologie in Gießen. Lebt in Siegen.

S. 177 – Originalbeitrag
Dr. Hermann Glaser, geb. 1928. Nach dem Studium der Germanistik, Anglistik, Geschichte und Philosophie im Schuldienst; seit 1964 Schul- und Kulturdezernent der Stadt Nürnberg. Als Publizist Mitarbeit an Zeitung, Zeitschrift, Rundfunk; Autor zahlreicher Bücher zu kulturgeschichtlichen, literarhistorischen, soziologischen und sozialpsychologischen Themen.

Als Grundlage für die Chronik dienten »1949–1969. Zeittafel. Zwanzig Jahre Politik der Bundesregierung«, Reihe Bonner Almanach, herausgegeben vom Presse- und Informationsamt der Bundesregierung; Hans Georg Lehmann, »Chronik der Bundesrepublik Deutschland. 1945/49 bis 1981«, München 1981

Bildnachweis
(nach Bildnummern)

Titelfoto: roebild, Frankfurt/M.

Vor- und Nachsatz: Bausparkasse Wüstenrot, Ludwigsburg

Erich Andres, Hamburg 1, 13, 38, 62, 64, 74, 75, 77, 130, 136, 137, 152

Archiv Seiten 11, 15

Archiv für Kunst und Geschichte, Berlin 35, 61, 86, 92, 93, 94, 96

Archiv Gerstenberg, Frankfurt/M. 128, 141

Archiv der sozialen Demokratie, Bonn 103

Daimler-Benz AG, Stuttgart 43, 44, 45, 46, 47, 48, 49

Ford Werke AG, Köln 58

Gerhard Gronefeld, München 6, 7, 26, 72, 107, 126

Hanns Hubmann, Kröning 3, 4, 19, 28, 29, 30, 52, 109, 112, 113, 114, 115, 116, 143

Pressebilderdienst Kindermann, Berlin 21

Landesbildstelle Berlin 36, 104, 105, 153

Staatliche Landesbildstelle Hamburg 2, 23, 24, 79

Lufthansa, Köln 125

Sammlung Jürgen Menningen, Lügde-Niese Seiten 100, 178, 179, 180, 181, 182, 183, 184, 185, 188

Adam Opel AG, Rüsselsheim 42, 54, 55, 56

Presse- und Informationsamt der Bundesregierung, Bonn 76

Bildarchiv Preußischer Kulturbesitz, Berlin 68, 87, 88, 123

roebild, Frankfurt/M. 17, 18, 20, 32, 41, 59, 60, 120, 122, 127, 139, 140, 144, 148, 150, 151, 155, 156

Georg Schmidt, Bremen 66, 73, 78, 80, 81, 82, 83, 91

Alfred Strobel, München 101, 108, 111, 117, 119

Bilderdienst Süddeutscher Verlag, München 5, 8, 9, 10, 11, 12, 14, 15, 16, 22, 25, 27, 31, 33, 34, 37, 39, 40, 53, 57, 63, 65, 67, 69, 70, 71, 84, 89, 90, 95, 97, 98, 100, 102, 106, 110, 118, 121, 129, 133, 134, 135, 142, 146, 149, 154, 157, 158, 159, 160

Ullstein Bilderdienst, Berlin 50, 51, 99, 124, 131, 132, 138, 145, 147

Impressum

CIP-Kurztitelaufnahme
der Deutschen Bibliothek
Grube, Frank:
Das Wirtschaftswunder: unser Weg in d. Wohlstand / Frank Grube; Gerhard Richter. – 1. Aufl. –
Hamburg: Hoffmann und Campe, 1983.
ISBN 3-455-08723-X

NE: Richter, Gerhard

1. Auflage 1983

Produktion

Redaktion: Regine Stützner

Design: Jan Buchholz und Reni Hinsch

Herstellung: Peter Albers

Satz: Alfred Utesch GmbH, Hamburg

Lithographie: Otterbach Repro KG, Rastatt

Druck- und Bindearbeiten: Richterdruck, Würzburg

„Wir zahlen keine Miete mehr!“
Im eigenen Haus geht die „Miete“ in die eigene Tasche. Sie sorgen so in idealer Weise auch für das Alter vor.
Prämien bis 400 DM im Jahr oder Steuerersparnisse und unsere billigen Tilgungsdarlehen erleichtern Ihnen den Hausbau oder -kauf.
Individuelle örtliche Beratung und Druckschrift B 2 mit Steuertabelle kostenlos.
Seit Währungsreform über eine halbe Milliarde DM zugeteilt!
GdF-Wüstenrot
GEMEINNÜTZIGE G.M.B.H. IN LUDWIGSBURG/WÜRTT.